KB262141

이 책을

소중한 __________ 에게

마음과 함께 드립니다.

66 Things What Lady Should Do Before 35
ⓒby Textile Press
Translated and Published by Permission of TEXTILE PRESS

35세 전, 여자가 꼭 해야 할 66가지

66 Things What Lady Should Before 35

왕싱판 편저

나침반

이 책은 여성이 35세 이전에 해야 할 66가지 일을 제시하고 있다.
그것은 여성의 인생에 핵심이 되는 삶, 아름다움, 사랑, 영혼이라는 4대 요소로 나뉜다.
이 책의 내용은 여성의 수양, 여성의 매력, 결혼, 연애, 가정생활, 일, 정신수양에 관해
각기 다른 측면을 언급하고 있다.
이 책의 구성과 체계는 독특한 면이 있으며 내용은 신선하면서도 충실하다.
문체는 시적인 정취를 풍기고 있다.

이 책을 읽는 독자들에게

이 책은 원래 기독교 서적이 아닌 일반 도서로 분류된 책입니다.

그럼에도 우리는 이 책이 단지 일반적인 관점에서만 읽혀지고 보급된다는 것이 아쉬웠습니다. 그 이유는 이 책에 나오는 대부분의 주제가 기독교인도 알면 좋은 덕목을 포함하고 있기 때문입니다.

그래서 이 책의 내용을 기독교적인 관점에서 조명하면서 성경말씀에 비추어 생각해보았습니다.

우리는 이 책을 읽는 크리스천 청년들이 더 깊이 세상의 중심에서 빛과 소금의 역할을 감당할 수 있을 것이라 확신합니다.

"보라! 내가 너희를 (세상에) 보냄이 양을 이리 가운데 보냄과 같도다 그러므로 너희는 뱀같이 지혜롭고 비둘기 같이 순결하라"(마태복음 10장 16절)

이 책을 통해 얻을 수 있는 유익

1. 35세 이전에 모든 젊은이들이 가질 수 있는 관심을 기독교적인 관점으로 재조명해볼 수 있습니다.
2. 각 주제에 맞는 성경구절을 묵상해보고 삶속에 직접 적용하므로 세상에서 하나님의 자녀로 지혜롭게 살 수 있는 방법을 배울 수 있습니다.
3. 각 부의 주제와 일치하는 성경인물이 누구인지 생각해보고, 그들의 인격을 문제형식으로 재미있게 배울 수 있습니다.
4. 각 부의 뒷장에 첨가된 문제는 청년그룹 토의용으로 사용하거나 혹은 책을 읽은후 친구들과 자유롭게 의견을 나눌 수 있도록 하였습니다.

매력적이고 당당한 여성의
영혼의 동반자

35세는 여성에게 어떤 의미일까?

여러분은 자신의 인생을 풍요롭고 다채롭게 하고 싶거나, 인생에 너무 많은 후회를 남기고 싶지 않거나, 자신의 삶의 질을 높이고 싶거나, 남보다 뛰어난 삶을 살고 싶을지 모른다. 그것들의 뿌리는 마음의 아름다운 동경과 바람에서 비롯되어야 한다. 또한 최대한 빨리 실천에 옮겨야 하며, 그런 생각을 행동 속에 뿌리 내리고 성장하도록 해야 한다. 게다가 최대한 빨리 모든 생각이 현실이 되도록 하는 감각을 익혀야 한다.

생명에는 한계가 있고 인생은 너무 짧아 한순간에 불과하기 때문이다.

여성은 인간 세상에 태어난 요정이며 여성으로서의 권리가 있고 자신의 삶을 다채롭게 할 의무가 있다. 응애응애 소리를 지르며 태어났을 때부터 당신은 풍부하고 다채로운 인생의 여정에 올라선 것이다.

물론 모든 여성이 아름답고 성공적인 인생을 동경하고 숭배하지만, 대다수가 그런 바람을 이루지는 못한다.

똑똑한 여성은 처음부터 생명의 배에 기름을 가득 넣고, 힘을 충분히 비축하며, 정확한 목표를 세워 아름다운 인생을 만끽하고 만선인 채로 돌아온다. 긴 인생의 바다에서 아름다운 항로를 만들어내는 것이다. 

어떤 사람은 35세를 청춘의 연속이고 수확의 계절이라고 했다. 또 어떤 사람은 35세의 여성의 반은 새롭고 반은 예스럽다고 했다. 마치 한 송이 아름다운 꽃이 가장 성숙했을 때가 가장 아름답고 운치가 있을 때이며, 자신의 장점을 가장 잘 발휘할 수 있을 때인 것과 같다. 35세의 여성은 소녀의 청순함이 없지만, 숙녀의 아름다움이 있다. 소녀의 신선함은 없으나 숙녀의 성숙함은 스며들어 있다.

도대체 35세 전의 여성은 어떠한 마음자세로 삶을 대해야 하는 것일까? 어떻게 하면 인생여정을 더 완벽하게 만들어갈 수 있을까?

본문의 35세 전, 여자가 꼭 해야 할 66가지는 생활, 아름다움, 사랑, 영혼의 네 가지 부분으로 나뉘어져 있으며, 내용은 여성의 수양, 매력, 결혼과 가정, 사업과 재산, 영혼의 보살핌 등 인생의 각 분야를 언급하고 있다. 시적 정취가 물씬 나는 문체는 읽기 쉬우면서도 흥미를 자극한다.

「35세 전, 여자가 꼭 해야 할 66가지」는 우리의 생명을 더욱 활달하게 만들고 우리가 생명을 더 소중하게 여기도록 하고 삶을 사랑하게 해줄 것이다. 따라서 더 이상 혼란 속에서 방황할 필요가 없다. 우리는 자신이 속한 천국을 발견할 것이며, 자신의 삶에 참신한 의미를 부여하게 될 것이다. 이로써 우리는 마음가짐을 새로이 할 수 있으며 인생은 더욱 찬란해질 것이다.

– 편저자 왕싱판

Contents

1부 생활

여성은 위대하다. 여성은 신성하다.
여성은 태어날 때부터 자비심을 많이 갖고 있기 때문이다.
그런 여성은 생명을 잉태하고 키우며
생활, 남편, 아이, 모든 것을 사랑한다.

여성은 존경할 만하다.
여성은 강인하다.
여성은 경쟁에 용감하며 성공을 추구한다.
그리고 남자와 다름없이 똑똑하고 부지런하다.
평범해지는 것을 달가워하지 않으며 그녀들도 마찬가지로 생활의 강자이다.

여성이여, 35세 이전에 해야 할 일을 하라.
여성이여, 평범한 날 속에서 사명과 책임을 실천하라.

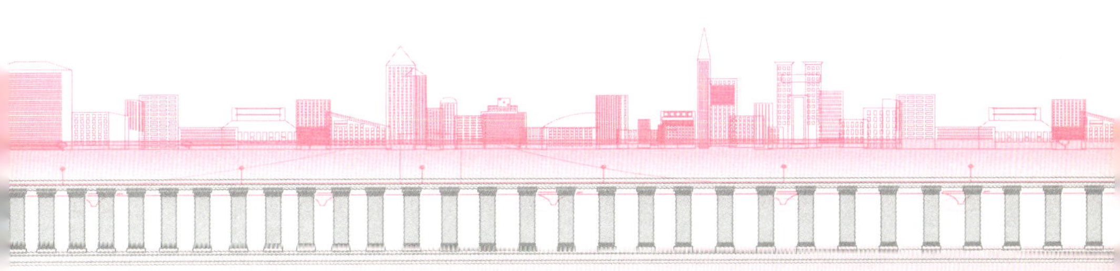

뜻을 세워
뛰어난 여성이 되라

산다는 것은 자신의 인생이 더 멋질 것이라고 바라는 것이다. 지금은 자유의 시대이다. 남자와 여자가 함께 사회발전을 이끌어가는 시대이다. 여성이 스스로 직업을 선택하고 생활방식을 선택해야하는 시대이다. 무엇을 하고 싶은지 무엇을 해야 하는지는 모두 자유롭게 선택할 수 있다. 이런 시대에 여성들은 옛날처럼 폐쇄적인 몽상에 빠져서는 안 된다. 더욱이 35세 이전의 여성은 협소하고 소극적인 관념 속에 스스로를 가두어서는 안 되며 파도에 휩쓸려 방향을 잃어버리게 해서도안 된다. 여성도 삶의 강자이기 때문에 길은 발아래에 있으며 인생의 행로는 자신의 손에 쥐어져 있다.

뛰어난 인생은 점점 나아가는 과정이다. 이 과정에 있는 매 한걸음은 여성이 자신을 나타내는 데에 절대적으로 필요한 기회를 제공한다.

35세 이전의 여성은 성공에 뜻을 두어야 한다. 우선 실제와 부합하며 자신의 목표에 맞는 방향을 설정해야 한다. 목표가 명확해야 인생의 배가 항로를 이탈하지 않고 순조롭게 성공의 피안에 도달할 수 있다. 가슴 속에 큰 뜻을 품지 않은 사람이나 인생의 목표가 전혀 없는 사람은 결국 성공하지 못한다.

하버드 대학에서는 지능지수, 학력, 환경 등의 객관적인 조건이 비슷한 젊은 사람을 25년 동안 추적 조사한 적이 있었다. 조사내용은 '목표가 인생에 어떠한 영향을 미치는가?'에 관한 것이었다. 조사대상자는 다음과 같이 분류되었다.

조사대상자 가운데 3%는 분명하고 장기적인 목표를 갖고 있었다.

조사대상자 가운데 10%는 분명하지만 단기적인 목표를 갖고 있었다.

조사대상자 가운데 60%는 목표가 모호 했다.

조사대상자 가운데 27%는 목표가 없었다.

25년 뒤 이 조사대상자들의 상황은 다음과 같았다.

분명하고 장기적인 목표를 갖고 있던 3%는 25년 동안 자신의 인생목표를 거의 바꾸지 않았다. 또한 목표를 실현하기 위해 끊임없이 노력 했다. 25년 뒤 그들은 거의 모두 사회 각계에서 두각을 나타내는 성공인사가 되어 있었다. 그들 가운데는 자수성가한 사업가나 업계의 지도자, 사회의 저명인사가 된 사람이 적지 않았다.

분명하지만 단기적인 목표를 갖고 있던 10%는 대부분 사회의 상류층이 되었다. 그들의 공통적인 특징은 단기적인 목표를 계속 성취 했고 생활수준도 안정적으로 높아졌다는 것이다. 그들은 각 분야에서 없어서는 안 되는 의사, 변호사, 기술자, 고위경영자 등의 전문가가 되었다.

목표가 모호 했던 60%는 거의 모두 사회의 중류층이나 하류층의 삶을 살았다. 안정적으로 일하고 생활을 유지하긴 했지만, 특별한 성취를 보이진 못했다.

나머지 목표가 없었던 27%는 대부분 사회의 최하위에 속한 삶을 살고 있었다. 생활형편도 여의치 않았고, 항상 실업상태에 놓여있었다. 정부의 복지지원이나 사회의 원조에 의존하여 생계를 이어갔으며 항상 다른 사람, 사회, 세상을 원망했다.

이 조사를 실시한 사람은 결국 다음과 같은 결론을 얻었다.

목표는 인생의 방향을 결정하는 커다란 역할을 한다. 성공은 처음 시작에서 선택에 불과하지만 당신이 무슨 목표를 선택하느냐에 따라 인생도 달라진다.

35세 이전에 성공하고 싶다면 30세 이전에 인생의 목표를 확립해야 한다. 25세에 목표를 설정했다면 10 X 365 = 3650일을 갖게 된다. 30세에 목표를 설정했다면 5 X 365 = 1825일을 갖게 된다. 따라서 가장 힘이 왕성한 이 시기에 시간을 아껴 성공해야 한다.

결심이 선 여성은 자신의 길을 찾을 것이다. 수많은 성공한 사람의 공통적인 견해는 다음과 같다.

"25세 이전까지는 배움을 추구하고 탐색하는 단계이다. 25세에서 30세 사이에는 자신이 무엇을 하고 싶은지 알아야 한다. 관련 분야에 손을 대고 창업을 시작해야 한다. 30세에서 35세 사이는 창업의 관건이 되는 시기이다. 35세에서 45세 사이는 크게 발전하고 크게 거두는 시기이다."

35세 이전은 생명이 왕성하고 열정이 솟구치는 시기이다. 여성은 35세 이전에 큰 이상 위에 뜻을 세워야 하며, 여성도 남자에게 뒤지지 않는다는 사고방식을 지녀야 한다. 또한 자신의 원대한 목표를 향해 부지런히 분투 노력해야 하며 평범해지는 것을 결코 용납해서는 안 된다. 자신이 하는 모든 일에도 최선을 다하고 다른 사람보다 더 많은 공을 들여야 한다. 탁월함과 완벽함은 여러 사람들의 주의를 끌기 때문에 더 많은 기회를 얻을 수 있으며, 성공의 계단을 한 단계씩 올라가게 한다.

"천하에 범사가 기한이 있고 모든 목적이 이룰 때가 있나니"(잠 3:1)
모든 일을 이루는 데에는 때가 있습니다. 분명하고도 장기적인 인생의 목표를 가진 여성은 인생의 각 시절에 어울리는 성공을 하나씩 이루어 낼 것입니다. 그 길에 하나님께서 동행하실 것입니다.
당신은 인생의 장기적인 목표를 누구와 함께 세워 나가십니까?

한 가지 약속을 지켜라

오랜 세월 우리는 이 세상에 왜 그렇게 슬픔이 많고 서로 사랑하는 사람들이 일찍이 지켰던 약속이 남아있을 수 없는지 알지 못했다. 왜 속절없는 세월은 모든 다짐을 변하게 하는지 이해하지 못했다. 인간 세상의 만남과 헤어짐이 이른바 인연이라는 이유로 생겨나는지도 알지 못했다. 천부적으로 잘 변하는 여성에게 한 가지 약속을 지키고 존중하는 것이 산을 오르거나 강을 건너는 것보다 더 어려울 수도 있다.

35세라는 나이는 여성의 인생에 한 획을 긋는 분수령이다. 한 가지의 약속은 인생의 앞길을 막는 산이 될 수는 없지 않은가? 슬프고 한탄스러운 것은, 우리 중 상당수가 불신으로 묶여있다는 것이다.

어렸을 때, 한 남학생이 내게 돈을 빌려달라고 한 적이 있었다. 2위안(중국의 화폐단위를 인민폐라 하며 1위안은 요즘 환율로 약 160원에 해당 – 역자 주)을 빌려달라고 했다. 그 당시 2위안은 내 두 달치 용돈에 해당했다. 나는 잠시 주저했다. 모두 그 남학생의 집이 가난하고, 그의 어머니가 전문 임산부처럼 매년 남동생이나 여동생을 낳고 있다는 사실을 알고 있었기 때문이었다. 그녀가 모두에게 준 인상은 두 가지로 요약할 수 있었다. 하나는 배불뚝이에 걸을 때마다 뒤뚱거린다는 것이었다. 다른 하나는 아이를 낳자마자 이마에 천을 두른 채 갓난아이를 안고 집문 앞에 앉아 햇볕을 쬔다는 것이었다.

내가 난처해하자 그 남학생은 무척 머쓱한 듯했다. 그는 고개를 숙이고 급히 돈을 쓸데가 있다고 말했다. 또 5일 안으로 빌린 돈을 갚겠다고 장담했다. 나는 어찌 거절하면 좋을지 몰라 돈을 그에게 빌려주었다.

시간은 하루하루 흘러 약속된 닷새가 지나갔다. 남학생은 갑자기 학교에 나오지 않았다. 하루 종일 나는 속으로 그 남학생을 원망했다. 신용을 지키지 않은 것 때문에 그를 욕했다. 한바탕 실컷 울고 싶었다.

밤이 깊어 잠이 들려고 할 때, 갑자기 창문 밖으로 누군가 나를 부르는 소리가 들렸다. 창문을 여니 밖에 서있는 그 남학생이 보였다. 얼굴은 땀으로 뒤범벅이 되어 있었고 손은 주먹을 꼭 쥐고 있었다. 그 남학생이 쉰 목소리로 말했다.

"내가 마술을 보여줄게."

그는 주먹을 창틀에 올리더니 갑자기 펼쳤다. 손바닥에는 꽃이 피어나는 것처럼 2위안 지폐가 펴졌다.

나는 기뻐서 소리 쳤다. 그도 유쾌하게 웃었다. 우리는 마치 공동으로 한 가지 일을 해낸 것 같았고, 높이 걸려있던 돌을 땅에 내려놓은 것 같았다. 그는 반복해서 말했다.

"나, 육교에서부터 뛰어 왔어." 

　나중에 그 남학생이 상을 받았던 글을 읽고서야 나는 그가 돈을 빌린 이유를 알았다. 저혈당증에 걸린 그의 어머니를 위해 급히 포도당 링거액을 사야했던 것이다. 그는 약속한 기일 내에 돈을 갚기 위해 매일 밤 북쪽 기차역 근처의 육교 밑에서 채소장수의 채소 운반하는 일을 도왔다.

　다섯 번째 되는 날, 마침내 2위안을 벌 수 있었지만 너무 피곤해서 육교 아래에서 잠이 들어버렸다. 그는 뜻밖에도 꼬박 하루 밤낮을 자버렸다. 깨어나자마자 그는 미친 듯이 달렸다. 길을 지나가던 사람들은 그 소년이 밤길을 왜 그렇게 불이 나게 뛰어가는지 영문을 알 수 없었다.

　그것은 나와 그 남학생 사이에 있었던 유일한 교류였다. 하지만 그가 나에게 남긴 감동은 잊을 수 없고 애절한 것이었다. 나중에 '우수', '신용'이라는 글자를 보면 나는 그를 떠올렸다. 그의 몸에서는 사람을 감동시키는 천금과도 같은 엄숙함이 뿜어져 나오기 때문이다.

　그 남학생은 나중에 사업을 하여 큰 성공을 거두었다고 한다. 아마도 그는 이미 우리 사이에 있었던 일을 잊었을지도 모른다. 하지만 나는 항상 이것이 그가 성공으로 가는 밑거름이 되었다고 생각한다.

　아마도 돈은 우리의 육체를 지배할 수 있을 것이다. 하지만 돈이 어떻게 우리로 하여금 스스로의 약속을 저버리게 할 수 있겠는가?

　약속을 지키는 것은 중요한 감정의 저축이다. 약속을 어기는 것은 바로 중대한 지출항목이다. 성실함은 신임을 얻을 수 있고, 불성실함은 높은 신뢰를 얻기 위해 쏟은 노력을 원점으로 돌려놓을 수 있다. 겉으로 하는 말과 속마음이 다르다면 신뢰의 저축을 잃어버릴 것이다.

사람들이 신용을 지키는 것으로 자신의 행위를 통제하지 않는다면, 사회 생활의 각 분야는 피해를 입을 것이다. 모든 사람은 약속을 지켜야 한다. 약속은 신성한 것이고 황금과도 같을 것이다.

"약속하신 그것을 또한 능히 이루실 줄을 확신하였으니"(롬 4:21)
세월은 모든 약속을 변하게 하지만 영원하신 하나님은 약속하신 것을 능히 이루시는 분입니다. 세월이 깊어갈수록 변치 않으시는 하나님의 모습을 닮아간다면 신뢰의 통장에 가장 가치 있는 부를 쌓을 것입니다.
당신은 하나님과의 약속을 소중히 지키고 있습니까?

항상 착한 일을 하라

모든 여성은 원래 선량한 마음을 갖고 있다. 그래서 모든 여성은 건강하고 행복한 사람이 될 수 있을지도 모른다.

사람에 대한 우정과 사랑, 관용, 선량함은 행복한 생활의 비결이다.

위트 박사는 그의 수많은 저서에서 이 점을 언급했다.

그는 이렇게 말했다.

"우리는 아무것도 없이 벌거숭인 채로 이 세상에 태어나 아무것도 지니지 못한 채 이 세상을 떠난다. 실질적으로 삶에서 할 수 있는 것은 사랑하는 것이다."

우리는 매일 햇빛의 혜택을 누릴 수 있음에 감사해야 한다.

다른 사람이 매번 선의의 도움을 줄 때마다 감사해야 한다.

아침에 일어나 베란다에 서서 싱싱한 꽃의 향기가 이웃집 창가에서 은은하게 풍겨오면 하루 종일 좋은 기분을 유지할 수 있다.

길을 걸을 때 환경미화원이 일찍 나와 길 위를 깨끗이 청소해놓은 장면을 생각해보라.

만원 버스에서 선량한 승객이 약간의 공간을 내어주어 설 수 있도록 해주었다고 상상해보라.

사무실에 나왔는데 착한 직장동료가 당신의 책상과 의자를 말끔히 닦아두었다고 생각해보라.

깊은 밤, 고요함 속에서 편히 잠에 들었는데 마음씨 착한 운전기사가 경적을 울리지 않는다고 상상해보라.

이 아름다운 세상과 착한 사람을 위해 주저해서는 안 된다. 지금 즉시 행복한 사람들의 무리 속으로 들어가라. 당신이 다른 사람에게 선의를 보일 때 그들도 당신에게 상응하는 보답을 해줄 것이다. 그러면 당신은 더 많은 즐거움을 얻게 될 것이다.

● 선한 일로 행복을 찾게 된 어느 왕비

고대 그리스에 한 임금이 살았다. 그 임금은 아름다운 왕비와 결혼했다. 그 젊은 왕비는 만족감을 얻으려는 욕심이 있었다. 임금의 총애와 그지없이 높은 권력은 왕비가 갖고 싶은 모든 것을 가질 수 있게 해주었다. 그런데 왕비는 여전히 눈살을 찌푸린 채 즐거워하지 않았다. 임금은 고민에 빠졌다. 그래서 전국 방방곡곡에 방을 붙여 유명한 의사를 불러오게 하여 왕비의 병을 치료하라는 명령을 내렸다.

어느 날, 왕비의 병을 치료할 수 있다는 사람이 나타났다. 그는 궁궐로 들어와 임금에게 자신이 근심어린 왕비의 얼굴을 웃는 모습으로 바꾸어 놓고 왕비를 즐겁게 해줄 수 있다고 말했다. 임금은 기뻐하며 말했다.

"네가 정말 그렇게 할 수 있다면, 원하는 것은 무엇이든 들어 주겠노라."

그는 왕비를 비밀의 방으로 데리고 간 다음, 흰 물건을 이용하여 종이 위

에 그림을 그렸다. 그는 그 종이를 왕비에게 주고 어두운 방에 들어가라
고 부탁했다. 그 다음 촛불을 켜서 종이에 무엇이 나타나는지 주시하라
고 했다. 말을 마치고 그는 그 자리를 떠났다.

왕비는 그의 지시에 따랐다. 촛불 아래에서 그녀는 흰색 글자가 아름다
운 녹색으로 변하는 것을 보았다. 그것은 다음과 같은 내용의 글이었다.

"매일 다른 사람을 위해 좋은 일을 한 가지씩 하라!"

왕비는 그의 충고대로 했다. 얼마 지나지 않아 왕비는 전국에서 가장 행
복한 사람이 되었다.

선량한 마음, 사람을 사랑하는 성격, 솔직하고 성실하며 충성스럽고 관
용하는 정신은 가치를 매길 수 없는 재산이다. 좋은 마음과 정신을 지니고
있는 사람은 설사 다른 사람에게 돈을 베풀어줄 순 없어도 인간 세상을 충만
하게 해준다.

다른 사람을 사랑하고 동정하며, 격려와 도움을 주는 것은 주는 행위 자
체 때문에 주어도 주어도 없어지지 않는다. 반대로 다른 사람에게 줄수록
자신에게 돌아오는 사랑, 동정, 선의, 도움이 더 많아진다.

인생의 목표를 찾도록 도와줄 수 있는 지름길이 있다. 주위 사람들에게
관심을 기울이고, 최대한 그들 삶의 질을 높이도록 도우며, 우호적으로 다
른 사람을 대하는 것이다. 이렇게 해야 다른 사람의 삶의 질을 향상시킬 수
있으며, 동시에 자신의 삶의 질도 향상시킬 수 있다.

35세 이전의 여성은 매일 자신의 능력이 닿는 한도 내에서 착한 일을 해
야 한다. 주위 사람들이 당신의 노동, 시간, 행복을 누릴 수 있어야 당신도

가장 좋은 길을 찾을 수 있고, 자신의 삶도 건전하고 상승하려는 정신으로 가득 찬다.

현재 당신의 삶에 더 높은 목적이 생겼다면 사회를 위해 봉사하라. 그러면 사물이나 일을 보는 시각도 이전과 달라지고 그 속에서 흥분을 느낄 수 있다. 그 속에서 힘을 얻을 수도 있다.

희망의 빛으로
매일의 삶을 비춰라

성공학의 대가인 나폴레옹 힐이 말했다.

"희망은 어떤 형태로든 사람에게 의미있는 가치를 대신할 수 있다. 희망보다 더 우리의 환경을 바꿀 수 있는 것은 아무 것도 없기 때문이다."

그렇다. 우리가 어려운 환경에 처해 있을 때, 우리가 실패에 직면했을 때, 우리가 중대한 재난을 당했을 때, 희망이 없다면 당신의 인생은 어떻게 될 것이라고 생각하는가?

● 희망과 함께 살아가는 어느 여인의 이야기

코니 씨는 매우 불행한 여성이었다. 운명의 장난으로 그녀는 여성으로서 겪을 수 있는 모든 불행을 맛보아야 했다. 그런데 그녀는 오히려 희망찬 영혼으로 행복한 인생을 만들어냈다.

18세 때 그녀는 인근 마을의 장사꾼에게 시집갔다. 결혼 생활은 그리 오래가지 못했다. 남편이 장사를 하러 먼 길을 떠났는데, 날아간 황새처럼 나가서 돌아오지 않았던 것이었다. 어떤 사람은 강도의 총에 맞아 죽었다고 했고, 또 어떤 사람은 병에 걸려 멀리 타향에서 객사했다고 했다. 부잣집에 데릴사위가 되었다는 사람도 있었다. 그때 그녀는 이미 임신한 상태였다.

남편이 실종되고 몇 년이 지나자, 마을 사람들은 그녀에게 재혼하라고 권했다. 하지만 그녀는 재혼하지 않았다. 그녀는 남편이 죽었는지도 확실하지 않고, 먼 곳에 큰 장사를 하여 언젠가 돈을 많이 벌어 돌아올지도 모르는 일이라고 말했다. 그녀는 그 생각으로 버텼고 아들을 키우며 굳건히 살아갔다. 심지어 그녀는 집을 더욱 단정하게 꾸몄다. 그녀는 남편이 큰돈을 벌어 돌아왔을 때, 집이 누추한 것을 보여주어서는 안 된다고 생각했다.

그렇게 십수 년이 흘렀다. 그녀의 아들이 17세가 되던 해, 그 마을로 군부대가 지나갔다. 그녀의 아들은 부대를 따라갔다. 아들은 밖으로 나가 아버지를 찾겠다고 말했다.

아들이 떠난 이후로 소식을 들을 수 없었다. 얼마 지나지 않아 어떤 사람이 그녀의 아들은 전쟁터에서 전사했다고 알려주었다. 하지만 그녀는 믿지 않았다. 심지어 그녀는 아들이 죽지 않았을 뿐만 아니라 장교가 되었으며 전쟁이 끝나 세상이 평온을 되찾으면 금의환향할 것이라고 생각했다. 그녀는 또한 아들이 이미 결혼하여 며느리가 손자를 낳아 돌아오면 함께 모여 행복하게 살 수 있을 것이라 생각했다.

그녀는 수놓는 일을 해서 돈을 모았다. 그녀는 다른 사람에게 돈을 벌어 집을 짓겠다고 말했다. 남편과 아들이 돌아오면 살 집을 짓겠다는 것이었다.

어느 해에 그녀는 큰 병에 걸리고 말았다. 의사는 이미 치료할 약이 없다고 그녀에게 말해주었다. 하지만 그녀는 결국 기적처럼 병이 나았다. 그녀는 자신이 죽으면 아들이 돌아와서 어떻게 자신의 집을 찾을 수 있겠냐고 말했다.

노인이 된 그녀는 아직도 그 마을에서 건강하게 살고 있다. 올해로 그녀는 100세가 되었다. 지금도 그녀는 수놓는 일을 하고 있다. 그녀는 매일 상상에 빠진다. 그녀의 아들이 손자를 낳았고, 손자도 아들을 낳았을 것이라고 말이다. 그렇게 생각할 때는 주름으로 가득하고 풍파에 찌든 얼굴이 바로 수를 놓은 것처럼 찬란하고 다채로운 꽃송이로 변했다.

어떤 철학자는 이렇게 말한 적이 있다.

"하나님께서 당신 앞에 산 하나를 놓아둔다 해도 절대 그 산 아래에서 울지 마시오. 그 산을 타고 넘어가면 되는 것이니까 말입니다."

얼마나 위트가 넘치는 말인가! 우리는 확실히 희망의 힘으로 자신을 무장할 필요가 있다. 용감하게 자신의 앞에 놓인 삶의 높은 봉우리를 넘어가야 한다.

희망보다 더 우리의 환경을 바꾸어 놓을 수 있는 것은 아무 것도 없다. 어려운 환경에 처해 있을 때, 실패에 직면했을 때, 심각한 재난을 당했을 때, 우리는 희망의 힘이 아직 존재하고 있음을 잊어서는 안 된다. 희망은 눈앞의 고통을 잊게 해주며 빛나는 미래를 볼 수 있게 해준다. 인생에 다시 날 수 있는 날개를 달아주기도 한다.

"소망 중에 즐거워하며 환난 중에 참으며 기도에 항상 힘쓰며"(롬 12:12)
소원의 항구로 인도하시는 하나님에 대한 믿음만 있다면 우리는 어떠한 상황과 형편에서도 기뻐하고 감사할 것입니다. 희망을 마음에 품으면 매일의 삶이 더욱 아름답고 소중하게 여겨집니다.
당신에게 가장 큰 희망은 무엇입니까?

당신이 사랑하는 직업을
선택하고 즐거움을 위해 일하라

여성은 35세 이전에 반드시 만족스러운 일을 가져야 한다. 그렇지 않으면 우울한 나날을 보내게 된다. 자신에게 적합한 일을 선택해야 스스로 발전하고 계속 나아질 수 있으며, 그 속에서 기술을 터득할 수 있다. 그러면 자신의 삶이 그로 인해 더욱 충만해질 것이다.

일의 종류는 그 수를 헤아리기 힘들 정도로 많다. 중요한 것은 자신에게 가장 적합하고 즐겁게 할 수 있는 일을 찾는 것이다. 그러면 일에 더 능률이 오를 것이고 더 행복할 것이며 삶이 사랑으로 충만할 것이다.

자신이 사랑하는 직업을 신중하게 선택하라. 일단 선택했으면 해야 하며 경솔하게 자신의 초심(初心)을 바꿔서는 안 된다. 자신이 좋아하는 직업에서 최대한 노력하여 성과를 거두어야 한다.

다음 이야기는 즐겁게 일하는 방법을 잘 알 수 있게 해준다.

● 벤치 부인이 전해준 선물

나는 우연히 벤치 부인을 만나기 전에는 간호하는 일의 진정한 의미를 알지 못했다.

나는 환자에게 필요한 모든 물품을 들고 병실로 들어갔다. 병원에서 내게 간호하라고 지시한 사람이 벤치 부인이었다.

벤치 부인은 작고 마른 노부인이었다. 머리는 백발이었고 몸 전체의 피부는 너무 익어버린 호박 같았다.

"무슨 일로 왔죠?"

"그럼 돌아가세요. 나는 오늘 목욕하고 싶지 않아요."

뜻밖에 노부인의 눈에서 굵은 눈물이 나와 뺨을 타고 줄줄 흘러내리고 있었다. 나는 그것을 미처 깨닫지 못하고 그녀를 씻기는 일을 강행했다.

이튿날 내가 다시 갔을 때, 벤치 부인은 이미 대책을 마련해놓고 있었다.

"간호사아가씨, 이리 와 앉아요, 내가 오늘 진정 아끼고 사랑하는 것이 무엇인지 가르쳐 줄 테니."

그날 이후로 여러 날 동안 벤치 부인은 나에게 지나온 자신의 인생이야기를 들려주었다. 그녀는 싫증내지 않고 인생의 교훈을 자세히 말해주었다. 끝으로 그녀는 자신의 남편에 관련된 일을 내게 알려주었다.

"남편은 키가 크고 건장한 농사꾼이었어. 입고 다니는 바지는 늘 너무 짧았고 머리는 너무 길었지. 남편이 나를 쫓아다닐 때 신발에 흙을 묻힌 채 거실로 들어왔어. 물론 처음에 나 같은 사람은 교양 있는 남자와 어울린다고 생각했지. 하지만 나는 결국 그에게 시집갔어. 한번은 결혼기념일에 남편에게 사랑의 징표를 달리고 했지. 그런 징표는 금회니 은화를 부식시켜 하트나 꽃모양의 도안을 번갈아가며 두 사람의 이름을 간단히 새기는 거였어. 정교한 목걸이용 줄로 꿰어 특별한 날에 서로에게 주는 것이지. 결혼기념일이 되었을 때 그는 일어나자마자 마차를 몰고 시내로 갔어. 나는 산언덕에서 기다렸지. 고개도 돌리지 않고 나는 앞만 바라보았어. 그가 먼 곳에서부터 먼지를 풀풀 날리며 돌아오는 모습을 볼 수 있을까 하고 말이야."

그녀의 눈이 흐려졌다.

"남편은 끝내 돌아오지 못했어. 이튿날 사람들이 남편이 탄 마차를 발견했어. 그들은 남편이 죽었다는 소식과 함께 이것을 가져다주었지."

노부인은 조심스럽게 그것을 꺼내들었다. 오랫동안 지니고 있었던 탓에 그 물건은 이미 낡아 있었다. 한쪽 면에 작고 세밀한 하트와 꽃모양의 도안이 있었다. 다른 면에는 간단하게 '베인과 엠마, 영원한 사랑'이라고 쓰여 있었다.

"하지만 이건 동(銅)으로 만든 거잖아요. 금이나 은이라고 하지 않으셨나요?"

나는 말했다. 그녀는 사랑의 징표를 내려놓고 고개를 끄덕였다. 눈에서는 연신 눈물이 흘러내렸다.

"말하자니 정말 부끄럽군. 그날 저녁 남편이 돌아왔다면 나는 아마 동으로 만든 것밖에 볼 수 없었을지도 몰라. 하지만 그렇게 되었으면 나는 오히려 사랑을 보지 못했을지도 몰라."

그녀는 촉촉이 젖은 눈으로 나를 바라보았다.

"난 아가씨가 내 말을 분명히 알아들었길 바라고 있어. 간호사로서 아가씨는 현재 바로 그런 문제를 갖고 있어. 아가씬 그저 동으로 만들었다는 것만 보고 사랑을 보는 눈이 없어. 명심해두라고. 동이라는 속임수에 속지 말고 진짜 사랑을 찾아."

나는 그날 이후로 더 이상 벤치 부인을 볼 수 없었다. 벤치 부인은 그날 밤 세상을 떠났다. 하지만 그녀는 가장 좋은 선물을 남겼다. 나의 일을 사랑하도록 도와주었다. 내가 간호사로 일하는 것을 사랑하도록.

일을 사랑한다면 일은 더 이상 일이 아니라 사랑이다. 그렇게 된다면 일을 어떠한 명칭으로 불러도 좋으리라. 나의 열정, 창의적인 자기표현, 건전한 생계 등으로 말이다. 일은 사람을 사랑할 때 생기는 성분을 갖고 있어야 한다. 주의, 경외, 관심, 깨달음, 시간과 정력의 분출 등.

자신의 선택을 후회하지 말라. 노력에 끈기를 더하고 어떤 일이라도 시작했으면 끝을 보라. 삶의 행복여부는 완전히 자기 손에 달렸다. 일을 삶의 재미로 바꾸어야 그 속에서 즐거울 수 있다. 즐거움을 위해 일하는 것이야말로 후회 없는 선택이다.

지금 주어진 일이 무료하고 답답하다고 느끼는가? 아직도 출근하는 시간이 고통스러운가? 처음 선택을 후회하며 한숨만 쉬고 있는가? 그렇다면 처음에 이 일을 선택한 목적부터 다시 생각해보라. 이 일의 의미를 생각해보고 노력과 소득을 돌이켜보라.

삶은 영원히 예술이다. 행복은 자신의 일을 사랑하는 여성에게 주어진다.

"그 주인이 이르되 잘 하였도다 착하고 충성된 종아 네가 작은 일에 충성하였으매 내가 많은 것으로 네게 맡기리니 네 주인의 즐거움에 참예할찌어다"
(마 25:21)
아무리 작은 일이라도 최선을 다해 즐거운 마음으로 감당한다면 그 일은 더 이상 일이아니라 삶의 열정과 사랑, 행복을 가져다 줄 것입니다.
당신의 선택에 후회하지 않고 감사한 마음으로 일하고 있습니까?

자신의 아이를 가져라

아이는 화목한 가정의 윤활유이다. 그렇지 않으면 쓸쓸한 노년기를 보내게 될 것이다. 될 수 있는 한 35세 이전에 자신의 아이를 갖는 것이 좋다. 25세에서 35세 사이의 엄마는 고령의 엄마보다 모성애를 더 잘 발휘할 수 있기 때문이다. 자신조차도 성장이 아직 완성되지 않았지만, 그것이 오히려 아이와 상호작용하며 모자간의 감정을 얻는데 유리하다.

'딩크(DINK) 족'이라는 말이 있다. 영어 'Double income and no kids'의 약자로 수입은 두 배이나 아이는 없는 가족구조나 부류를 일컫는다. 매스컴에서 이 현상을 대서특필하고 있지는 않지만, 딩크 족은 우후죽순처럼 늘어나고 있다. 특히 대도시에서는 뚜렷하다. 최근의 한 소식에 따르면 중국의 딩크 족 부부는 이미 100만 쌍을 넘어섰다고 한다. 결혼 적령기에 접어든 청춘 남녀에게 아이를 낳을지 아니면 딩크 족이 될지는 선택해야 할 항목이 되었다.

25세 이전의 여성이라면 사랑과 일만 필요할 것이다. 젊음과 아름다움은 쿨하고 자유로운 정신에 힘을 실어준다.

30세에서 35세 사이는 인생의 문턱이다. 이 점은 여성이 경험해보아야 알 수 있다. 이때 많은 여성이 한 남자의 아내가 되어 있을 것이다. 젊었을 때의 분방함과 자부심은 더 이상 존재하지 않는다. 조금씩 자신에게 소홀해지기 시작하고 책임이 늘어난다. 이때 대다수의 여성은 자연스럽게 아이를 갖고 싶어한다. 이것이 바로 타고난 모성애가 아닐까?

결혼은 여성을 많이 변화시킨다. 몸매, 얼굴, 명품 브랜드의 옷과 고급 화장품 등은 이미 삶의 가장 중요한 부분이 아닌 것이 된다. 추운 겨울날 밤, 남편의 팔베개에서 잠이 들고, 주말에 자신의 집을 청소하고 단장한다. 원래 삶은 이렇게 많은 부분을 포함한다. 삶의 정수(精髓)는 정성들여 포장한 아름다움보다 뛰어나다. 지금 당신의 가정에 응애응애 하는 갓난아이의 울음소리를 더하고 싶은 않은가?

엄마가 되는 기쁨은 진정으로 엄마가 된 다음에 알 수 있다. 그것은 감동을 주는 행복이다.

● 네트가 건네 준 ‘안전담요’

내 남편은 신학대학을 졸업했을 때 나와 두 살 난 아들인 네트와 알래스카의 삭은 마을로 이사를 갔다. 우리가 탄 소형비행기는 대략 서너 명이 앉을 수 있었다. 네트는 비행기 타는 것을 무척 무서워했다. 그는 자신이 가장 좋아하는 담요로 머리를 감쌌다. 우리가 임시 공항에 내릴 때가 되어서야 담요를 내려놓았다. 그 다음 수개월에 걸쳐 이어진 적응기간 동안 우리는 문화적 배경이 다른 새로운 친구들과 어떻게 지내야 할지를 배웠다. 네트는 어디를 가든 자신의 ‘안전 담요’를 지니고 다녔다. 그래서 담요가 금방 낡고 헤졌다. 게다가 아들은 담요를 꼭 안아 따뜻함을 느껴야 편안히 잠을 잘 수 있었다.

우리가 이 마을로 이사 온 이듬해에 남편은 시애틀에 갈 기회가 생겼다. 신학세미나에 객원연설자로 참석해야 했기 때문이었다. 내가 방에서 이번 여행의 짐을 꾸리고 있을 때, 아들은 남편 뒤에서 계속 어디로 가는지, 얼마나 가야하는지, 왜 그런 사람들에게 연설을 해주러 가는지, 또 누구와 함께 가는지 등을 물었다. 남편은 발표내용을 외우고 있었는데 아들이 시끄럽게 떠들어 집중을 할 수 없었고, 또 마을 밖으로 가서 소형비행기를 시간맞춰 탈 수 있을지를 신경 써야 했다. 아들은 아버지가 좋지 않은 날씨에도 자신이 가장 무서워하는 소형비행기를 타야 한다는 것을 무척 걱정했다. 남편은 아들에게 아무 일도 생기지 않을 것이라고 재차 장담했다. 또 아들에게 자신이 돌아올 때까지 엄마를 보살피라고 당부했다.

현관에서 서로 포옹한 다음, 남편은 그가 하기로 약속했던 강연을 하기 위해 마을 밖에 있는 임시 공항으로 출발했다. 나는 네트를 안고 창문에 기대어 아버지가 자동차를 몰고 가는 모습을 보여주었다. 나는 우리 둘이 함께 아빠가 무사히 돌아오길 기도하자고 아들에게 제의했다. 나는 아들이 소형비행기를 타고 큰 공항에 가는 것을 가장 무서워한다는 것을 잘 알고 있었다. 그래서 우리는 기도했다.

"사랑하는 하나님, 아빠가 탄 비행기가 안전하게 착륙할 수 있도록 도와 주십시오."

기도를 마치자 아들 네트가 나를 위로하며 말했다.

"엄마, 걱정하지 마세요. 내가 '안전 담요'를 아빠에게 주었거든요. 그러니 아빠한테는 아무 일도 생기지 않을 거예요.”

어머니가 되지 않고 누가 아이가 주는 그런 감동적이고 순수한 사랑을 느낄 수 있을까?

오랜 세월이 흐른 뒤에야 당신은 가정과 일을 위해 평생 심혈을 기울였다는 것을 느낄 것이다. 감히 장담할 수 있는 것은 후회하지 않을 것이라는 점이다. 고생 속에서도 많은 행복을 얻을 것이기 때문이다. 아이들은 가장 순진하고 소박한 사랑으로 보상해줄 것이다. 그것은 화려한 옷, 호화로운 별장, 맛있는 요리는 아니다.

그것은 아이들이 아낌없이 주는 사랑이다.

> “여자가 해산하게 되면 그 때가 이르렀으므로 근심하나 아이를 낳으면 세상에 사람 난 기쁨을 인하여 그 고통을 다시 기억지 아니하느니라”(요 16:21)
> 하나님께서는 우리를 딸이라고 하십니다. 육신의 아이뿐만 영적인 아이도 낳으십시오. 그 아이에게 당신의 신앙을 전수시키십시오.
> 당신의 영적인 아이는 누구입니까?

직접 자신의 아이를 돌보라

아동교육 심리학자는 엄마가 아이 곁에 있어 주는 것만으로도 아이의 개성과 심리발달에 비교할 수 없는 우위를 갖게 된다고 말한다. 엄마와 아이가 10개월 동안 함께 생활하는 것만으로 서로는 심리적으로 극히 친밀해진다. 엄마와 아이의 심리적 연결은 아빠와 다른 사람이 대신할 수 없다. 엄마만이 본능적으로 아이가 무엇을 필요로 하는지 어떠한 위험에 처해있는지 감지해낼 수 있다. 또한 엄마가 있어야 아이는 본능적으로 안정감과 만족감을 가질 수 있다. 아이의 몸과 마음이 건강하게 성장하려면 엄마의 끊임없는 관심이 필요하다.

● 엄마의 한 시간을 사고 싶은 딸

사업에 성공한 엄마가 퇴근하여 집으로 돌아왔는데 이미 무척 늦은 시간이었다. 그녀는 피곤했고 약간 짜증스러웠다. 이때 그녀는 다섯 살 난 딸이 문 옆에 기대어 자신을 기다리는 걸 발견했다.

"엄마, 하나 물어봐도 돼요?"

"엄마가 피곤하거든."

엄마는 눈살을 찌푸리며 말했다. 하지만 기대 가득한 딸의 얼굴을 보고 어쩔 수 없이 말투를 바꾸어 부드럽게 말했다.

"무슨 질문인데?"

"엄마, 엄마는 한 시간에 얼마를 벌어요?"

딸은 애걸하듯 말했다.

"꼭 알아야겠다면 말해주마. 한 시간에 20달러를 번단다."

"어."

딸은 고개를 숙이고는 이어서 다시 말했다.

"엄마, 나한테 10달러만 빌려주실 수 있어요?"

엄마는 화를 냈다.

"네가 아무짝에도 쓸모없는 과자나 장난감을 사려고 돈을 달라는 거면 네 방의 침대로 가서 조용히 반성해. 어쩜 너는 그렇게 이기적일 수 있니? 나는 매일 이렇게 고되게 일하는데 말이야. 너와 장난칠 시간이 없단 말이야."

딸은 조용히 자기 방으로 들어가 문을 닫았다.

엄마는 앉아서 계속 화를 냈다. 나중에 그녀는 평온을 되찾았고 딸에게 지나쳤다는 생각했다. 딸이 정말 무언가 사고 싶은 것이 아니었나 하는 생각도 들었다. 딸은 평소에 돈을 달라고 한 적이 거의 없었기 때문이다.

엄마는 딸의 방으로 들어갔다.

"우리 아기, 자니?"

"엄마, 아직 안 자요."

딸이 대답했다.

"엄마가 아까 너무 했던 것 같아. 여기 네가 달라고 한 10달러야."

엄마가 말했다.

“엄마, 고마워요.”

딸은 환호성을 지르며 베개에서 구겨진 지폐 몇 장을 꺼내 천천히 세어보

기 시작했다.

“왜 돈이 있는데 더 달라고 한 거니?”

엄마가 이해가 되지 않는 듯 물었다.

“이걸로는 부족하거든요. 하지만 이젠 충분해요.”

딸이 계속 말했다.

“엄마, 나 이제 20달러가 생겼어요. 엄마의 1시간을 살 수 있을까요?

내일 일찍 집으로 오세요. 나는 엄마와 함께 저녁을 먹고 싶어요.”

35세 이전에 사업 발전의 중요한 시기에 접어든 여성은 최대한 아이 곁에 있어야 하며, 아이의 성장을 함께 지켜보아야 한다. 많은 일들이 사치스러운 일로 변했다. 당신은 일이나 생계를 위해 바빠 죽겠는데 아이 돌볼 시간이 어디 있느냐고 물을지도 모른다. 그래서 당신은 베이비시터를 고용하거나 놀이방과 같은 보육시설에 아이를 맡겨 생활할 것이다. 조사에 따르면 많은 외동아이들을 조부모나 외조부모가 맡아 키운다고 한다. 아이가 어릴수록 조부모나 외조부모와 함께 사는 비율도 높아졌다.

조부모나 외조부모는 육아에 대한 사고방식이 상대적으로 진부하기 때문에 과학적인 사고방식이 부족하다. 그들이 개별적이고 표면적인 경험을 바탕으로 아이를 오냐오냐 키운다면 아이에게 좋지 못한 습관이 생길 수 있다. 게다가 자기중심적인 사고방식을 갖게 되면, 다른 사람에게도 관심을 기울이지 않는 결과를 낳게 된다. 그러면 아이의 몸과 마음이 자라는 데에

도 나쁜 영향을 준다. 현대의 엄마들은 일반적으로 교육 수준이 높기 때문에 아이를 키울 때 과학적인 방법을 채택한다.

관련 심리학자와 육아 전문가들은 부모가 아이의 성장에 미치는 영향이 사람들이 상상하는 것보다 훨씬 중요하다고 말한다. 부모가 아이의 양육에 더 많이 참여할 수 있다면 아이의 튼튼한 성장에 유리하다. 부모는 일과 돈 버는 것에만 신경 써서는 안 된다.

시간을 내서 아이와 함께하고 직접 아이를 데리고, 공원을 걸어 보라. 이 세상 그 무엇도 부드러운 엄마의 사랑보다 아이를 더 건강하게 성장하게 해 줄 수 있는 것은 없다.

"채찍과 꾸지람이 지혜를 주거늘 임의로 하게 버려두면 그 자식은 어미를 욕되게 하느니라"(잠언 29:15)
여성의 35세는 자신의 성장에 중요한 시기입니다. 그러한 시기에 아이를 양육하는 것은 여성에게 많은 희생을 요구합니다. 그러나 양육이 희생뿐이라고 생각하면 큰 오산입니다. 아이를 양육함을 통해 우리는 하나님 아버지와 자녀 된 나의 관계의 감사함을 더 깊이 느낄 수 있을 것입니다.
당신의 육신의 자녀 혹은 영적 자녀를 최선을 다해 돌보고 계신가요?

아이를 위해
육아일기를 적어라

35세 이전의 젊은 엄마는 아이가 눈을 뜬 그 순간부터 처음 엄마라고 불렀을 때, 인생의 첫걸음을 떼었을 때, 울거나 웃을 때 등의 모든 순간마다 아이가 최초로 보여준 놀라운 기적을 기록해야 한다. 아이가 생일이 되면 그 일기를 아이에게 주어 아이가 생명의 소중함을 느끼도록 해주기 바란다.

● 사랑의 일기

그녀의 열두 번째 생일이었다. 그녀가 이웃집에 놀러 가려고 했을 때 엄마가 그녀를 불렀다.

"네게 줄 것이 있어."

엄마는 진지하게 말했다.

엄마는 파란 천으로 싼 물건을 열었다. 그녀 앞에 낱장의 종이로 제본한, 색이 누렇게 바랜 공책 3권이 나타났다. 그녀는 여전히 알 수 없다는 시선으로 엄마를 바라보았다. 엄마가 말했다.

"이건 네 일기란다."

그녀는 더욱 놀랐다. 자신이 언제 일기를 썼던가?

엄마는 그녀의 마음을 이해할 수 있었다. 더욱 느린 말투로 말했다.

"이건 엄마가 널 위해 쓴 일기란다. 네가 태어난 날부터 지금까지의 기록이지. 네가 첫째라 나는 계속 기록하는 걸 멈추지 않았단다. 네 남동생이나 여동생은 내가 써줄 힘이 없구나. 이제 네가 12살이 되었으니 스스로 쓸 수 있을 거야. 이 일기를 네게 줄 테니 이제는 네가 직접 이어서 쓰도록 해라."

엄마의 말은 무척 평범했다. 엄마는 어떤 인생 철학도 들려주지 않았다.

이것은 엄마가 그녀에게 준 선물이다. 평생토록 다 누릴 수 없는 그녀의 진귀한 선물이다. 누렇게 색이 바랜 공책에서 엄마는 굳은살이 배긴 손으로 한 글자씩 그려가며 딸이 이 세상에 나온 흔적들을 기록했다. 마치 옷의 한 땀 한 땀처럼. 그때 그녀는 아무렇게 몇 페이지를 들쳐보고는 한쪽에 팽개쳐두었다.

15세가 되어서야 그녀는 처음으로 베개 밑에 있던 일기 세 권을 다 읽을 수 있었다. 아마도 그 나이가 되어야 자신의 '어리석은 시대'에 호기심과 흥미가 생기는 것 같다. 엄마가 기록한 일기에서 그녀는 자신이 어떻게 자랐는지를 알게 되었다. 또한 엄마가 10여 년 동안 일기쓰기를 계속한 것에 감동했다. 그 이후로 마음이 답답하고 골치가 아플 때마다 그녀는 일기를 펼쳐들어 읽었다. 그녀는 결혼을 했다.

그녀의 딸이 태어나기 전날 밤, 그녀는 불룩한 배를 내밀고 양장으로 된 일기장을 사러 갔다. 한참을 고민한 끝에 속표지에 몇 글자를 적었다.

'이기야, 이것은 엄마가 네게 주는 가장 귀한 선물이야.' 그래서 매일 퇴근한 다음 딸의 기저귀를 다 빨면 책상 앞에 앉았다. 그녀는 잡다한 일들을 기록했다. 어느 날 딸이 어떤 발음을 할 수 있게 되었는지, 어느 날 무슨 동작을 할 수 있게 되었는지, 어느 날 똥을 몇 번 누었는지, 어느 날 어떤 병에 걸렸는지. 마침내 딸의 열두 번째 생일이 되었다. 그녀는 자신의 엄마가 그 해에 했던 것처럼 딸을 자기 앞으로 불렀다.

딸은 방금 친구들과 생일축하노래를 부르며 케이크를 먹던 기쁨 속에서 빠져 있는 채로 엄마가 부르는 소리를 듣고 말했다.

"엄마, 저한테 생일선물 주신다고 했잖아요. 어디 있어요?"

그녀는 양장으로 된 일기장 여섯 권을 책상 위에 놓고는 딸에게 말했다.

"이건 네게 주는 열두 번째 생일선물이야. 여기에는 12년 동안 하루도 빠짐없이 너의 모든 것이 쓰여 있단다. 이젠 네가 이어서 계속 쓰렴."

그녀는 고향에 계신 연로한 어머니를 떠올렸다. 눈물이 멈출 생각을 하지 않았다. 눈처럼 흰 형광등이 흘리는 눈물 때문에 흐릿해 보였다. 26년 전 엄마가 그녀에게 준 일기 세 권은 그녀에게 어떻게 마음을 수련하고 굳은 의지력을 키워나가야 하는지, 어떻게 다른 사람과 세상과 인생을 사랑해야 할지를 가르쳐 주었다. 그것은 그녀 평생에 다 써보지 못할 재산이었다.

아이를 위해 육아일기를 쓸 것을 권하는 바이다. 언젠가 아이는 새처럼 품안을 떠날 것이다. 아마 당신은 아이를 따라 멀리 타향으로 갈 수 없을 것이다. 하지만 그가 어디에 있든 사랑과 축복은 아이의 일생과 함께 할 수 있을 것이다.

말과 행동을 바르게 하여
스스로 모범이 되라

유명한 심리학자 융은 부모의 답답한 생활처럼 아이에게 강력한 심리적 영향을 미치는 것은 없다고 말한 적이 있다.

35세 이전의 엄마로서 아이를 위해 어떤 모범적인 모습을 보여줄 것인가? 언행의 일치를 보여줄 것인가, 아니면 언행의 불일치를 보여줄 것인가?

물건을 사거나 가족 행사가 있을 때 가족 모두가 토론을 하는가?

누군가에게 이기거나 좋은 성적을 얻는 것을 아이가 가장 중요하게 여기는 목표라고 생각하는가?

아이에게 책임감이 있어야 한다거나 다른 사람에게 관심을 가지라고 가르치는가?

삶이 순조롭지만은 않다는 사실을 인식시켜 더 좋게 성장할 수 있도록 기회를 준 적이 있는가?

엄마는 가정 생활을 지혜롭게 꾸려나가는 것 외에도 아이의 좋은 모범이 되어야 한다.

전체적인 원칙은 언행일치이다. 엄마로서 모범이 되지 못하면, 아이들을 가르칠 수 없다.

부모가 검소한 생활을 물질의 궁핍함으로 생각한다면, 아이가 미래의 생활에 충분히 믿음을 갖도록 하기란 사실상 어렵다. 부모가 정확한 방식으로 생활을 검소하게 바꾼다면 아이들도 검소한 생활이 즐거울 수 있으며 보답을 준다는 것을 알게 될 것이다.

● 모범적인 부모로부터 배운 아이

어느 날, 내가 운전하고 있는데 아이가 나에게 왜 더 멋지고 신형인 차를 사지 않느냐고 물었다. 나는 대답했다.

"맞아. 우리는 더 좋은 차를 사야 해. 하지만 그건 내가 자동차 살 돈을 벌기 위해 연장근무를 해야 한다는 것을 뜻한단다. 그럼 내가 너희들과 이렇게 함께 할 시간이 줄어든다는 거지. 너희들 생각은 어떠니? 우리가 새 자동차를 사야 할까?"

사실 나는 새 차를 살 수 있었다. 다른 사람들처럼 돈을 빌려 차를 사거나 저축을 털어서 말이다. 하지만 나는 돈을 빌리고 싶지 않았을 뿐만 아니라 저축한 돈을 써버리고 싶지도 않았다. 나는 현명한 선택을 했다. 나는 죽도록 일하지 않을 자유를 누리고 싶었다. 말끔하게 세차된 차를 운전하고 아이들을 데리고 드라이브하며 기쁘게 해줄 수 있을 때의 자유를 누리고 싶었다. 돈을 많이 쓸수록 돈을 벌기 위해 나는 더 많은 일을 해야 한다. 나는 마침내 아이들이 검소한 생활을 오해하지 않도록 할 수 있었다. 지금 아이들은 우리가 물건을 살 때마다 자유롭게 쓸 수 있는 시간을 잃어버리게 된다는 사실을 알고 있다. 또한 아이들은 이 자유와 시간이 우리가 사려는 물건보다 더 중요하다는 것도 알고 있다.

지금의 사회에서 아이를 돌보는 스트레스는 점점 더 커지고 있다. 알코

올, 각종 마약, 섹스, 에이즈, 조직폭력, 총기범람과 폭행 등이 대표적이다. 이밖에 바보상자에서 전해오는 자극, 미친 듯 격렬한 영화, 로큰롤, 가수, 커피숍, 컴퓨터게임과 비디오방이 즐비한 유흥가도가 눈길을 사로잡는다. 어린 아이가 어떻게 이런 환경 속에서 영혼의 평온함을 유지할 수 있겠는가? 어떻게 이런 환경 속에서 무엇이 자신에게 가장 중요한 것인가를 찾아낼 수 있겠는가? 그러나 방법이 하나 있다.

우리는 아이가 어릴 때 어떻게 하면 안정적인 자아를 유지할 수 있는지를 배우게 할 수 있다. 당신이 혼자 있고 싶을 때 아이에게 똑같이 하라고 가르칠 수 있다.

아이를 데리고 교외로 여행을 가거나 야영을 해보라. 번잡하고 시끄러운 도시를 떠나 아이들에게 아름다운 석양을 진지하게 바라보게 해보라.

아니면 아이들에게 혼자 집에서 한가로운 오후를 보내는 방법을 가르치는 것도 좋다.

또한 매주 하루라는 시간을 내어 친구들의 영향에서 벗어나고 컴퓨터게임에서 벗어나도록 하라.

좋은 책들을 읽어 아이들의 영혼을 건강하게 하고 사고력 훈련의 방법을 가르치라. 그러면 아이가 자아통찰의 습관을 기를 수 있고 자기 내면의 소리를 들을 수 있다. 아이가 혼자 있는 법을 배우고 그 속에서 영혼의 안정을 누릴 수 있는 방법을 배우는 것만큼 아이의 인생에서 좋은 선물은 없다.

인간의 물질 생활이 풍요로워질수록 삶의 의미와 어떻게 더 나은 인간이 될지를 생각할 시간은 줄어든다. 아이의 정신 생활과 물질 생활이 이상적인 평형 상태에 이르려면 엄마가 반드시 모범적인 역할을 해야 한다.

아이는 거울이다. 아이에게 사랑을 주면 아이는 사랑으로 보답할 것이고 아무 것도 주지 않으면 아무런 보답도 하지 않을 것이다. 무조건적인 사랑은 무조건적인 보답을 얻는다. 조건이 있는 사랑은 조건이 있는 보답을 얻는다. 따라서 정신세계를 정화하고 풍요롭게 하는 활동을 어떻게 가정 생활로 끌어들이든 내면에 사랑이 없다면 다른 사람에게 사랑을 줄 수 없다. 엄마는 먼저 내면세계를 사랑으로 충만하게 해야 한다. 그래야 다른 사람을 사랑할 여유가 생기고 아이의 속마음에서 나오는 사랑을 만들어낼 수 있다.

아이를 독립적인 인격체로 간주하고 사랑하라. 아이들을 자신과 다른 사람으로 변화시키는 것은 당신의 책임이다. 즉, 아이들은 스스로 최대한 노력하여 가장 좋은 사람이 되어야 한다. 사리사욕이 없고 목적이 없는 사랑과 봉사는 순결한 정신생활의 최고경지이다. 그것은 바로 다른 사람에게 주고 어떠한 보답을 바라지 않는 것이다.

"책망할 것이 없고 한 아내의 남편이며 방탕하다 하는 비방이나 불순종하는 일이 없는 믿는 자녀를 둔 자라야 할찌라"(디도서 1:6)
우리는 주님을 믿고 따르며 하나님이 원하시는 온전한 그리스도인이 되기 위해 애씁니다. 우리가 이렇게 행동할 수 있는 이유는 그리스도께서 우리에게 완전하신 모범을 보여주셨기 때문입니다. 따라서 자신의 자녀가 정신과 육체, 지식과 품성 그리고 모든 면에서 균형적인 성장을 이루는 멋진 사람이 되길 원하는 여성은 먼저 훌륭한 역할모델이 되어야 합니다.
모범을 보이는 여성이 되기 위한 당신은 어떤 노력을 할 수 있나요?

자신의 생일에 반드시 어머니에게 안부를 물어라

어머니는 세상에서 가장 이기적인 마음이 없는 사람이다. 모성애는 세상에서 가장 사심이 없는 사랑이다. 열 달 동안 품고 있다가 분만해서 건강하게 자랄 때까지 어머니는 우리를 보살핀다. 어머니는 평생 모든 힘과 심혈을 다 쏟는다. 세상의 그 어떤 사랑이 모성애처럼 조금의 남김도 없이 철저하게 다음 세대와 인류사회를 위해 모든 것을 바칠 수 있겠는가!

다음 이야기는 모성애의 위대함을 충분히 일깨워주고 있다.

● 목숨과 맞바꾼 모성애

등산가인 부부가 있었다. 그들은 아이의 돌을 축하하는 의미에서 아이를 등에 업고 7000미터 높이의 설산(雪山)을 오르기로 결심했다.

그들은 특별히 햇빛이 좋고 맑은 날씨를 택했다. 모든 준비를 마치고 그들은 여정에 올랐다. 날이 밝자 날씨는 일기예보에서 말한 것처럼 맑고 바람도 없었다. 심지어 구름 한 점 보이지 않았다. 부부는 가볍게 5000미터 고지를 올랐다.

그런데 그들이 잠시 쉬고 다시 오르려고 할 때, 생각하지 못한 일이 발생했다. 바람과 구름이 갑자기 일더니 삽시간에 바람이 세졌고 눈발이 날렸다. 기온도 영하 삼사십 도로 급강하하였다. 그들이 일기예보만 믿고 중요한 나침반을 휴대하지 않은 것은 가장 치명적인 실수였다. 바람이 너무 세서 가시거리가 1미터도 채 되지 않았다. 그것은 올라가든 내려가든 위험하고 죽을 수도 있다는 것을 의미했다. 두 사람은 할 수 없이 급한 와중에 동굴을 찾아 잠시 바람과 비를 피했다.

기온은 계속 내려갔고 여자가 안고 있는 아이의 입은 얼어서 파랗게 되었다. 게다가 아이는 젖을 먹어야 했다. 그렇게 추운 곳에서는 피부를 조금만 노출시켜도 체온이 급속히 떨어지고 오래되면 생명도 위험해질 수 있었다. 어떻게 하면 좋을까? 아이의 울음소리는 점점 약해졌다. 아이는 젖을 먹지 못하면 금방 추위와 배고픔으로 죽을 상황이었다.

남편은 아내가 아이에게 젖을 먹이려고 하는 것을 여러 차례 막아야 했다. 그는 눈을 뜨고 아내가 젖을 먹이다 얼어 죽는 모습을 지켜볼 수 없었던 것이다. 그런데 아이에게 젖을 먹이지 않으면 아이도 곧 죽을 상황이었다. 아내는 남편에게 애걸했다.

"한 번만 먹일게."

남편은 아내와 아들을 껴안았다. 젖을 한 차례 먹인 아내의 체온은 금방 2도가 내려갔다. 신체에도 큰 손상을 입었다.

나침반이 없고 세찬 바람과 눈 때문에 구조대원도 전혀 그들이 있는 곳을 찾을 수 없었다. 그것은 바람이 멈추지 않으면 그들이 구조될 희망이 없다는 것을 의미했다.

시간은 계속 흘러갔다. 아이는 계속 젖을 먹어야 했고, 아내의 체온은 계속 내려갔다. 눈보라가 미친 듯이 몰아치는 해발 5000미터에서 아내는 평소라면 괜찮았겠지만, 지금은 몹시 힘겨운 젖먹이기를 반복했다. 그녀의 생명은 젖을 먹일 때마다 점점 사라지고 있었다.

3일 뒤 구조대원이 도착했다. 남편은 이미 얼어서 아내의 옆에 의식을 잃고 쓰러져있었다. 위대한 엄마이자 그의 아내는 조각품처럼 얼어있었지만, 여전히 젖먹이는 자세를 꼿꼿이 유지하고 있었다. 목숨을 걸고 젖을 먹인 그녀의 아들은 남편의 품에서 편안히 잠들어 있었다. 얼굴에는 홍조가 돌았고 모습도 평온해 보였다.

모성애는 인류의 가장 귀한 재산이다.

세상 사람들이 공통적으로 가지고 있는 사랑이며 생명의 원천이자 희망의 존재이다. 모성애를 갖고 있다는 것은 더할 나위 없는 행복이다. 모성애는 햇빛처럼 영원히 만물을 비춘다. 모성애는 달콤한 물로 영원히 마음으로 흘러간다. 언제 어디에서든 모성애를 잊어서는 안 된다. 더욱이 생일에는 "엄마, 사랑해요"라고 간단하고 가볍게 문안인사를 드리고, 생명을 주신 것에 감사를 드려야 한다. 어머니에게 당신이 느끼고 있는 감격과, 지금까지 어머니의 사랑을 알고 있음을 알려주어야 한다. 줄곧 깊이 어머니를 사랑하고 있으며 영원할 것이라는 것도 말하기 바란다.

"네 부모를 즐겁게 하며 너 낳은 어미를 기쁘게 하라"(잠언 23:25)
하나님께서는 부모를 공경하는 자는 하나님이 주신 땅에서 생명을 길게 보전할 것이라고 말씀하십니다. 어머니의 헌신적인 사랑과 돌봄으로 당신은 아름다운 여성이 되었습니다. 어머니에게 감사의 표현을 언제 하셨나요?

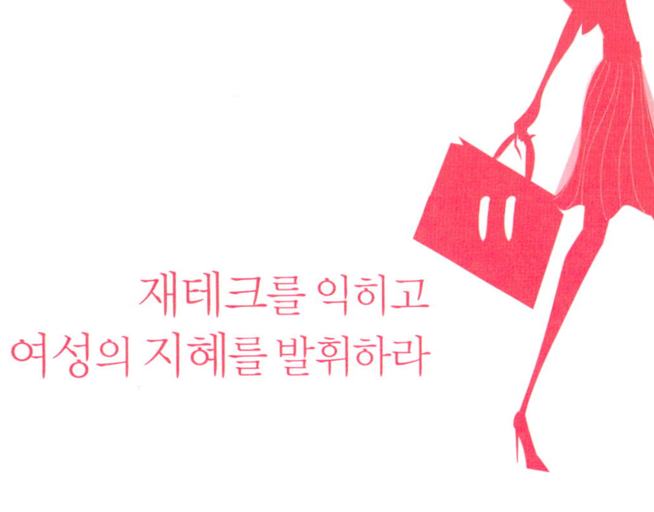

재테크를 익히고
여성의 지혜를 발휘하라

35세 이전의 현명한 여성이라면, 결혼 생활을 시작하기 전에 재능을 활용하여 재테크를 할 것이다. 그녀들은 화려한 옷이나 액세서리에 쉽게 현혹되지 않는다. 그녀들은 미래의 여러 가지들을 예측할 수 없다는 사실을 알고 있다. 미래는 이제껏 그렇게 준비가 있는 사람의 수중에 있었다. 그래서 그녀들은 매달의 수입에서 얼마간의 돈을 꼬박꼬박 찾지 않을 계좌에 저축한다. 자신도 모르는 사이에 그 저금은 크게 불어나 재난을 입은 다음에도 정상적인 생활로 빨리 돌아올 수 있게 해준다.

현명한 여성이라면 결혼한 뒤에도 가족의 재테크에 더 주의를 기울일 것이다. 진지하게 가정의 예산을 짤 것이고, 매달의 지출을 기록할 것이다. 그녀들은 끊임없이 몇 주 걸러 한 번씩 수십만 원을 저축할 것이다. 게다가 매번 수십만 원에 이르는 적금을 넣을 것이다. 점점 이 돈은 많아져서 의외의 사고에 대비할 정도로 충분해질 것이다.

이런 여성만이 뜻밖의 재난이 닥쳤을 때 마술을 부리듯 가족들의 어려운 상황을 헤쳐나갈 수 있도록 돕는다. 또한 마음속의 근심 걱정을 싹 쓸어버릴 수 있다. 그러면 가족들은 당신을 믿고 따르며 새로운 삶을 향해 온힘을 쏟을 수 있다. 그때 당신은 가족들에게 천사로 여겨질 것이다.

재테크 지수를 알아보는 간단한 테스트

어떤 사람은 매일 바쁘기는 한데 돈을 많이 벌지 못하고, 어떤 사람은 많은 돈을 벌면서도 여유가 있다. 사람마다 다르기 때문이지만 재테크를 습득하지 못한 것이 가장 중요한 원인이다. 이제 재테크능력을 확인해보자. 부자의 자질을 갖추고 있는지도 함께 알아보자.

1. 금전관리 재테크

아래의 문제를 읽고 자신에게 부합되는 항목을 선택하시오.

문제1 : 당신은 비상금을 어떻게 사용하는가?

　　　　아래 항목 가운데 근접한 것을 선택하시오.

　　　　A. 은행의 정기예금을 이용한다. (　)

　　　　B. 신탁회사에 돈을 맡긴다. (　)

　　　　C. 주식을 사서 배당금을 받는다. (　)

　　　　D. 주식이나 선물거래에 투자한다. (　)

문제2 : 모은 돈을 어떻게 처리하는가?

아래 항목 가운데 가장 근접한 것을 선택하시오.

A. 은행에 저금한다. (　)

B. 가지고 다닌다. (　)

C. 아버지에게 준다. (　)

D. 어머니에게 준다. (　)

문제3 : 친구가 당신에게 1천만 원을 빌려달라고 하면 당신은 어떻게 할 것인가?

A. 증인과 차용증이 있는 조건으로 돈을 빌려주되 이자는 받지 않는다. (　)

B. 그렇게 큰돈은 빌려줄 수 없다고 말한다. (　)

C. 매달 3%의 이자를 받는다. (　)

D. 보증인이 있을 상황에서 단기로 빌려준다. (　)

문제4 : 물건을 살 때, 어떤 점을 가장 중요하게 생각하는가?

A. 무슨 수를 써서라도 우선 값을 깎는다. (　)

B. 상대방이 가격에 대해 말하는 것을 주의 깊게 듣는다. (　)

C. 가격대로 지불한다. (　)

D. 가격은 고려하지 않는다. (　)

△ 점수기준

A-5점, B-3점, C-1점, D-0점

△ 테스트분석

●0~7점 : 당신은 저축을 잘한다. 경제 측면에서 이론가라고 할 수 있다.

●8~13 점 : 당신은 돈은 시장에서 유통되어야 한다고 생각하며 비교적 자신의 돈을 잘 관리한다.

●14~17 점 : 자신의 돈을 매우 잘 관리한다. 자산의 운용능력이 무척 뛰어나다.

●18~20 점 : 당신은 자신의 돈을 매우 잘 관리하며 재테크의 고수이다. 게다가 경제 측면에 재능이 있다.

2.가정 살림 재테크

매 문항에 ○ 나 ×를 써넣어라. ○는 '그렇다'를, ×는 '아니다'를 나타낸다.

문제01 : 폐품의 이용이나 회수에 관심을 가지며, 물건을 최대한 활용하려고 한다. ( )

문제02 : 경제적으로 자급자족하며 부모나 다른 사람에게 의존하지 않는다. ( )

문제03 : 큰돈이 들어가는 지출은 혼자 결정하지 않는다. ( )

문제04 : 일상생활의 소모품 관리에 있어 사소한 고장은 직접 수리한다. ( )

문제05 : 아이에게 지나치게 좋은 옷을 사주지 않는다. (   )

문제06 : 마음 내키는 대로 싸구려 물건을 사지 않는다. (   )

문제07 : 쓸데없는 소비는 줄이고 술, 담배 등의 좋지 못한 기호는 자제
한다. (   )

문제08 : 가정용품의 사용과 건강지식을 숙지하며 여러 가지 물건의 사
용연한을 늘리는 방법도 알고 있다. (   )

문제09 : 물건을 살 때 자전거, 세탁기 등의 지출을 줄일 수 있거나 재생
산이 가능한 소비품을 먼저 고려한다. (   )

문제10 : 돈을 빌려 고급스러운 물건을 절대 사지 않는다. (   )

문제11 : 가족 구성원 모두가 일정한 지출의 자주권이 있으며, 구두쇠처
럼 지나치게 절제하지도 그렇다고 너무 사치하지도 않는다. (   )

문제12 : 내키는 대로 가격이 비싸고 신선한 야채를 사지 않는다. (   )

문제13 : 관계가 그리 깊지 않은 사람의 초대는 완곡히 거절한다. (   )

문제14 : 고급이며 오래 사용할 물건을 구입할 때는 반드시 세 곳 이상
의 상점을 둘러본다. (   )

문제15 : 다른 사람이 무슨 물건을 사는지를 보고 따라서 구매하지 않는다. (   )

문제16 : 일시적으로 살 수 없는 물건이 있더라도 쉽게 그것의 대용품을
사지 않는다. (   )

문제17 : 현재 필요하지도 않은데 나중에 쓸 것을 고려해서 물건을 사지
않는다. (   )

문제18 : 매월 수입의 일정부분을 떼어내어 의외의 일이나 비싼 물건을
살 때를 대비한다. (   )

문제19 : 매월 수입과 지출의 계획을 수립하고 번 만큼만 쓴다. 지출한
다음 약간 남도록 한다. ( )

△ 점수기준

● ○를 선택한 갯수가 몇 개인가? 그것이 당신의 점수이다.

△ 테스트분석

● 15~19 점 : 당신의 가정 재테크능력은 탁월하다. 가정을 꾸려
나가는 달인이다. 가정은 당신이 리드해나감으로
써 행복하고 다른 사람도 당신의 그런 능력을 부러
워한다.

● 7~14 점 : 당신의 가정 재테크능력은 그런대로 괜찮은편이다.
하지만 계속 노력하여 능력을 향상시켜야 한다.

● 0~6 점 : 당신의 가정 재테크능력은 떨어지는 편이다. 원인을
심도 있게 분석해보아야 한다.

“지혜 있는 자의 집에는 귀한 보배와 기름이 있으나 미련한 자는 이것을 다
삼켜 버리느니라”(잠언 21:20)
지혜 있는 여성은 하나님이 주신 물질을 잘 관리하여 가정경제를 효율적으로
운영하는 능력이 있습니다. 또한 위기를 슬기롭게 대처하여 더욱 견고한 가
정이 되도록 하는 힘이 있습니다. 신앙 성숙을 위해서도 재테크가 필요합니
다. 시간, 물질, 마음을 잘 관리하여 하늘나라 부자되는 행복을 누리십시오.
당신의 재테크에서 보완해야 할 부분은 무엇입니까?

정신의 부자가 되라

현대의 많은 여성들이 돈 버는 것을 생의 유일한 목표로 삼고 있다. 돈을 벌기 위해 부모님의 외로움을 가볍게 생각하고, 아이가 무엇을 필요로 하는지 무시한다. 돈을 벌기 위해 아름다운 사랑을 포기하며 발전을 추구할 수 있는 기회를 포기한다. 은행 계좌에 얼마가 들어가든 계속 숫자는 바뀌겠지만 스스로 정한 목표에는 다다를 수 없다.

당신도 이런 여성에 속하는가? 수십 평방미터의 방, 수중에 한계가 있는 지금, 산해진미가 없는 식탁 등이 그런 부잣집 부인들과 비교했을 때 무척 초라하다고 느끼는가?

그럼 다음의 이야기를 읽고 무언가 깨달아보자.

● 진정한 사랑

요 며칠 나는 오랫동안 연락이 없었던 친구와 많은 시간을 함께했다. 친구는 나에게 자신이 돈 많은 부자에게 시집갔는데 그 남자가 3만 5천 달러 상당의 루비를 약혼선물로 주었다고 알려주었다. 친구의 약혼자는 발렌타인데이에 2만 5천 달러 하는 할머니의 목걸이를 친구에게 주었다. 그는 친구에게 250만 달러를 주어 그들이 사는 5헥타르의 호화주택을 다시 수리하도록 했다. 친구의 욕실을 수리하는 데만 무려 12만 달러가 들었다고 한다. 그뿐만 아니라 그녀의 애완동물이 쓰는 은식탁에는 애완동물의 이름이 새겨져 있었다.

어느 날 저녁, 우리는 서재에서 밤늦도록 이야기를 나누었다. 어렸을 때부터 친구로 지내던 사이에 오갈 수 있는 화제란 화제는 모두 꺼내 이야기했다. 매년 해가 바뀔 때마다 언덕길을 내려가서 우리가 일찍이 믿고 추구했던 것에 대해 말했다. 또 서로의 배우자에 대해서도 이야기했다. 친구는 남편을 부유하고 성공한 금융가로 묘사했고, 나는 부지런하고 발버둥치는 예술가로 묘사했다. "너는 행복하니?"

내가 친구에게 물었다. 친구는 잠시 말을 하지 않더니 한 손에 긴 3캐럿의 다이아몬드를 만지작거렸다. 그 다음 태연하지만 중얼거리며 말하기 시작했다. 친구는 남편이 자신에게 준 재산에 대해 무척 감격스러워했다. 하지만 가능하다면 친구는 그 재산으로 남편이 그녀에게 줄 수 없는 사랑과 맞바꾸고 싶어 했다. 처음에 친구는 남편을 사랑한다고 생각했다. 그러나 점점 그녀는 남편의 가치관에 동의할 수 없었다. 가치관의 차이는 남편과 친밀한 관계를 맺을 수 없도록 만들었다. 남편은 친구에게 아낌없이 관심을 쏟고 있었지만 친구는 사랑을 받는다는 느낌을 갖지 못했다.

반면에 나는 점점 내가 세상에서 가장 부유한 여자라고 믿게 되었다. 내남편이 내게 준 사랑은 어떤 남자가 물질적으로 줄 수 있는 것을 뛰어넘기 때문이다. 게다가 나는 새삼 내가 정말 복이 많다는 사실을 깨달았다. 나는 남편이 그린 카드와 사랑으로 가득 찬 글씨를 떠올렸다. 내 머릿속에는 남편이 나와 부딪혔던 모습이 맴돌았다. 길을 건널 때 남편은 나를 보호해주려는 듯 내 손을 잡았다. 남편의 무릎에 누웠을 때 남편은 내 머리카락을 빗어주었다. 그의 수수께끼를 알아맞혔을 때 그는 내 얼굴에

키스했다. 나는 우리가 함께 경험한 영혼의 탐험, 생각과 관념의 탐색을 기억했다. 남편과 나는 과거를 이야기하며, 서로 믿고 존중하며 삶과 공부에 대해 갈망하는 우리의 미래를 약속하였다. 나는 내 오랜 친구의 눈에서 나오는 부러운 눈빛을 보았다. 우리의 약속은 일종의 선언이나 입술의 맹세였다. 다이아몬드나 황금을 위한 것이 아니었다. 우리의 약속은 시간과 공간의 제약을 받지 않는다. 반대로 그것은 살아있는 약속이었다. 그것은 우리가 상대방에게 손을 내밀고, 상대방에게 말하고, 상대방을 지지하거나 위로할 때마다 나타난다. 새로운 감정을 나누며 우리의 약속은 더욱 굳건해진다. 그것은 다른 차원의 신뢰, 상처와 사랑 속에서 끊임없이 펼쳐진다. 어젯밤의 긴 대화를 통해 나는 물질의 부유함과 영혼의 부유함 사이에 존재하는 거리감을 느꼈다. 원래부터 내가 세상에서 가장 부유한 여자라는 것도 알게 되었다.

35세 이전의 당신은 현재 영혼의 풍성한 재물을 지니고 있으면서 오히려 다른 사람을 탓하며 물질의 빈곤함을 원망하고 있지는 않는가? 그렇다면 일상생활에 주의를 기울여보자. 당신은 삶 속 어디든 사랑이 충만해 있음을 알게 될 것이다. 또한 자신도 원래부터 부유한 여성이었음을 알게 될 것이다.

"근심하는 자 같으나 항상 기뻐하고 가난한 자 같으나 많은 사람을 부요하게 하고 아무 것도 없는 자 같으나 모든 것을 가진 자로다"(고린도전서 6:10) 영혼의 풍요로움 속에 살아가는 사람은 물리적인 조건과 환경의 변화에 의해 자신의 행복을 빼앗기지 않습니다. 부단히 하나님 앞에서 영혼의 풍요로움을 연습하여 어떠한 상황과 형편 속에서도 감사하고 기뻐하기를 쉬지 않는 여성이 되세요. 정신적인 부자가 되기 위해 당신이 해야 할 일은 무엇일까요?

매년 한 차례 헌혈을 하고 건강에 투자하라

건강은 무엇인가?

건강을 잃었을 때 비로소 이전에 그것이 있었음을 깨닫게 된다. 건강을 소중히 여겼어야 했고 과거에 건강에 대해 너무 소홀했다는 것을 알게 되며 건강이 원래 자신과 서로 뗄래야 뗄 수 없는 관계였음을 알게 된다. 건강이 잠시 자리를 비운 뒤에야 당신은 절실한 깨달음을 얻을 수 있다. 건강이 영원히 떠나버리면 당신은 아마 이 세상 모든 것이 무의미해질 것이다. 이것이 바로 건강의 힘이다.

건강은 무척 상대하기 까다로운 녀석이다. 건강의 상실은 종종 예측할 수 없다. 예방할 수는 있지만 영원히 지키는 것은 신화와 다름없다. 우리가 살아가는 이 세계에는 불행한 사람이 많다. 재난이나 질병은 그들의 건강을 앗아가며 어쩔 수 없이 병상에 누워 의사의 신세를 지게 만든다. 현대 의학 치료에서 많은 사람은 양호한 치료를 받을 수 있기 때문에 결국 건강이 회복된다.

혈액은 '생명의 강'이라는 명예로운 칭호로 불린다. 정상적인 사람은 한 시도 혈액과 떨어질 수 없다. 외상의 출혈, 출산 후의 출혈, 심각한 화상, 여러 가지 혈액 질환과 외과수술은 환자에게 수혈을 통한 치료가 요구된다. 현대 의학으로도 혈액을 인공적으로 만들거나 다른 것으로 대체할 수 없다. 또한 현재도 그 수요는 끝이 없다. 치료를 받아야 하는 환자는 다른 사람의 혈액에 의존해야 할 때가 많다. 더 많은 환자가 수혈을 받아 생명을 구할 수 있도록 사람들은 혈액보관소를 세웠다. 그것은 응급할 때를 대비한 것이다.

저장된 혈액은 수천 수만의 자발적인 헌혈자에게서 나온 것이다. 헌혈은 상호원조의 원칙을 근간으로 하며 건강한 사람이 소량의 혈액을 제공함으로써 다른 사람의 생명을 구하는 숭고한 행위이다. 사심이 없는 봉사이며 다치거나 죽어가는 사람을 구하는 행위이다. 또한 사랑하는 마음으로 봉사하는 것의 또 다른 표현 형태이다. 하지만 그 가치는 측정조차 불가능하다. 헌혈의 의미는 바로 다치거나 병든 사람을 돕고 치료하는 인도주의 정신을 발휘하는 데 있다.

우리 함께 다음의 이야기를 읽어보자.

● 생명의 선물

올해로 56세인 양미야오싱(楊妙興)에게는 보물상자가 있다. 안에는 그가 11년 동안 헌혈에 참가하여 받은 헌혈증 23개가 잘 보관되어 있었다. 선홍색의 헌혈증 23개는 양씨가 사회를 위해 10,200밀리리터의 혈액을 바친 모든 과정을 증명해주었다.

양미야오싱이 말했다.

"헌혈증서는 11년 동안 모은 것이지만 사실 처음 헌혈한 건 32년 전인 1972년이었어요."

1972년 당시 그는 군인이었다. 그는 소속된 부대가 시설공사를 하고 있었는데 사고가 생겼다. 전우 두 명의 목숨이 위태로워 급히 수혈을 대량으로 받아야 하는 상황이었다. 양미야오싱과 전우들은 혈액검사를 받기위해 줄을 섰다. 자신의 뜨거운 피가 전우의 혈관 속으로 흘러들어가는 것을 바라보며 양미야오싱은 점점 마음을 놓을 수 있었다. 수술이 끝난 뒤, 한 전우는 위험한 고비를 넘겼고 다른 전우는 출혈과다로 영원히 세상을 떠나고 말았다.

첫 헌혈의 경험은 양미야오싱을 크게 흔들어 놓았다. 32년 동안 매번 헌혈대 앞에 앉을 때마다 그의 눈에는 당시 두 전우의 얼굴이 떠올랐다. 헌혈을 한 번 더 할 때마다 젊은 생명을 더 구할 수 있을지도 모른다고 그는 생각했다.

제대한 양미야오싱은 바로 헌혈에 동참했다. 그는 자신의 낡은 자전거를 타고 50리 떨어진 시내의 헌혈센터로 가서 400밀리리터의 뜨거운 피를 무상으로 제공했다. 첫 번째 헌혈에서 지금까지 꼬박 32년이 흘렀다. 32년이라는 세월은 강철을 녹슬게 하고 강산을 세 번 바뀌게 할 수 있다. 하지만 양미야오싱의 헌혈에 대한 열정만큼은 아무런 변함이 없었다. 올해 56세인 그는 이미 10,200밀리리터를 헌혈했다.

다른 사람과 자신을 위한 공익사업인 헌혈은 모든 국민이 자발적으로 참여해야 한다. 자신의 피로 다른 사람을 살릴 수 있다면 얼마나 행복한 일인가! 세상의 일이란 참으로 예측할 수 없다. 여러분 자신도 어느 날 갑자기 쓰러져 병상에 눕게 될 수 있다. 그렇다면 당신도 다른 사람의 피를 수혈 받아야 할 처지에 놓이지 말라는 법도 없지 않겠는가? 정말 그런 날이 온다면 당신을 위해 헌혈해준 사람에게 감사하는 마음을 갖게 될 것이다.

모든 헌혈자는 건강을 저축한다고도 할 수 있다. 어느 날, 당신과 당신 가족에게 불행이 닥쳤을 때, 당신은 옛날의 저축으로 자신을 구할 수 있을 것이다.

헌혈을 통해 혈액 내의 독소를 배출하고 골수(骨髓, 뼈의 속을 채우고 있는 연한 조직으로 붉은빛과 누른빛이 있고, 적혈구 · 백혈구 · 혈소판 등을 만듦 – 역자 주)의 조혈(造血, 몸 안에서 피를 만듦 – 역자 주) 기능을 자극하여 인체의 신진대사를 더욱 왕성하게 한다.

건강은 개인의 문제만은 아니다. 모든 사람이 이기적인 생각을 버리고, 건강유지는 내가 남을 위하고 남이 나를 위하는 공익사업이라고 여길 때, 진정한 발전이 있고 모두에게 득이 된다.

매년 한 차례 헌혈을 하고 건강에 투자하라. 다른 사람을 위해서, 나 자신을 위해서.

"그것은 얻는 자에게 생명이 되며 그 온 육체의 건강이 됨이니라"(잠언 4:22)
하나님은 우리의 몸과 마음이 하나님의 성전이라고 하셨습니다. 성전을 거룩하게 관리하는 충성된 청지기처럼 자신의 건강을 관리하는 일에 시간을 내어 투자하십시오. 그래서 몸과 마음으로 하나님께는 영광을 돌리며 이웃에게는 선한 일을 감당하므로 건강한 아름다움을 발산하십시오.
하나님이 주신 당신의 육체를 어떻게 관리하고 있습니까?

좌절을 겪어보고 어려움과 실패를 받아들이는 방법을 배워라

성공으로 통하는 길은 순풍에 돛을 단 듯 순조롭지 않으며 승리를 쟁취하려는 사람은 대가를 지불해야 한다. 바람과 비를 거치지 않고 어떻게 무지개를 볼 수 있겠는가? 마음먹은 대로 성공할 수 있는 사람은 없다. 어떤 어려움을 만나더라도 물러서서는 안 된다. 어떠한 고난이 닥친다 해도 쉽게 포기한다는 말을 해서는 안 된다. 해가 뜨기 전의 가장 어두운 순간처럼 뚫고 지나가면 밝은 빛을 볼 수 있다.

실패는 도대체 무엇을 의미할까? 무엇을 잃었는가?

많은 사람들의 마음속에는 장애물이 있다. 그들은 실패를 어떻게 받아들여야 할지를 모르기 때문이다.

일의 결과를 생각하지 말라. 충분히 노력했다면 어떠한 성취가 반드시 있을 것이다.

실패를 받아들일 줄 알면 사랑의 본질을 깨닫게 된다. 사랑은 욕망이 있어야 하고 모험을 해야 하며 상처를 입어야 하기 때문이다. 또한 온마음을 쏟아야 하고 결과가 어떠하든 아주 아름답게 느껴지기 때문이다.

다시 사랑에 빠진 젊은이가 넋이 나간 표정으로 친한 친구에게 그 사실을 알렸다. 그 친한 친구는 그에게 감정에 상응하는 보답을 받을 수 있을 것 같으냐고 물었다. 젊은이는 확실히 대답하지 못했다. 그래서 친구는 "이기든 지든 너는 이기는 거야"라고 말했다. 우리는 이 말을 영원히 기억해야 한다.

● 실패를 승리로 바꾼 미셸의 삶

46세인 당신이 오토바이 사고로 화상을 입고 사람의 형체를 거의 상실한 상태인데, 다시 4년 뒤 비행기 추락 사고로 허리 아래를 쓸 수 없는 반신불수가 되었다고 가정해보자. 당신이라면 어떻게 하겠는가? 당신은 자신을 백만장자, 인기 있는 연설가, 득의양양한 신랑, 성공한 기업가로 상상할 수 있는가? 뱃놀이를 하고, 낙하산을 타며, 정계의 한 자리를 차지하는 사람으로 상상할 수 있는가?

미셸은 그 모든 것을 해냈다. 심지어 그것을 뛰어넘어 성취하지 못하는 것이 없었다. 불의의 사고를 두 차례 겪은 그의 얼굴은 피부조직을 이식하여 마치 천연색의 판처럼 변했고, 손가락도 없어졌으며, 두 다리도 가늘고 작아져 움직일 수 없게 되었다. 휠체어에서 꼼짝할 수 없는 신세였다.

오토바이 사고로 미셸은 60퍼센트 이상의 피부에 화상을 입었다. 그는 열여섯 차례나 수술을 받아야 했다. 수술을 받은 뒤에 그는 포크를 들 수 없었고 전화를 걸 수도 없었다. 다른 사람의 도움이 없으면 화장실도 갈 수 없었다. 하지만 해군의 해병대 출신인 미셸은 자신이 쓰러졌다고 생각하지 않았다. 그는 말했다.

"나는 완전히 인생의 배를 통제할 수 있습니다. 그것은 나의 뜨고 내림입니다. 나는 현재 상황을 후퇴나 다른 출발점이라고 생각하기로 했습니다."

6개월 뒤, 그는 다시 비행기를 조종할 수 있게 되었다.

미셸은 자신을 위해 콜로라도 주에 빅토리아식 집을 한 채 구입했다. 이 밖에도 부동산, 비행기, 바(bar)를 구입했다. 나중에 그는 친구 두 명과 함께 동업하여 회사를 차렸다. 주로 목재를 연료로 하는 난로를 생산하는 회사였다. 그 회사는 뒤에 버몬트 주에서 두 번째로 큰 회사가 되었다.

오토바이 사고가 발생한 4년 뒤, 미셸이 조종하는 비행기가 이륙하자마자 바로 활주로에 추락했다. 그의 가슴에 있는 갈비뼈 12대가 짓눌려 모두 부러졌고, 허리 아래는 영원히 마비되어버렸다.

"내가 이해할 수 없는 건, 왜 내게만 항상 이런 사고가 생기냐는 거야. 나는 도대체 무슨 죄를 지었기에 이런 응보를 받아야 하지?"

미셸은 굴복하지 않았다. 밤낮으로 노력하여 독립적이고 자주적으로 살 수 있도록 자신을 가장 높은 단계까지 끌어올렸다. 그는 콜로라도 주 어느 작은 시의 시장으로 선출되었다. 그는 마을의 아름다운 경치와 환경을 보호하였고, 광산물 채취로 인한 환경파괴를 막았다. 미셸은 나중에 국회의원에도 당선되었다. 그는 "세상에는 예쁜 얼굴만 있는 것은 아니다"라는 구호로 자신의 흉한 얼굴을 유리한 자산으로 바꾸어 놓았다.

처음에 얼굴이 흉측하고 행동이 불편했지만, 미셸은 배를 타고 강에 들어가 평생 원하던 일을 해냈다. 공공행정 석사학위를 땄으며, 비행기조정, 환경운동과 강연을 계속 해나갔다.

미셸은 당당한 모습으로 '오늘 내 쇼를 보세요'와 '굿모닝, 아메리카'라는 텔레비전 프로그램에 출연했다. 동시에 「어드밴스 매거진」(Advance Magazine), 「더 타임」(The Time), 「뉴욕 타임즈」(The New York Times) 및 다른 잡지에서도 미셸의 특집기사가 실렸다.

미셸이 말했다.

"반신불수가 되기 전에 나는 1만 가지 일을 할 수 있었습니다. 나는 지금 그 가운데 9천 가지를 할 수 있을 뿐입니다. 나는 주의력을 내가 더 이상 할 수 없는 1천 가지에 둘 수 있습니다. 아니면 시선을 다시 내가 할 수 있는 9천 가지 일에 둘 수도 있습니다. 여러분에게 저는 두 차례 중대한 좌절을 겪었다고 말씀드렸습니다. 좌절을 '노력을 포기하는 핑계'로 여기지 않는다면 여러분은 새로운 시간으로 발목을 잡고 있는 경험을 바라볼 수 있을 것입니다. 여러분은 한발 물러나 좀더 열린 생각을 할 수 있습니다. 그 다음 이렇게 말할 기회가 있을 것입니다. '아마 그건 별거 아니었을 거야' 라고 말입니다."

그래서 여성은 반드시 35세 이전에 "중요한 것은 당신이 어떻게 당신에게 일어난 일을 대하느냐이지, 무슨 일이 생겼냐가 아니다"라는 말을 명심해야 한다. 언제든지 쉽게 포기해서는 안 된다.

바람과 비가 지나간 다음에야 무지개를 볼 수 있다. 어려움과 싸워 이기고, 자신과 싸워 이겨야 꽃다발과 박수를 받을 수 있다.

"생각건대 현재의 고난은 장차 우리에게 나타날 영광과 족히 비교할 수 없도다"(로마서 8:18)
하나님이 우리를 사랑하시지만 고난도 허락하시는 이유는 어려움에 대처하는 법을 배워 더욱 견고하고 굳건한 심지를 지니도록 하시기 위해서입니다. 지금 어려움 가운데 있습니까? 이 훈련을 잘 통과한 여성은 정금같이 귀히 쓰임 받을 것입니다.
당신은 좌절 가운데 있을 때에 가장 먼저 하나님께 달려가십니까?

장례식에 참석해보고
생명의 소중함을 느껴보라

사람의 일생은 생명의 문을 밀어젖히는 순간부터 시작된다. 당신은 생명의 전당에 발을 들여놓은 호기심 많은 관광객처럼 모든 신기한 사물을 탐구하고 모든 아름다운 물건을 가지려 한다. 전당은 너무 크고 시간은 늘 한정되어 있다. 당신이 얼마나 아쉬워하든 계속 멈추지 말고 앞으로 걸어가야 한다. 당신은 전당의 문을 지날 때마다 그 문이 당신의 등 뒤에서 펑 소리를 내며 닫히는 것을 느낄 것이다. 그 문은 영원히 다시 열리지 않는다. 이 모든 문은 당신이 했던 것, 당신이 할 수 있는 것, 당신이 누렸던 모든 아름다운 것들을 나타낸다. 당신이 그것을 지날 때마다 닫히고 하나하나의 일이 당신의 등 뒤에서 끝난다. 당신은 고대의 지혜로운 사람처럼 등 뒤의 그 물항아리가 깨지는 소리를 듣고도 고개를 돌리지 않을 것이다. 사실 고개를 놀려도 소용이 없다. 고개를 돌려 볼 수 있는 것은 깨진 조각과 폐허뿐이기 때문이다.

생명이 바로 이렇다. 줄곧 앞으로만 간다. 후회하거나 고개를 돌릴 틈을 주지 않는다. 우리 모두가 할 수 있는 것은 자신의 꿈을 좇아 원망하거나 후회하지 말고 걸어가는 것이다.

생명은 한계가 있기 때문에 소중하다. 소중함을 모르거나 어제를 후회한다면 오늘을 손에 넣을 수 없고 내일을 장악할 수 없다.

하루하루는 많은 사람들에게 조용히 사라지고 조용히 생겨난다. 그 사이의 슬픔과 기쁨은 의미를 되새겨 볼만하다.

인류의 삶은 멈추지 않으며 사회는 무수히 변화를 거듭하고 있다. 생산과 소비는 여전히 인류 생활의 주요 내용이다. 사람들은 생명을 유지할 수 있는 조건과 맞바꾸기 위해 매일 생명을 소모한다. 모순처럼 보이지만 오히려 상호의존적이다. 결국 행복한 사람은 무한한 그리움을 갖고 있고 고뇌하는 사람은 후회만 갖고 있다. 모두 인간세상을 떠날 수 없다. 하지만 오고가는 사이에 어떤 의미가 존재할까?

어린 시절을 떠올려보자. 슬프게도 우리는 알게 된다. 자신에게 언제 생각이 생겼고 기억이 생기게 되었는지 모른다. 또한 언제 말을 배우고 언제서서 걸을 수 있게 되었는지도 모른다. 더욱이 우리는 어머니의 뱃속에서 나올 때 기뻤는지 슬펐는지, 아니면 다른 느낌이 있었는지도 기억하지 못한다. 그래서 어떤 사람은 탄생의 첫 번째 울음은 바로 고통스러운 인생이 슬퍼서 우는 것이라고 한다. 정말 그런지는 하늘만 안다.

한 사람이 세상을 떠나게 되면, 어떤 사람은 그가 천국으로 올라갔다고 말하고, 어떤 사람은 그가 지옥으로 떨어졌다고 한다. 하지만 어찌 되었든 그는 더 이상 말이 없다. 눈에 보이는 것은 그의 유골밖에 없다.

과거를 볼 수 없고 미래도 볼 수 없어서 우리는 현재를 더 소중히 여긴다. 이것은 생명이 왜 그렇게 소중한지를 설명해준다. 그래서 다른 사람의 생명을 빼앗는 것은 가장 큰 죄악이다. 자발적으로 자신의 생명을 바치는 것은 가장 이타적인 행위이다. 그렇기 때문에 시간은 가장 귀한 재산이 되었고 효율은 사람들이 부러워하는 기술인 것이다. 

젊은이는 종종 생명의 소중함을 느끼지 못한다. 그들의 생명은 아직 길기 때문이다. 그들에게 삶은 너무 멋지다. 그들에게는 삶과 죽음을 진지하게 생각할 시간이 없다. 그래서 그들은 시간을 낭비하는 것이 생명을 낭비한다는 것을 모른다. 효율이 사장에게 돈을 더 많이 벌어다 줄 수 있는 것만이 아니라는 사실도 모른다. 그들이 깨달을 때가 되면 대부분의 생명은 이미 소멸되어 가고 있는 상태가 된다. 그것은 영원히 메울 수 없는 손실이다.

그래서 35세 이전에 장례식에 참석해볼 것을 권하는 것이다.

사람들이 죽음을 대하는 태도를 진지하게 느껴보라.

생명은 그렇게 짧은데 바쁜 일생에서 당신은 무엇을 얻었고, 무엇을 잃었는가?

생명의 불이 곧 꺼지려 할 때 당신은 여한이 남지 않을 수 있는가?

그럼 남은 인생의 길을 당신을 어떻게 살아갈 것인가?

"초상집에 가는 것이 잔칫집에 가는 것보다 나으니 모든 사람의 결국이 이와 같이 됨이라 산 자가 이것에 유심하리로다" (전도서 7:2)
장례식에서 생명의 감사함과 죽음에 대한 진지한 태도를 배운 여성은 참 진리 되신 하나님 앞에서 더욱 가치 있는 삶을 살고자 애쓰게 될 것입니다.
당신은 죽음에 대해 어떤 태도를 가지고 있습니까?

포기하는 것을 배워라

35세 이전의 여성은 최대한 가볍고 즐겁게 인생의 머나먼 여행을 떠날 수 있다. 단, '포기배우기'라는 지혜의 지팡이를 가져가야 한다는 것을 잊어서는 안 된다.

지혜의 지팡이가 있으면 더 이상 무턱대고 집착하지 않을 수 있다. 삶을 여전히 성실하게 대하지만 더 이상 삶의 자잘한 일 때문에 번민하지 않고 이해득실에 연연해하지도 않을 것이다.

때로 인연을 따르고 주어진 길이라 단념하는 것은 소극적인 것이 아니다. 자연법칙에 대한 복종이며 이 세계에 대한 존중이자 특별대우이다. 더 이상 전력을 다해 추구하고 가지려 할 필요는 없다. 무엇이 자신에게 속한 것이고 무엇이 내 것이 아니라는 것을 알면 포기를 배울 수 있다.

옛날 중국 속담에 "하는 것이 있으면 하지 못하는 것이 있다"라는 말이 있다. 얻는 것이 있으면 반드시 잃은 것이 있다. 무엇이든 가지려하면 결국 아무 것도 가질 수 없다. 어떤 가치 있는 물건을 갖고 싶다면 반드시 많은 것들을 포기해야 한다.

35세 이전의 당신은 이것을 깊이 음미해보아야 한다.

세상에는 아름다운 사물이 매우 많다. 더 아름다운 사물을 갖기 위해 우리는 줄곧 억척스럽게 그것을 추구해왔다. 얻기 위해 우리는 하루 종일 바쁘게 일하지만, 진정으로 원한 것은 여러 해가 지나야 알 수 있다. 이미 갖고 있는 아름다움에 대해 우리는 얻었다가 다시 잃어버린 경험 때문에 노심초사한다.

하지만 가지고 있을 때, 우리는 아마 잃어버리고 있는 것일지 모른다. 집요하게 가지려고 하면 밖에서 전진해 나가고 또한 자신을 발전시키기 매우 어렵다. 인생의 그런 어쩔 수 없는 슬픔과 상처는 더욱 깊어질 것이다.

어떤 일을 할 때, 사람에게는 근성과 목적을 달성하지 못하면 멈추지 않겠다는 정신이 있어야 한다. 하지만 우리가 사는 세상은 그리 간단하지 않고 너무 복잡하다. 색은 너무 요란하며 유혹은 너무 많다. 외부에서 발행한 소식을 거르지 않고 모두 머리에 넣고 모든 일을 확실히 처리하기 위해 포기하려 들지 않으면 영혼은 중압감을 견딜 수 없다.

그래서 그런 보잘것없고, 나쁜 영향을 주며 우리의 발목을 잡는 것을 제때에 없애야 한다. 인생의 긴 여정에서 우리는 포기하는 법을 배워야 한다.

포기를 배우는 이유는 정신의 쾌락을 추구하기 위함이다.

인격의 독립을 추구함이다. 심리적인 안정을 취하기 위함이며 가볍게 입고 나아가기 위함이다. 포기를 배우는 것은 우리 모두가 제대로 수련해야 할 기본기이다.

타고르는 '새의 날개에 황금을 달면 그 새는 멀리 날아가지 못한다'라고 말했다. 높은 목표를 위해 우리는 명예와 이익을 기꺼이 포기하고 외롭게 찾아나서야 한다. 삶에서든 감정에서든 우리는 좀더 시원스러워질 필요가 있다. 가벼운 차림으로 소탈하게 길에 오르자.

포기의 과정은 씁쓸하지만, 그 결과는 달콤하다. 엄청난 노력을 통해 얻은 물건을 포기한다는 것은 무척 어려운 일인 것이다. 이것은 애벌레가 나비가 되기 위해 변태의 과정을 거쳐야 하는 것과 같다. 이것저것이 두려워 아무 것도 놓으려 하지 않는다면 인생의 답안지는 백지로 남을 것이다.

포기를 배우자. 최대한 머리를 짜내어 어려운 선택을 하게 되겠지만, 결국 우리는 성공의 희열을 맛볼 것이다.

물론 맹목적으로 모든 것을 포기해서는 안 된다. 맹목적 포기는 자신의 노력을 장난으로 치부하는 것과 같다.

포기는 결코 자신의 꿈을 버리거나 자신의 고생을 순식간에 물거품이 되게 하라는 것이 아니다.

포기는 우리의 지혜와 각성이며 어쩔 수 없이 꽃이 떨어져 사라질 때 어깨를 으쓱하고 마는 소탈함이다.

포기는 '나는 후회하지 않아'라고 말하는 성숙한 기상이다. 자신이 추구하는 목표를 더 견고히 하는 것이다. 보따리를 내려놓고 가벼운 차림으로 나아가기 위해 선택하는 것이다. 우리가 해야 할 것은 본래 자신에게 속한 것이 아니거나 우리를 유혹하여 앞으로 나아가는 것을 방해하는 것을 포기하는 것이다. 그런 다음 우리는 다시 목표를 정하고 뜻을 굳건히 하여 쟁취해야 한다.

포기를 배우는 것은 지나치게 고집스러운 마음을 버리는 것이다. 우리의 시간은 즐거워야 하지만 추구하는 방법이 서툴러 우리는 더 많은 걱정을 하였다. 우리는 어떤 물건을 잡아야만 행복의 보증수표를 얻을 수 있다고 생각했다. 하지만 사실은 그 반대임을 증명해 주고 있다.

놓는다면 아무 것도 가질 수 없다고 우리는 생각하지만 생명 자체는 놓는 것이 진정한 자유의 길이라는 상반된 정보를 계속 우리에게 보내오고 있다.

그렇다면 우리는 어떻게 고집을 극복해야 할까?

유일한 방법은 그것의 무상함을 이해하는 것이다. 그런 이해는 우리를 통제하려는 그 힘을 천천히 없앨 수 있다. 또한 우리는 현실 변화에 대한 정확한 태도를 갖게 될 것이다.

하늘이 되어 먹구름이 지나가는 것을 본다고 상상해보라.

우리가 수은처럼 자유자재라고 상상해보라.

수은은 바닥에 떨어져도 완전무결하며 먼지가 섞이지 않는다. 위에서 말한 대로 시도하고 서서히 고집을 없앨 때, 우리의 몸에는 평온함이 생길 것이다. 고집의 먹구름은 서서히 흩어져버리고 진정한 평온함이 태양처럼 빛을 내뿜으며 인생을 비출 것이다.

"무릇 자기 목숨을 보존하고자 하는 자는 잃을 것이요 잃는 자는 살리리라"
(누가복음 17:33)
내려놓는 것이 얻는 것이라는 하나님의 진리는 간절히 바라던 것을 겸손히 포기할 줄도 알아야 한다는 것입니다. 포기를 통해 더 큰 것을 얻으시는 지혜로운 여성이 되세요.
지금 당신의 삶에서 포기해야 할 영역은 무엇입니까?

뛰어난 믿음과 기품으로
자신의 사명을 감당한 여인 에스더

1. 감사하는 에스더

여성이기 이전에 인간으로서 겸손과 은혜를 아는 참 인격을 소유한 사람입니다. 그녀는 자신을 양육시켜 준 모르드개를 왕후가 된 후에도 공경했으며, 변함없이 동족에 대한 사랑과 감사의 마음을 잃지 않았습니다. 환경이 바뀌어 자신의 안락을 위해서 살 수 있었음에도 왕후로서의 위치가 하나님이 주신 은혜임을 감사하며 자신의 본분을 잊지 않았습니다(에 2:20, 4:10~17).

2. 용기있는 에스더

그녀의 용기와 강한 동족애는 모든 여성에게 도전을 줍니다. 포로 출신의 연약한 여성이었지만 훗날 왕후라는 부와 권력을 지니게 되었을 때도 그녀는 자신의 안일만을 꾀하거나 여성의 연약함을 핑계로 백성의 고통을 모른 척하지 않았습니다. 오히려 위급함을 당한 민족을 구하기 위해 목숨을 아끼지 않는 용기와 사랑의 모습을 보여주었지요(에 4:15~5:4).

3. 기도하는 에스더

하나님을 전적으로 의뢰한 믿음의 여성입니다.

에스더는 유대 백성을 구해야 하는 막중한 사명을 가지고, 목숨을 걸고 왕 앞에 나아가 유대 온 백성과 함께 금식하며 하나님께 기도했습니다. 그녀는 자신이 감당하기 어려운 큰 두려움이 자신을 감쌀 때, 인간적인 생각대로 행동하지 않고 오로지 하나님을 의뢰하는 믿음의 여성답게 행동하였습니다(에 4:15~16).

4. 지혜로운 에스더

미리 예견할 줄 아는 지혜와 계획을 가진 지혜로운 여성입니다.

하만이 유대 백성을 모두 진멸하려 한다는 음모를 폭로하기 위해 두 번의 잔치를 베풀어 유대 백성을 구할 지략을 짜내는 치밀하고 지혜로운 여인입니다(에 7:3~6, 8:3~9).

에스더 따라잡기

1. 당신은 어떤 에스더의 모습을 닮고 싶나요?(옆으로 가는 사다리 게임)

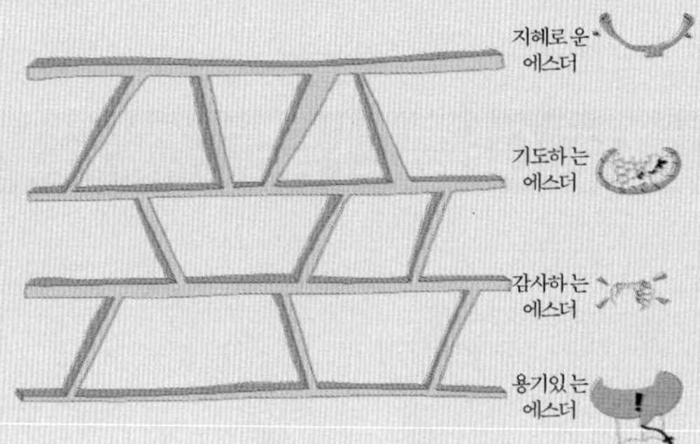

   • 사다리 게임에서 선택된 에스더의 삶처럼 살려면 어떻게 해야 할까요?

   • ____

   • ____

2. 자신의 내면 다지기-에스더와 같은 내면의 아름다움을 유지하기위해 다음의 성경말씀을 읽고마음에 새겨보세요

   "그러므로 내 사랑하는 형제들아 견고하며 흔들리지 말며 항상 주의 일에 더욱 힘쓰는 자들이 되라 이는 너희 수고가 주 안에서 헛되지 않은 줄을 앎이니라"(고린도전서 15:58)

   "지혜 있는 자는 강하고 지식 있는 자는 힘을 더하나니"(잠언 24:5)

   "너희 안에 이 마음을 품으라 곧 그리스도 예수의 마음이니"(빌립보서 2:5)

   "너는 마음을 다하여 여호와를 의뢰하고 네 명철을 의지하지 말라"(잠언 3:5)

3. 당신은 에스더와 같은용기로 사명과 책임을 다하는 여성인가요?

   (점수를 적어보세요. 아니다-0점, 가끔 그렇다-1점, 보통 그렇다-2점, 항상 그렇다-3점)

   • 나는 무거운 짐을 들고가는 할머니를 보고 가까이 다가가서 도와준다.(　)
   • 나는 친구가 불의한 일을 하면 하지 말라고 충고한다.(　)
   • 나는 피곤할 때도 남을 도와줄 일이 있으면 기꺼이 도와준다.(　)
   • 나는 단체로 실수를 저질렀을 때 누군가 한 사람이 책임을 져야 한다면 내가 책임을 진다.(　)
   • 나는 외국에 나가서 우리나라 사람이 곤경에 처한 것을 보면 가던 길을 멈추고 그 사람을 도울 수 있다.(　)
   • 나는 나라의 경제를 책임진닫는 생각으로 나의 손해를 감수할 수 있다.(　)

2부 아름다움

세월의 여러가지 아름다움을 느끼며 살라

여성은 아름답다.
세상에 여자가 없다면 50퍼센트의 진실과 60퍼센트의 선함과
70퍼센트의 아름다움이 없는 것과 같다.
여성은 아름다워야 한다.
용모, 정신적 풍모, 부드러움, 현명함 때문에
다양한 여성의 수만큼 다양한 아름다움이 있다.

여성은 35세 이전에 더 아름다워야 한다.
여성은 천부적인 장점을 갖고 있고
여성이야말로 아름다운 무대 위의 진정한 주인공이기 때문이다.
그래서 여성은 35세 이전에 자신의 독특한 방식으로 청춘을 표현하고,
자신의 빛나는 자태로 세월의 여러 가지 아름다움을 느끼며 살아야 한다.

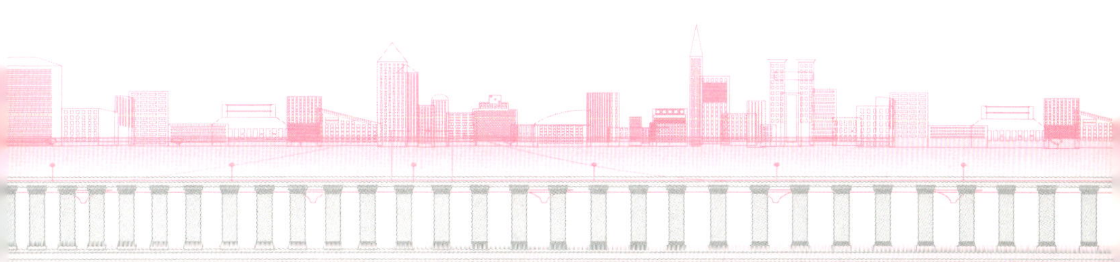

아름다움에 대한 믿음을 가져라

35세 이전의 여성은 가장 매력적이다. 그녀들은 생각이 점점 성숙해지는 과도기에 있기 때문이다. 그런 성숙의 매력, 예전과 다른 정취는 우아함이다. 우아함은 여성의 상징이며 브랜드이다. 여인의 추천장이다. 우아함은 그녀들의 우열을 분명하게 나타내주며 개인이 갖고 있는 기품을 반영한다. 그것은 여성의 행동 하나하나 사이에서 나타난다.

20세 이전의 여성은 성숙해지려고 한다. 25세 이후의 여성은 성장을 두려워한다. 여성이 30세를 넘기면 한 해가 다르게 늙어간다. 그래서 많은 여성들이 사라져가는 젊음을 잡으려고 미용에 공을 들인다. 여성의 외모가 예쁜 것은 타고 나는 것이지만 아름다움은 후천적인 것이다. 세상에서 사람들을 쓰러뜨릴 수 있는 사람은 아름다운 여성이 아니라 매력적인 여성이다. 매력적인 여성의 고결한 태도는 청풍명월이나 물에 나온 부용(芙蓉) 같다. 청순함, 고아함, 순결하지만 속되지 않고 고아하지만 오만하지 않으며 달에 사는 디아나(Diana, 로마 신화의 올림푸스 12신 중에 하나로 그리스 신화의 아르테미스에 해당함 - 역자 주) 여신처럼 순결하고 아직 피어나지 않은 꽃봉오리처럼 티가 없다.

아름다움은 사람의 눈만 즐겁게 하지만 우아함은 사람의 영혼을 기쁘게 한다. 우아한 태도는 형체가 없는 요정과 같다. 사람의 감각기관을 꽉 움켜쥐고 사람들의 영혼에 몰래 잠입하여 사람들에게 잊을 수 없는 인상을 남긴다.

어떤 사람은 여성을 볼 때 여성의 품위를 본다. 품위는 생활태도이다. 품위는 물질의 많고 적음과는 관련이 없다. 꼭 돈이나 시간이 많아야 진정으로 우아한 여성이 될 수 있는 것은 아니다. 어느 정도의 재능과 자본만 갖고 있다면 우아함은 어디에나 있기 때문이다. 눈빛, 말, 동작, 미소 등 당신을 훨씬 우아하게 만들 수 있는 것은 한두 가지가 아니다.

그래서 아름다운 믿음을 지키는 것은 여성에게 추앙받는 인생 최고의 이상이 될 만하다.

아름답게 사는 것은 여성에게 탁월한 인생의 성취감을 얻게 한다. 더욱이 이런 성공이 가져오는 자신감과 충분한 만족감은 여성의 아름다움을 더욱 증가시키고 자신이 경험한 모든 삶의 순간을 소중히 여기도록 격려해준다.

여성은 하나님이 만든 '아름다움표' 특산품이다. 귀여운 인성인 수려함, 지혜로움, 정교함, 온화함, 영리함을 한데 모은 아름다운 여인의 형상을 만들었다.

여성의 창조는 아름다움의 창조였다. 꽃처럼 붉은 얼굴, 맑은 바람처럼 스쳐 지나가는 웃는 얼굴, 가볍게 넘치는 물과 같은 자태, 얼음과 눈처럼 영롱한 마음, 부드럽고 우아한 성품, 세상 만물을 적시는 모성애는 여성의 아름다운 특징을 돋보이게 하지 않는 것이 하나도 없고 아름다움의 풍부함을 지니지 않은 것이 없다.

아름다움은 여성이 하늘로 받은 선물일 뿐만 아니라 여성의 특권이다. 여성이 하나님이 주신 아름다운 천성을 누릴 줄 알면 알수록 여성은 더 찬란한 빛을 내뿜을 것이며, 여성으로서의 성취감을 더 만끽할 수 있을 것이다.

여성이 아름다움을 사랑하는 것은 여성의 가치를 숭상하는 것이다. 아름다움을 사랑하는 마음은 여성의 자기긍정, 자아인식, 자기계발, 자아창조의 자주적인 인식을 가장 잘 일깨워준다. 그런 여성은 여러 가지 방법으로 자신을 지혜롭게 만든다. 활력을 유지하려고 노력하며 외모를 완벽하게 하려고 한다.

겉과 속의 아름다움을 모두 추구해야 여성은 끊임없이 완벽해지는 가운데 걸작을 탄생시킬 수 있다. 아름다움을 사랑하는 여성은 마음속에 아름다운 생각을 지니고 있으며 삶에 대한 열정으로 가득 차 있다. 아름다운 이상은 여성을 추구하고 창조하며 발전해 나갈 수 있도록 이끈다. 세계도 그녀들의 아름다움 때문에 살아 움직인다.

아름다움은 여성의 신분의 상징이다. 그녀들은 유행에 뒤처지는 것을 원하지 않는다. 그녀들은 자신이 아름답다고 믿으며 아름다움을 창조할 수 있다고 믿는다. 아름다움을 사랑하고 자신의 아름다움을 만들어내는 것은 현대여성의 용감한 시대선언이다. 35세 이전의 이상적인 여성이 지닌 아름다움이라는 장점을 누리고 발휘할 줄 알아야 한다.

아름다움을 추구하는 여성은 지위가 낮아 사람들에게 무시 받아도 최대한 자신을 가장 푸른 화초로 자라게 할 수 있다. 지위가 높고 권력이 막강하더라도 거만하고 다른 사람을 억압하지 않을 것이다.

아름다움을 추구하는 여성은 자신을 존중하고 사랑한다.

아름다움을 추구하는 여성은 먼저 자신을 넘어서고 다른 사람을 감동시킬 줄 안다.

아름다움에 대한 추구는 여성이 덕을 베풀고 선행을 쌓아 고상한 인생을 살아갈 수 있게 한다.

여성은 아름다움의 믿음을 지켜 나가야 하며 스스로에게 충실해야 한다. 더욱이 세상을 아름답게 해야 한다. 우리는 여성으로 이 세상에 태어난 것에 감사하고 자신과 세계를 위해 평생 아름다운 동반자가 된 것을 축복해야 한다.

여성으로서 아름다움의 믿음을 지켜나가는 것은 여성의 천직이다. 아름다움과 평생을 함께하고자 하면 인생에는 후회가 남지 않을 뿐만 아니라 더욱 아름답게 될 것이다.

"그가 아름다운 관을 네 머리에 두겠고 영화로운 면류관을 네게 주리라 하였느니라"(잠언 4:9)
하나님께서는 당신을 이 세상에 하나밖에 없는 가장 존귀하고 아름다운 존재로 만드셨습니다. 35세 이전의 여성은 자신의 우아함, 성숙함, 내면의 덕성 등을 추구하여 스스로가 아름답고 고귀하다는 믿음을 지켜나가야 합니다.
당신은 하나님이 만드신 아름다운 여성이라는 긍지를 가지고 있나요?

여성미가 더 나게 하라

여성의 아름다움을 형용할 때, 선택 가능한 찬사는 무수히 많다. 그 가운데에서도 사람들이 가장 많이 쓰고 좋아하는 말은 '여성미'이다. 여성이 아름다운 것은 여성미가 있기 때문이다.

여성미는 여성을 더욱 여성스럽게 하며 아름답게 한다. 여성 특유의 여성미는 시대의 변천에 따라 그 의미가 커지거나 바뀐다.

고대의 전통사회에서 부녀자의 천직은 지아비를 받들고 아이를 키우며 집안일을 하는 것이었고 현모양처가 되는 것을 가장 높은 가치로 여겼다. 당시의 여성은 남자의 일에 참여할 수 없었고 여성미라는 것도 남편이 있으면 남편을 따르고 남편이 죽으면 아들을 따르는 것에 있었다.

그러나 이 시대의 여성이 중요하게 생각하는 것은 옛날과 다르다. 현대 여성은 일정한 학식과 교양을 갖추고 있을 뿐만 아니라 치열한 사회경쟁에도 적응하고 있다. 일정한 여가생활이나 취미를 갖고 싶어 하며 부드럽고 사교적인 여성이 되려고 한다. 여성미의 함축적인 의미도 더 폭넓고 다채롭게 변했다.

도대체 '여성미'란 무엇인가?

여성미에 대한 전통적인 정의는 연약함, 피동, 다정다감함, 유치함이었다. 더욱이 외모와 언행, 행동거지를 중시하여 부끄러워할 줄 알고, 다양한 자태를 보이며, 겉으로는 냉정하면서 마음은 따뜻해야 여성미가 있다고 보았다.

지금은 시대가 이미 바뀌었기 때문에 35세 이전의 여성에게 정의하는 여성미는 더욱 간단해졌다. 그녀들은 여성의 특수한 기질을 갖고 있어야 여성미가 있다고 생각한다.

그럼 여성 특유의 여성미란 도대체 어디에서 나타나는가?

은근한 정을 보이는 눈빛이나 다정한 미소에서 나타날 수도 있다. 풍만하고 반쯤 드러난 가슴과 S라인의 몸매에서 나타나기도 한다. 여성의 타고난 미덕과 부드러운 정에서 나타나기도 한다. 어떤 사람은 이렇게 말했다.

"여성은 사회와 가족의 영혼입니다. 호메로스(homeros)의 서사시이든 괴테의 파우스트이든 여성을 여신으로 칭한 것을 볼 수 있습니다. 여성은 신성함의 화신이자 천사입니다."

누구나 인정하는 여성미는 통상적으로 여성 특유의 순결함, 아름다움, 온화함, 고상함, 자상함과 신비한 매력을 가리킨다.

여성미는 여성의 행동에 숨겨져 있으며 현실의 삶 속에서 나타난다.

여성미는 수려한 외모와 뛰어난 자질에서 나온다. 사랑의 세례와 가정의 영향을 통해 여성은 자신 특유의 품격을 만든다. 여성미는 행동에서 은은하게 표출된다. 그녀들은 두 손으로 세월의 광채를 영원히 시들지 않는 꽃으로 만들어 가슴에 꽂는다. 그 꽃의 향기는 멀리 퍼져간다.

여성미는 속되지 않은 기질에서 나타난다. 얼굴을 찌푸렸다 폈다 하는 것에서 나타나는 침착함과 단정함은 그녀들에겐 숙달된 일처럼 쉽다. 남편 앞에선 부드럽고 시어머니 앞에서 붙임성이 있으며 자녀 앞에서는 모성애가 넘친다. 여성미는 곳곳에 무형의 매력을 발산한다.

여성미는 우아한 자태에서 나타난다. 여성미를 가진 여성의 예전과 같은 마음은 도시의 요란함 속에서 평정과 태연함을 유지한다. 기질과 태도에는 세속을 초월하여 다듬어진 아름다움이 있다. 다빈치가 그린 '모나리자'처럼 미간에 자상함과 우아함을 간직하고 있다. 동시에 평온함 속에 있는 그녀들은 조용할 때는 처녀와 같고 움직일 때는 달아나는 토끼와 같이 생기발랄하다.

여성미는 생활의 여러 곳에서 나타난다. 직업여성으로서 중요한 위치에 있거나 가정에서도 온화하게 내조를 한다. 그녀들은 속마음에서 나온 인생의 체험으로 완벽한 자태를 만들어낸다.

여성미는 많은 의미가 있다. 그녀들은 한 폭의 정교한 그림일 뿐만 아니라 인내심을 갖고 의미를 찾아 백 번 읽어도 싫증이 나지 않는 책이다. 그녀들은 담백한 마음가짐으로 바람, 비, 천둥, 번개를 읽고, 다채롭고 풍부한 것을 본다. 그녀들은 이지적인 사고로 세태와 인간 감정의 변화를 대한다. 그녀들은 굳건한 가슴으로 인세의 풍파와 변화를 끌어안는다. 아마 그녀들도 불행을 겪을 것이다. 하지만 삶이 그녀들의 침착함 앞에서 오만한 고개를 숙일 때까지 방긋 웃으며 삶을 대할 것이다.

여성미는 담백함 속에 삶의 발걸음을 가볍게 조정하면서도 오히려 안정적이지 못하다. 여성미는 사실 여성의 몸에 붙어 다니는 요정이다. 무색무취이지만 사람의 마음을 끌어당긴다.

현대 여성의 여성미에는 새로운 시대적 특징이 더해졌다. 그것은 전통적인 부드러움, 붙임성, 교양에 국한되지 않으며 남자의 기질-과감함, 강인함, 진취적인 마음-이 풍부해졌다. 이제는 개방적인 사고를 가진 여성이 점점 늘어나고 있다. 그녀들은 적극적인 자신감이 여성에게 해를 주지 않는다는 것을 알았다. 오히려 그런 마음이 삶을 더 충실하게 살도록 만들었다. 그녀들도 자신의 강인한 면을 보이면서 동시에 부드러운 모습을 나타낼 수 있음을 알게 된 것이다.

특유의 여성미는 남성 세계의 일곱 빛깔 무지개이다. 그것은 길고 긴 밤의 밝고 맑은 달빛과 신비하고 아름다운 우주이다. 여성미가 없으면 집에 등불이 없는 것이고, 그러면 따뜻한 집이 없는 것이다.

"그는 자기를 위하여 아름다운 방석을 지으며 세마포와 자색 옷을 입으며"
(잠언 31:22)
하나님이 허락하신 여성의 아름다움은 부드러운 외모와 더불어 여성의 지·정·의 속에 내포되어 있는 여성 본연의 특색이 드러날 때 비로소 온전한 매력이 나타납니다.
당신에게 하나님께서 부여하신 최고의 여성미는 무엇이라고 생각하나요?

자신이 원하는
아름다운 생활을 추구하라

어떤 삶을 살고 싶은지는 자신이 결정해야 한다. 왜냐하면 바로 당신은 자기 삶의 조타수이기 때문이다.

많은 여성들에게 현재의 삶은 자신이 원하는 삶이 아니다. 심지어 어떤 여성들은 자신이 생각했던 것과 반대로 살아간다. 사실 여러 가지 삶의 형태는 스스로 선택한 것이다.

현재의 삶이 자신이 원하는 삶이 아니라면 왜 다른 생활방식으로 바꾸지 않는가? 왜 현재의 생활범위를 벗어나려고 하지 않는가? 왜 다른 시각에서 자신이 속한 삶을 넘어서려고 하지 않는가?

우리는 아직 젊다. 지금 삶을 바꾸려는 용기와 믿음이 없다면 나중에는 다시 바꿀 기회가 영원히 사라져 버릴지도 모른다.

35세 이전의 여성은 변화를 시도해야 한다. 지금처럼 젊고 열정과 활력이 넘칠 때 자신을 바꾸도록 노력하고 자신이 원하는 삶을 추구해야 한다.

1. 자신에게 무엇이 필요한지 분명히 알라

한 시간 동안 커피를 마시면서 편안히 의자에 앉아 생각해보라. 자신이 어떤 삶을 살고 싶어 하며 자신을 끌어당기는 사물은 무엇인지 찾아보라. 또 그것을 표현해 내도록 갈망하라. 그런 것은 사실 아주 많다. 아름다운 외모일 수도 있고, 일일 수도 있다. 새로운 지식을 배우는 것일 수도 있고 자신의 가치관을 새로이 정립하는 것일 수도 있다. 생명이 곧 끝나려 할 때의 한 가지 바람일 수도 있다. 아마 이런 것들은 어떠한 물질적인 만족보다 더 당신을 만족시킬지도 모른다.

하지만 이런 것을 개인적 가치의 개념과 혼합해서는 안 된다. 자신이 옳다고 생각하는 것을 함께 섞어서는 안 된다. 이런 태도는 흡입력을 갖고 있지 않다.

제멋대로 가치관을 떠벌리지 말라. 최대한 자신의 행동과 삶에서 나타내라. 이렇게 하면 여성의 거대한 매력이 생겨날 것이다.

자신의 위험이 명확하든 않든, 자신의 표현이 특출나든 특출나지 않든지 그것은 모두 자신이다. 자아의 자연적인 본능이다. 두각을 나타내거나 숙녀의 풍모를 나타내기 위해 자신을 바꾸지 말라.

물론 자신의 의지에 따라 문제를 처리하려면 대가를 지불해야 한다. 당신은 주위 사람들로부터 칭찬받지 못할 것이다. 그들은 당신을 미워할지도 모른다. 하지만 그것은 당신의 개성을 충분히 표현한 것이며 다른 사람에게 분명하고 명랑한 자아를 보여준 것이다. 시간이 지나면 사람들이 진면목을 이해하고 자연스럽게 당신을 소중하게 생각하고 존중할 것이다.

자신이 다른 사람과 다른 점은 무엇인지 생각해보라. 그것이 중요하지 않다고 여겨 없애거나 숨기려고 해서는 안 된다.

자신에게 충실하려면 실제와 부합되는 그림을 자신에게 그려주어야 한다. 자신의 어디에 점이 있고 눈은 얼마나 큰지 알아야 한다. 자신을 이해해야 자신이 무엇을 더 필요로 하는지 알게 된다.

그 다음 삶에서 근본적으로 당신을 나타낼 수 없는 사물을 찾아내 없애버려야 한다.

지금 자신을 살펴보자. 자신이 누구인가를 자세히 보아야 한다. 자신이 평소에 하는 일 가운데 어느 것이 본래 의도한 것이고, 어느 것이 아닌지 자세히 살펴보라. 그 다음 자신을 대표할 수 없는 것들을 자기 삶에서 깨끗이 없애라.

35세 이전의 여성은 대부분 자신이 원하는 삶을 선택한 적이 없다. 그저 일종의 생활방식을 선택했거나 생활방식이 그녀들을 선택했을 뿐이다. 뛰어난 여성이 되려면 이런 악순환의 고리를 끊어야 한다. 삶의 문제점과 삶의 배후에 숨겨진 자신을 찾아내라.

2. 생활방식을 바꿔보라

현재의 삶이 자신이 원하던 것이 아니었더라도 당신은 생활방식을 최소화하길 원하지 않는다. 오랜 세월 자신이 지향했던 삶은 비교적 단순하고 여유로우며 마음대로 할 수 있는 것이었다. 하지만 35세 이전의 많은 여성들이 아직 돈, 결혼이나 건강상의 위기를 경험해보지 못했기 때문에 자신의 생활을 최소화하고 싶지 않는 것이다.

대다수의 여성은 현재 갖고 있는 사치품과 비교적 높은 생활수준을 포기하려고 하지 않는다. 그런 삶이 자신이 원하는 것은 아닐지라도 그것을 포기하려고 하지 않는다. 다른 많은 사람들이 가질 수 없는 것을 자신이 누릴 수 있기 때문이다. 그녀들에게 생활방식의 최소화는 종종 레스토랑에 가서 양식을 먹을 수 없고 가정식 요리를 먹기 위해 일반 음식점에 가야 한다는 것을 의미한다. 해외여행을 갈 때도 이코노미 클래스를 타야하고 퍼스트 클래스를 탈 수 없다는 것을 뜻한다.

사치를 비난하려는 말이 아니다. 게다가 상당수의 사람이 사치스러운 생활을 하고 있다. 이것은 일종의 생활방식일 뿐이다. 하지만 우리의 생활은 확실히 탄력적이다. 이것은 기쁨의 원천이다. 다른 사람의 마음속에 정해져 있는 것이 아니다. 그래서 우리는 재무적인 것을 감안하여 생활방식을 간소화할 수 있다.

모든 여성이 자신이 원하는 삶을 살 수 있다는 점을 분명히 알아야 한다. 단, 현재의 생활방식을 바꾸도록 시도한다는 전제하에서 그렇다. 생활방식은 생활을 지지해야 하며 처음과 끝을 뒤집어서는 안 된다.

3. 자신의 삶을 풍요롭게 하라

여성은 35세 이전에 자신의 취미를 가져야 한다. 자신과 의기투합하는 친구도 가져야 한다. 여행을 좋아한다면 여행의 동반자가 몇 명 있어야 한다. 모두 함께 어디의 경치가 멋있고 어느 산이 오르기 적합한지에 대해 이야기 할 수 있어야 한다. 날씨가 좋으면 대자연을 만끽하러 함께 떠날 친구가 있어야 하는 것이다. 그렇게 평화롭고 거리낌 없는 관계는 긴장감을 풀어줄 수 있으며, 동시에 견문을 넓혀주기 때문에 마다할 이유가 전혀 없다.

운동신경이 뛰어난 편이라면, 자신의 시간을 그런 여가활동에 배분하는 것이 좋다. 운동은 활력을 가져다줄 것이다.

힘든 일과를 마치고 한 시간 동안 몇몇 친구들과 함께 운동해보라. 공원에서 달리기를 하거나 구기운동을 하는 것도 좋다. 하루의 피로를 말끔히 씻어줄 것이다. 건강상태가 좋아야 일과 삶에 효율을 높일 수 있다.

생활방식이 점점 많아질수록 더 많은 가능성을 가져다준다. 우리는 다른 생활방식을 선택하여 삶을 풍요롭게 할 수 있다. 진정으로 삶을 아는 여성은 풍요로운 여성이다. 하루 종일 회사나 가정의 테두리에서 벗어나지 못하고 맴도는 여성은 풍요로운 여성이 아니다.

4. 자신이 하고 싶은 일을 하라

채택하고 싶은 생활방식과 아직 자신에게 속하지 않은 물건을 찾아냈다면, 그 다음으로 해야 할 일은 하고 싶은 일을 하는 것이다. 이미 새로운 생활방식을 선택했으니 다른 사람이 어떻게 말하든 더 이상 신경 쓸 필요는 없다.

당신에게는 자신의 생활이 있고 그것을 배분할 권리가 있다. 마음껏 자신이 하고 싶은 일을 하라. 물론 이런 일은 자신의 비위에 맞는다는 기초 위에서 성립할 수 있다. 어떻게 자신의 만족감을 최대로 높일 수 있을지가 가장 먼저 고려되어야 한다.

또한 위험과 스트레스를 많이 가져오게 하여 정신을 지나치게 긴장시켜도 안 된다. 어떤 일들이 현 단계에서 도달할 수 없는 목표라면 너무 자신을 몰아붙여서는 안 된다. 생활방식의 선택은 자신을 즐겁게 하기 위함이기 때문이다. 그런 생활방식을 경제적으로나 육체적으로 힘겹다고 생각하게 되면 역효과를 거둘 수밖에 없다.

이미 얻은 생활을 누릴 줄 알고 자신의 삶과 이상을 좀 더 가깝게 만들면 삶을 바꿀 수 있으며 발전하게 될 것이다.

“너희는 이 세대를 본받지 말고 오직 마음을 새롭게 함으로 변화를 받아 하나님의 선하시고 기뻐하시고 온전하신 뜻이 무엇인지 분별하도록 하라”(로마서 12:2)
하나님은 당신이 날마다 하나님의 뜻대로 새롭게 전진하는 삶을 살기를 원하십니다. 변화와 도전은 힘들지만 그런 과정을 통해 얻은 새로운 삶은 열정을 가져다주고 마음에 즐거움을 선물할 것입니다.
당신은 이런 생활을 위해 어떤 도전을 할 수 있습니까?

끊임없이 당신의 품성을
업그레이드하라

여성의 가치를 높일 수 있는 상징적인 기질은 교양, 학식, 매력이다. 그것은 안에서 밖으로 표출된 것이고 세월의 묘사를 허용하지 않는다. 그 매력은 영원하다. 어떻게 표면의 아름다움을 깊이 내재된 아름다움으로 이행하느냐는 여성이 어떻게 가치를 높이느냐의 문제인 것이다.

여성은 남성과 같은 지혜, 강인함, 신념, 존엄함 등을 가질 수도 있다. 또한 여성은 남성에게 없는 아름다움, 부드러움도 더 많이 가질 수 있다.

35세 이전의 여성은 선천적인 장점을 살리고 그 위에 후천적인 발휘를 더해야 한다. 여성에게는 그러한 잠재력이 있다. 가치를 높이는 단계에 있는 여성은 항상 비할 데 없는 매력을 지니고 있다.

그러면 도대체 어떻게 가치를 높여야 하는가?

중요한 것은 여성적 매력을 발산하고 독립심과 자신감을 가지며 자신의 품위와 격조를 높이는 데 있다.

1. 여성적 매력을 발산하라

여성의 매력은 결코 단순히 외재적 아름다움에서 나타나는 것이 아니다. 열정이 포함된 지성과 감성이 여성적 매력으로 승화되어야 매력이 된다. 매력을 지닌 여성이야말로 세월에 따라 자신의 장점을 나타낼 수 있다. 또한 이런 여성은 영원히 낙오되지 않으며 다른 사람도 그녀를 따라 잡지 못한다.

(1) 삶을 사랑하고 자연의 순리에 따르라

이것은 일종의 순진한 감화력이다. 사람들은 부담 없고 여유로운 것을 좋아한다. 그것은 모두 친절함과 상냥함을 느끼게 해준다. 자신도 모르게 다른 사람들이 당신에게 끌린다.

(2) 풍부한 개성, 낭만에 집착하라

정감은 모든 여성이 태어날 때부터 지니는 것으로 좋게 이용만 한다면 무적의 무기가 될 수 있다. 정감어린 시선, 독특하고 낭만적인 방식, 열정과 온화함을 서로 보완해주는 것의 뛰어난 능력은 어떤 사람도 막을 수 없다.

(3) 안정, 침착, 세심함, 사랑과 포용하는 마음을 지니라

관용의 마음을 지닌 여성은 절대 다른 사람을 실망시키는 일이 없다. 여러 말이 필요 없이 눈빛으로 감정과 요구를 말하면 다른 사람의 영혼을 흔들 수 있다. 또한 바다처럼 온후하게 하여 그 속에 깊이 빠져들게 한다.

(4) 보일 듯 말 듯한 여성적인 매력을 보이라

35세 이전의 여성은 거리감이 주는 아름다움을 어떻게 만드는지 알아야 한다. 멀어서 다다르기 힘들고 채취하기도 힘들지만 그 아름다움을 더욱 눈에 띠는 꽃으로 만들어야 한다. 신비, 반역, 알 수 없는 환상과 냉혹함은 사람에 대한 도전이다. 삶에 끊임없이 신선한 자극을 주어야 평범함으로 추락하지 않을 수 있다.

(5) 유머 감각을 사용하라

유머는 자신과 함께하는 모든 사람을 행복한 공기로 호흡할 수 있게 한다. 유머는 시선을 끌어당기는 가장 좋은 무기이다. 당신이 과시적으로 예지(叡智)와 기민함을 보일 때, 세상이 자기를 중심으로 도는 것처럼 느껴질 때, 그러한 유연한 자신감은 나이를 먹으면서 증가하고 당신에게 더 많은 매력을 줄 것이다.

2. 독립심과 자신감을 가지라

여성은 독립심과 자신감을 가져야 독특한 기질을 발휘할 수 있다.

자아를 실현해야 자신의 가치를 실현할 수 있고 두각을 나타낼 수 있다. 이것도 오늘날의 여성이 지녀야 할 핵심적인 품성이다.

(1) 해박한 지식, 뛰어난 자질(資質), 높은 교양을 쌓으라

지식은 고상한 기품을 지닌 여성을 만들어준다. 지식으로 부를 창조할 수도 있고 당신을 실패하지 않는 위치에 서게 할 수 있다. 자질은 운명을 결정한다.

(2) 자신감을 갖되 건방지지 않아야 한다

겉모습이 아름다운 여성이 반드시 아름다운 것은 아니다. 하지만 자신감 있는 여성은 독특한 매력을 지니고 있다. 이런 자신감을 교만한 단계로 올려 놓아서는 안 된다. 예를 들면 남자에 대한 것이다. 자신감은 남자들을 깔아뭉 개려는 것이 아니라 그들처럼 편안하게 사는 것이다. 자신감은 자기과시가 아니라 믿는 것이다. 또한 믿음이 있어야 다른 사람에게 인정받을 수 있다.

(3) 용기와 적극성을 갖고 창의력을 채우라

일은 결단력 있게 해야지 시원스럽지 못하게 처리해서는 안 된다. 자신 에서부터 출발해야 하며 지나치게 다른 사람의 말에 신경 써서는 안 된다. 자만심을 버리고 관례와 구습을 따르지 말고 창의성을 중시해야 한다. 부 단히 자신을 새롭게 해야 더 새로운 가치를 실현할 수 있다.

(4) 항상 재충전이 필요함을 잊지 말라

끊임없이 자신을 충실하게 해야 하며 지식과 기술을 향상시켜야 한다. 남성과 상대적으로 여성은 체력에서 열세에 놓여 있지만 후천적인 창조를 절대적으로 믿어야 한다. 지능에서는 남녀의 구분이 없다. 성공하는 날은 여성에게 가장 아름다운 날이다.

3. 자신의 품위와 격조를 높이라

품위와 격조는 여성 가치의 마지막 표현이다. 여성적 매력과 자신감 두 가지가 조화를 이루어야 여성의 품위와 격조가 완성될 수 있다. 여성이 격조를 가지고 있다는 것은 가치가 늘어난 자아를 향유할 수 있다는 것과 같다. 여성이 격조를 나타내는 것은 절반의 성공을 의미한다.

(1) 자신을 위해 예술적 분위기를 높이라

침대 옆에 좋아하는 화첩이나 아름다운 글이 실린 책 등을 놓아두라. 밤에 스탠드를 켜고 들릴 듯 말듯한 경음악을 틀어 책을 읽으라. 평온함을 되찾을 수 있을 뿐만 아니라 빈곤하게 느껴졌던 지식과 교양을 쌓을 수 있다. 휴일에는 화랑이나 공연장을 찾아 예술의 숨결을 느껴보는 것이 좋다. 자신과 예술과의 거리를 좁히고 예술적 기질이 충만한 여성이 되도록 노력하자.

(2) 유행을 파악하고 개인의 격조를 만들라

35세 이전의 여성은 유행이 무엇인지 알아야 한다. 그렇지 않으면 쉽게 뒤처지게 된다. 하지만 맹목적으로 유행을 좇아서도 안 된다. 유행의 요소에서 개인의 품위를 찾아내고 자신의 특징을 첨가해야 새로운 유행의 선도자가 될 수 있다.

(3) 고독을 즐기라

고독과 적당한 냉담함은 사람의 마음을 쏠리게 하거나 아끼게 만드는 기질이다. 고민이 있거나 일이 뜻대로 풀리지 않는다고 서둘러 친구나 가족을 찾아 불평을 늘어 놓아서는 안 된다. 우리는 고독해질 필요가 있다. 순수하게 개인적인 공간을 만들어야 한다. 책, 와인, 커피, 음악이 있으면 더욱 좋다. 이때의 여성이 가장 매력적이다.

(4) 명품 브랜드의 여성이 되라

진정한 여성은 온몸을 명품으로 꾸밀 필요가 없다. 하지만 명품을 갖고 있거나 적절히 조화를 이루게 하는 것은 자기 삶에 대한 조절제이다. 여성의 높은 품위와 격조는 자신을 명품으로 바꾸어놓을 수 있고 독립적으로 행동하게 만든다. 또한 태도가 멋져 보이고 다른 사람이 도저히 따라오지 못할 정도로 멀리 앞서갈 수도 있다.

여성의 가치향상은 자아의 완전함이며, 아름다움의 버전 업그레이드이다. 또한 숭고한 생활가치관을 추구하는 것이다. 여성이 표면적인 아름다움에서 깊은 내적인 아름다움으로 옮겨갈 때, 승화된 극치의 아름다움의 모습이 드러난다. 이전의 것과 비교하더라도 함께 논할 수 없다. 물이 불어나면 배도 높아지는 것과 같은 이치이다.

아름다움은 멀리 퍼지며 품성은 영원히 전해진다.

35세 이전의 여성은 끊임없이 자신의 가치를 높여야 한다.

자신의 기질을 만들라

여 성의 기질의 아름다움은 담백함 속에서 나온 명랑함이고 깊은 운치이다. 겉으로 드러난 순수한 아름다움은 사람의 눈을 즐겁게 하지만 내면의 풍부한 매력은 사람의 마음을 즐겁게 하는 아름다움이다.

1. 기질은 여성의 전통 브랜드이다

취미가 고상하고 행동과 수양이 상당한 수준에 오른 여성은 그 행동거지가 남다르다. 우리의 눈과 귀를 새롭게 만든다. 기질의 문턱을 넘어가는 여성은 깨우침이 있으며 수양을 쌓았다. 또한 풍요로움과 여유로움을 지니고 있으며 단아한 자태를 갖고 있다.

기질에는 옷차림과 장식의 격조가 포함되지만 이 격조는 안에서 나온다. 그것은 주관이 배제된 모방이 아니라 개인의 선택과 승인을 통해 나타난 것이다.

2. 지식의 아름다움을 지니라

독서는 지식추구의 주요방법이지만 독서만 알고 일상생활의 지식을 소홀히 해서는 안 된다. 지식의 아름다움은 풍성함과 융통성에서 나타나야 한다. 그것은 책에서 나오는 것이 아니라 상식과 삶이나 혹은 사람들이 관심을 갖는 사물에 대한 이해에서 나와야 한다. 그래야 풍성함과 융통성을 고루 갖춘 지식의 아름다움이 될 수 있다.

깊고 두터운 교양과 굳은 신념을 가진 여성은 사람을 끌어들이는 아름다운 자태를 만들어낼 수 있다.

3. 좋은 품격과 마음가짐을 가지라

어떻게 자신의 성격 가운데 좋은 것은 남기고 나쁜 것은 없앨 수 있을까? 이것은 우리에게 최대한의 노력을 요구하는 일이다.

우리는 풍부한 감정을 사랑으로 인도할 수 있으며 선량한 천성을 아름다움으로 이끌 수 있다. 개성의 수양은 큰 나무 한 그루를 키우는 것과 같다. 쓸모없는 가지는 베어내야 그 나무가 곧고 크게 자랄 수 있다. 같은 이치로 모든 복잡 미묘한 감정을 극복하고 사랑에 집중하는 것에 관심을 기울어야 한다. 사랑이 있기 때문에 생명은 지속될 수 있고 인생이 빛을 낼 수 있는 것이다.

동시에 열정적이며 발전하려는 인생의 태도를 길러야 한다. 잠재된 아름다운 기질을 잘 이끌어내면 겉으로 드러난 아름다움은 더욱 영민함이 풍부해지고 아름다워진다.

선량한 마음씨, 넓은 가슴, 진실은 언젠가 드러난다는 처세태도, 겸손하지만 자신감을 갖는 것, 적극적으로 발전하려고 하지만 시기하지 않는 것, 다른 사람의 장점을 좋아하지만 열등감에 빠지지 않는 것, 자신의 장점을 알지만 자부하지 않는 것, 용감하게 책임을 지지만 제멋대로 굴지 않는 것. 이런 우수한 품성은 한 사람의 우아한 기질을 형성시킨다. 이런 기질을 가진 사람은 태도가 유연하고 시원스럽다. 또한 편안하고 우아한 아름다움을 지녔다.

여성은 우아하고 조용한 아름다움을 가져야 한다. 부드럽고 점잖은 태도는 사람들에게 단정하다는 느낌과 친근감을 준다.

4. 예술의 아름다움을 지니라

예술의 수양은 사람의 기질과 관련이 있다. 이것은 앞에서 말한 두 가지보다 중요하다. 우리가 꼭 예술가가 될 필요는 없겠지만, 일정 수준의 감상할 수 있는 능력은 갖추어야 한다. 어떤 그림이 아름다운지, 어떤 골동품이 감상하거나 소장할 가치가 있는지, 어떤 음악이 사랑받는지, 왜 자연의 것이 인공석으로 만든 것보다 뛰어난지를 알아야 한다. 이런 감상하는 능력이 생기면 선택할 수 있는 능력을 얻게 되고 취하고 버리는 기준을 갖게 된다. 또한 어느 방향으로 나아가야 할지와 어떤 기준이 목표에 도달해야 할 것인지를 알게 된다. 이것이 바로 예술의 수양이고, 우아한 기질을 형성하기 위해 반드시 갖추어야 할 도구이다.

기질은 정신의 외재적 표현이다. 사람에게 일정한 문화적 수양, 이상, 포부, 감정, 개성 등이 있다면 기질의 아름다움을 더 잘 보일 수 있다.

여성의 기질은 부드러움, 열정, 침착함, 기지로 나타난다. 여성이 첫 번째로 갖추어야 할 요소가 바로 부드러움이다.

열정은 여성이 표현해야 할 청춘의 활력이다. 열정은 사람을 성실하게 대할 때 나타난다. 정을 느끼게 하지만 침착함을 잃지도 않는다. 그것은 일을 할 때 시원스럽고, 말을 할 때는 자연스러우며, 행동에는 절도가 있다. 열정이 풍부한 여성은 흥미진진하게 이야기할 수 있으며 말로 다른 사람을 감화시킨다. 또한 주위 사람들을 기쁘게 하거나 격려한다. 다른 사람이 어려움에 처했을 때 열정적으로 서로 도와주면 사람들은 친근함, 존경심, 기지를 느낀다. 이것은 여성의 지혜로움을 집중적으로 나타내는 것이다.

이런 기질의 아름다움이 있는 여성은 아름다운 수양과 품위를 끌어올리며 풍부한 아름다움을 보인다. 이런 풍부함은 여성의 일생을 윤택하고 아름답게 한다.

"너희는 더욱 큰 은사를 사모하라 내가 또한 제일좋은 길을 너희에게 보이리라"(고린도전서 12:31)
정신상태의 외재적인 표현인 기질을 다양한 방법으로 드러내는 여성이 되십시오. 그것은 당신을 더욱 돋보이게도 하지만 당신만의 독특한 기질은 하나님께 쓰임 받게 될 것이며 다른 사람에게는 유익이 될 것이니까요.
당신의 기질을 사용해 주님을 위해 봉사하고 싶은 일은 무엇인가요?

자신의 매력을 수련하라

매력은 겉과 속이 하나로 합쳐진 아름다움이다. 그것은 결코 유명인사의 전유물이 아니다. 보통사람들 모두 독특한 매력을 발산할 수 있다. 매력이 있는 사람은 사람들이 만나고 싶어 하며 함께 하고 싶어 한다. 이런 여성은 특별한 힘을 지니고 있으며 주위 사람을 감화시킨다. 다른 여성들로부터 부러움을 사며 심지어 따라하려고 한다.

여성의 매력은 형체, 기질, 풍채, 성격, 교양 등의 집합체이어야 한다. 겉모습에서 자신을 꾸밀 필요가 있을 뿐만 아니라 기질수양과 매력수련에 주의를 기울여야 한다.

매력이 있는 여성은 항상 명가(名家)의 풍채를 지니고 있으며 말과 행동 하나하나를 다른 사람들에게 각인시킨다.

매력적인 여성의 기준은 부드러우면서도 세상의 흐름에 휩쓸리지 않고, 강인하면서도 사납지 않으며, 어질면서도 연약하지 않는 것이다. 이렇게 되려면 선하고 너그러운 사랑을 지녀야 한다. 여성은 먼저 자신을 사랑하는 법을 배워야 하며 그 다음 가족, 친구, 직장동료, 이웃, 주위에 도움을 필요로 하는 사람을 사랑하는 법을 배워야 한다. 사심 없는 사랑은 영원불멸의 매력을 발산한다.

매력에 대한 추구 없이 어떻게 매력을 갈구하는 바람이 생기겠는가? 또 어떻게 그것을 계속 해나갈 힘이 생기겠는가? 지적 욕망이 없으면 노력도 있을 수 없다.

매력향상의 욕망이 생겼다면, 첫 번째로 자기 자신을 인식하는 일에 착수해야 한다. 자신에게 어떤 장점과 단점이 있는지를 분석하고 파악해야 한다. 특히 바꿀 수 있는 것과 발휘할 수 있는 잠재적 자질을 찾아내야 한다. 그것이 매력을 높이는데 가장 중요하다.

매력을 높이는 몇 가지 법칙에 대해 살펴보자.

법칙1 : 원칙을 지키라

사실 모든 사람에게는 자신만의 생활원칙이 있다. 광고에 나오는 말처럼 떠벌이지는 않지만 여전히 그것은 개인을 드러내는 간판이다. 여성의 매력에서 원칙을 잃는다면 분홍색의 매력이 '연분홍빛의 잘난 체하기'가 될 것이다.

법칙2 : 우월감을 배양하라

아름다운 사물의 시작은 좋은 마음가짐에 있다. 우월감의 양성은 좋은 마음가짐을 갖는데 필요한 필수조건이며 언어적인 측면, 능력적인 측면,

전공적인 측면에서 살필 수 있다. 바꾸어 말하면 자기 자신만의 독특한 그 무엇이 있어야 한다. 다른 사람과 다르고 개성을 반영해주는 것이 있어야 한다. 예를 들면 사고방식, 언어적인 특징 등이다.

법칙3 : 상대방의 시선을 똑바로 보라

상대방의 시선과 마주치는 것은 자신감의 표현이다. 더욱이 적극적이고 효과적인 커뮤니케이션의 전제조건이다. 시선의 접촉은 비언어적 커뮤니케이션에서 정보를 가장 많이, 가장 효과적으로 전달하는 방식이다. '눈은 마음의 창'이라는 말은 이것을 잘 나타내주고 있다. 게다가 시선 마주치기는 최소한의 예의이다.

법칙4 : 다른 분야에서 일하는 사람들과 더 많이 접촉하라

이것은 지식과 견문을 넓히는 지름길이다. 선배들은 당신에게 소중한 인생경험을 많이 들려줄 것이다.

법칙5 : 표정을 자연스럽고 풍부하게 하라

사람과 사람 사이의 커뮤니케이션에서 표정은 가장 품위 있는 교류이다. 마음에 벨레파시를 나타내는 교류의 세계이다. 일상적인 표정은 단조롭고 고정되어 있어 쉽게 사람들에게 무미건조하다는 인상을 준다. 순간순간 느끼는 생활의 느낌을 자연스럽고 생동감 넘치는 표정으로 표출해보라. 그러면 생김이 평범하더라도 감정이 풍부해 보이고 멋지고 귀여워 보일 것이며 매력으로 가득 찰 것이다.

법칙6 : 폭넓게 읽으라

폭넓게 하는 독서는 지식을 넓히는 가장 좋은 방법이다. 흥미를 느끼는 모든 책을 읽어라. 물론 책 한 권을 읽었다고 사상의 큰 비약을 얻을 수는 없으며 양에서 질로 변하는 변화의 과정이 있을 뿐이다. 관건은 생각하는 법을 배우고 문제의식을 갖고 읽는 것이다. 이런 지식은 내재적이며 자신의 것으로 바뀐다.

법칙7 : 여가시간을 가지라

무슨 일에 종사하든 한 주에 최소한 하루는 여가시간을 가져야 한다. 서재에서 조용히 앉아 자신이 좋아하는 책을 읽거나 등산, 수영과 같은 유산소운동을 하여 일주일 동안 긴장한 몸을 최대한 편안하게 해주어야 한다. 매주 시간을 내서 바쁜 일상을 벗어나라. 단순한 여성의 신분으로 돌아와 생활의 아름다움을 누리라.

매력에는 선천적인 요소가 있지만, 후천적인 수련과 축적이 더 필요하다. 그래서 아름다움에도 경영과 투자가 필요하다고 하는 것이다. 이런 투자는 결코 돈이나 시간만의 투자뿐만 아니라 높은 수준의 생활에 대한 관념상의 인정이다.

물론 매력적인 여성이 되는 것이 사업에 성공을 거두는 것은 아니다. 어떤 여성은 평생 부지런히 앞으로 나아가며 생각을 게을리하지 않고 마음씨도 착하다. 체계적인 학교교육을 받지 못했더라도 삶에서 지식을 쌓고 인생을 가꾸는데 힘을 쏟으며 삶의 질을 높이고 단순하고 행복한 삶을 유지하는 여성이야말로 매력적이다.

　어느 정도 매력적인 모습은 꾸밀 수 있다. 날마다 매력을 가꾸기 위해 수양해야 하는 것이다. 심미(審美)의 핵심은 정신적인 질과 운치, 정취를 추구하고 있는 것이기 때문이다. 매력의 내용은 형식에서 멀어져야 한다. 지식축적 이외에 더 중요한 것은 자신의 위치를 정확히 어디에 놓느냐는 것이다. 자신의 생존상태에 대한 통찰력과 분석력, 인생에 대한 깨달음도 마찬가지로 중요하다.

“그러므로 우리가 낙심하지 아니하노니 겉사람은 후패하나 우리의 속은 날로 새롭도다”(고린도후서 4:16)
하나님과 사람 앞에 진정 매력적인 여성은 어떤 여성일까요? 자신의 노력으로 더욱 매력적인 여성이 될 수 있지만, 하나님께 자신을 드리는 여성이야말로 가장 성숙한 매력을 풍기는 여성이 될 것입니다.
하나님이 당신에게 주신 매력은 무엇인가요?

매혹적인 곡선을 만들라

　　여성은 항상 좀더 아름다워지고 싶어 하고 자신의 몸무게가 실제보다 더 가벼워지길 소망한다. 여성은 용모와 몸매에 대해 영원히 만족하지 않을 것이다. 여성은 누구나 늘씬한 몸매를 원한다. 몸매가 늘씬한 여성은 다른 사람의 부러운 시선에서 만족감, 행복감과 자신감을 얻는다. 규격화된 몸매는 아닐지라도 자신의 외모를 최대한 아름답게 표현하려는 노력은 여성의 매력을 더욱 돋보이게 한다.

　　어떻게 아름다운 몸매를 가꿀 수 있느냐의 문제는 많은 여성들의 주요 관심사가 되었다.

1. 가슴 가꾸기 (V라인)

　　가슴의 형태미는 주로 모양, 크기, 위치 등의 요소가 결정한다. 여성의 가슴은 대략 세 가지 형태가 있다. 원추형, 원반형, 반구형이 바로 그것이다. 반구형의 가슴은 유방 아래의 둥근 반경이 그 높이와 같음을 말한다. 유방이 아래로 처져 있거나 바깥쪽에 위치한다면 운동을 통해 가꾸도록 노력해야 할 것이다. 유두가 제4번 늑골의 밖에 있으면 가장 표준적인 유방으로 간주된다. 동양의 미인체형에서 여성의 가슴은 신장에 0.515를 곱한 수치가 가장 이상적이다.

자신감 있는 '돌출된 가슴'을 갖고 싶다면 비교적 떠받치는 힘이 강한 브래지어를 착용해야 한다. 가슴운동을 자주 해주는 것이 유방을 튼튼하고 탄력적으로 유지하는 비결이다.

이밖에 유방안마를 자주 해주면 풍만하고 도드라진 유방을 가질 수 있어 만족스러운 결과를 얻게 된다. 가장 많이 쓰이는 방법으로는 세 가지가 있다. 대추혈(大椎穴, 목을 앞으로 숙였을 때 목과 등 사이 제일 튀어나온 제7경추 바로 아래 있는 침 자리. 7개의 경락이 모이고 지나가는 중요한 곳-역자 주) 안마법, 회전안마법, 경압법(輕壓法)이다.

경압법의 구체적인 방법을 소개하면 다음과 같다.

먼저 오른손으로 오른쪽 유방을 받치고 왼손을 오른쪽 유방의 상부에 가볍게 놓는다. 오른손을 유방을 따라 손바닥으로 위를 향해 받친다. 왼손은 유방을 따라 아래로 가볍게 누른다. 20차례 반복한 뒤 다시 왼쪽 유방을 안마한다. 이 방법은 유방의 탄력을 높여주며 유방의 발육에도 도움이 된다. 이 방법을 목욕할 때 하면 더욱 좋은 효과를 거둘 수 있다. 3개월 정도 지속하면 보통 유방이 1~2밀리미터 나오게 된다.

2. 매혹의 가는 허리 만들기 (S라인)

허리는 운동의 중심이다. 허리 부분의 동작은 우아한 느낌과 리듬감을 풍부히 갖추고 있다. 허리는 위(머리와 척추)의 지시를 받아 아래로 전달하는 기능을 하며 구부렸다 폈다 하는 묘미가 있어 사람에게 무한한 상상력을 준다. 그래서 가는 허리는 미인이 되기 위한 중요한 조건이 된다. 날씬한 허리가 매혹적인 것은 허리가 가늘면 돌출된 가슴과 풍만한 엉덩이가 더 돋보이고, 위는 높고 아래는 둥근 두 가닥의 곡선이 더 매력적으로 보이기 때문이다. 일반적으로 여성의 허리둘레는 신장에 0.37을 곱한 길이가 가장 이상적이다.

날씬한 허리를 만드는 가장 좋은 방법은 운동이다. 적절한 운동이 음식 요법과 결합하면 1개월 내에 가시적인 효과를 볼 수 있다. 날씬한 허리를 만드는 몇 가지 운동을 소개하면 다음과 같다.

●STEP1 : 간단 복근 회복운동

이 운동은 간단하지만 아주 효과가 좋다. 바닥에 누워 두 다리를 곧게 편 다음 들어 올린다. 다시 내려놓을 때는 두 다리가 바닥에 닿아서는 안 된다. 15번 반복한다. 매일 3~4회 정도 하며 한 회에 15번 하는 것이 좋다.

●STEP2 : 윗몸일으키기 – 정면의 복근 훈련

무릎을 60도 구부린다. 베개로 다리를 받친다. 오른손이 왼쪽 무릎을 대면서 동시에 몸을 일으켜 어깨가 지면에서 떨어지게 한다. 10번 한 다음, 손을 바꿔서 다시 10번 한다.

●STEP3 : 호흡 – 측면의 복근 훈련

온몸의 긴장을 이완시키고 코로 공기를 많이 들이마신 다음, 입으로 천천히 내쉰다. 내쉴 때는 약 70%만 내보내고 숨을 멈춘다. 작은 배를 수축시키고 숨을 가슴 위로 끌어올린다. 다시 복부를 부풀리고 숨을 복부로 내려 보낸다. 다시 숨을 가슴으로 올리고 복부로 내려 보낸다. 다시 천천히 입으로 숨을 내쉰다. 5번 반복한다.

●STEP4 : 몸돌리기 – 안과 겉의 비스듬한 근육훈련

왼쪽 다리로 서서 오른쪽 다리를 들어올린다. 두 팔을 잡고 힘껏 몸을 비튼다. 왼팔의 팔꿈치를 오른쪽 무릎에 부딪친다. 왼쪽과 오른쪽을 교대로 20번 한다.

3. 아름다운 등 만들기

어떤 사람은 여성의 등을 '섹시미의 절정'이라고 한다. 등의 섹시미는 신비하고 비범한 상상이다. 그 상상의 공간은 무한히 늘어난다.

길을 나서는 여성이 이곳저곳을 걸으면 사람들의 시선이나 이목을 종종 받는다. 그것은 여성의 정면만이 아니라 뒷모습도 여기에 포함된다. 뒷모습은 여성의 수많은 정보를 제공해준다. 애석하게도 이 매혹적인 풍경을 낳은 여성늘이 잊고 있다. 헛되이 매력을 감소시키고 있는 것이다.

등이 이렇게 예측할 수 없을 정도의 아름다움을 지니고 있다면 우리는 '섹시미의 절정'을 최대한 아름답게 꾸미도록 모든 수단과 방법을 가리지 말아야 한다.

● STEP1 : 일상의 관리

매혹적인 뒷모습은 평소의 단련에서 시작해야 한다.

먼저 자신의 피부가 어떤 성격인지를 파악해야 한다. 그 다음 자기 피부에 맞는 위생용품을 구입해야 한다.

평소에 샤워하는 것 외에도 일 주일에 한두 차례는 각질을 제거해야 한다. 각질을 완전히 제거한 후 등에 오일을 발라준다. 평소에 등에 바르지 않을 때는 샤워를 끝낸 다음 화장수나 여드름을 억제하는 기능성 화장품을 반드시 뿌려주어야 한다.

● STEP2 : 등의 다이어트

등의 지방층이 자신도 감당할 수 없을 정도로 두껍다면 검사를 받아보는 것이 좋다. 최대한 빨리 '두터운 등'의 상황을 개선하고 등의 지방을 빼야 한다.

예비동작 : 엎드린 다음 어깨부분의 긴장을 푼다. 두 팔은 팔의 위를 잡는다.

본 동작 : 턱을 끌어당기고 아래 등의 늑골을 수축시켜 상반신을 든다. 20번 반복한다.

주　　의 : 척추가 지나치게 늘어나지 않도록 위로 드는 각도는 35도를 넘지 않도록 한다. 손의 높이도 어깨를 넘어서는 안 된다.

엎드린 상태에서 위로 드는 동작은 등의 근육과 어깨 근육을 단련시킨다. 어깨와 등의 지방을 제거하고 근육을 튼튼히 하는 운동이다.

●STEP3 : 등의 에어로빅체조

아름다운 등에는 튼튼한 근육이 있다. 이 근육은 등의 곡선미를 좌우하기 때문에 매일 10분 정도 연습하는 것이 좋다.

두 팔로 바벨 들어올리기는 등의 곡선을 아름답게 한다.

예비동작 : 두 무릎을 약간 구부리고 가슴은 쭉 편다. 배는 집어넣는다. 상체를 앞으로 약간 구부리고 손에 무거운 물건(예를 들면 물을 가득 채운 음료수병)을 쥐고 몸 앞에 위치하도록 한다.

본동작 : 두 팔을 수평으로 천천히 옆을 향해 들어 올린다. 다시 팔을 내린다. 모두 20번 한다.

주 의 : 옆으로 들어 올릴 때 어깨 높이보다 높게 들어 올리면 안 된다. 어깨의 부상을 예방하기 위해서이다.

4. 자연스럽게 만들어진 아름다운 다리

거의 대부분의 시간을 사무실에 앉아서 보내면 책상 위의 용모는 여전히 아름답지만 책상 아래의 다리는 오히려 심하게 붓는 경우가 많다. 부은 다리는 자신감과 아름다움을 점점 멀어지게 만든다.

불쌍한 35세 이전의 빛나는 여성은 월급을 받고 편한 일자리를 지키기 위해 아름다움을 포기하고 지나치게 건강을 낭비하고 있다. 심지어 배우자와의 친밀함마저 잃어버리기도 한다.

하체를 상체처럼 완전하고 튼튼하게 만드는 것도 사실 무척 간단하다. 아래의 몇 가지를 지속적으로 실천한다면 오래지 않아 처음의 자신감을 되찾을 수 있을 것이다.

● STEP1 : 계단 오르기

최대한 엘리베이터를 타지 말고 아름다운 다리에게 단련의 기회를 주자. 계단을 오를 때는 두 계단을 한 번에 오르고 최대한 발꿈치는 들어서 걷는다. 무게를 앞발에 실어야 허벅지 안쪽의 군살을 없앨 수 있다. 계단으로 향할 때는 숙녀의 체면 유지를 위해 좌우를 살피고 '튀는 행동'을 지켜보는 사람이 없는지 확인하는 센스가 필요하다.

● STEP2 : 의자에 앉기

두 종아리를 힘껏 함께 포갠다. 1부터 8까지 센 다음 두 다리를 바꾼다. 여러 번 동작을 반복해야 하며 호흡을 멈춰서는 안 된다. 이렇게 하면 종아리의 선을 단련할 수 있다. 숫자는 마음속으로 묵념하는 것처럼 하고 소리를 입 밖으로 내어 웃음거리가 되지 않도록 주의해야 한다.

● STEP3 : 걷기

5미터 내외의 화장실을 가더라도 산책하듯이 천천히 걸어가면 안 된다. 최대한 보폭을 크게 하여 다리 전체의 근육을 모두 단련해야 한다. 하지만 그 행동은 다른 사람에게 화장실이 너무 급한 건 아닐까 하는 오해를 줄 수도 있다.

위에 소개한 몇 가지 방법 외에 오래 걸리지만 강도는 낮은 유산소운동에 참여하여 다이어트를 하는 것이 좋다. 예를 들면 수영, 조깅, 자전거타기 등이다. 유산소운동으로 다이어트를 할 때는 심박 수를 높이는데 신경 쓸 것이 아니라 운동할 때 얼마나 에너지를 소모하느냐에 신경을 써야 한다. 이밖에 아로마테라피(aromatherapy, 향기요법)를 시험 삼아 해보는 것도 좋다. 아로마테라피의 효능은 무척 신기해서 다이어트 효과도 있다. 이와 함께 여러 가지 신체의 보양이나 물리 치료 등을 병행하는 것도 좋다.

마음만 있다면 좋은 몸매를 갖는 것도 결코 어려운 일은 아니다.

"내 사랑 너는 어여쁘고도 어여쁘다 너울 속에 있는 네 눈이 비둘기 같고 네 머리털은 길르앗 산기슭에 누운 무리 염소같구나"(아가서4:1)
하나님이 주신 여성의 아름다움을 가꾸십시오. 자신을 아름답게 가꾸는 것은 스스로를 더욱 가치롭고 당당하게 만들어 줄 것입니다. 아름답지 않은 여성은 이 세상에 아무도 없습니다. 거울에 자신의 모습을 비춰보고 장점을 찾아보세요.

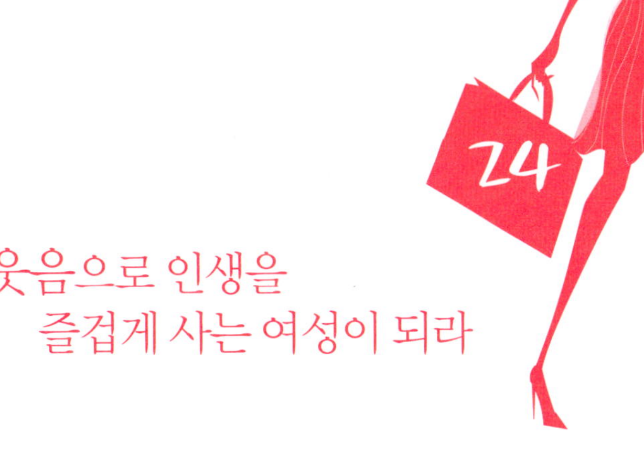

웃음으로 인생을
즐겁게 사는 여성이 되라

웃음이란 대단히 특별한 감정 표현이다. 웃음은 한 가지 감정에서 비롯되는 것이 아니라 여러 복합적인 감정으로부터 생긴다.

기뻐서 웃기도 하고, 이상한 행동을 보았을 때 갑자기 터질 수도 있으며, 쓸쓸하거나 어이가 없을 때에도 웃음이 나오기도 한다.

그러나 어떤 이유로 웃게 되었든 웃는다는 것은 인간의 아름다운 모습 중의 하나이며, 특히 젊은 여성의 웃음은 사람을 더욱 기분 좋게 하는 묘한 힘을 가지고 있다.

35세 이전의 당신은 웃음으로 자신의 생활을 즐겁게 할 뿐 아니라 다른 사람에게도 기쁨을 주는 여성이 될 수 있다.

그렇다면 웃음은 무엇을 의미하는 것일까?

웃음은 건강의 상징이다.

건강하지 않는 사람은 호탕하게 웃기가 힘들다. 호탕하게 웃는 것은 건강미의 상징이며, 이런 웃음이야말로 젊은 여성의 매력의 표현이다.

웃음은 활력소를 불어넣어 준다. 자신에게뿐만 아니라 타인에게도 웃음은 그 순간 혹은 하루, 더 나아가 평생의 활력을 불어 넣을 수 있는 에너지의 원천이 될 수 있다.

어떤 철학자는, "사람은 웃음으로써 기쁘다"라고 주장한다. 기뻐서 웃는 것이 아니라 웃음 자체가 기쁨을 준다는 말이다. 사실 굉장히 화가 나 있거나 분노의 상태에서는 아무리 우스운 상황에서도 웃어지지 않는다. 그런 면에서는 기쁨의 표현이라고 할 수 있지만, 우울한 상태에서도 살짝 미소를 지어보면 조금은 기분이 나아지는 것을 느낄 수 있다. 웃음이 기쁨을 준다는 말이다.

웃음을 묘사한 의성어에는 '하하', '호호', '히히', '허허', '푸하하', '크크', '키키' 등 다양하게 표현되나 젊은 여성의 웃음 소리의 대명사인 '호호'는 수줍음과 귀여움 그리고 여성스러움을 나타내는 표현이다. 오늘 처음 만난 어느 여성이 당신과 대화를 하는 중에 '호호' 웃음을 자주 지어보인다고 생각해보라. 그 사람에 대한 인상은 당연히 좋은 기억으로 남고, 다시 만나보고 싶은 마음이 생길 것이다.

웃음을 통해 상대방의 호감을 살 수 있음은 물론 그것은 인생의 좋은 기회로도 연결될 수 있다.

웃음은 지구촌 어디를 가나 말이 통하지 않더라도 인종, 나이, 국적, 지위를 뛰어넘어 웃음 하나로 친구가 될 수 있는 세계 공통어이다.

또한 마음이 상한 사람에게 치유의 능력을 발휘하며, 단절된 관계를 회복시키며, 자신을 건강하게 하는 비결이다. 웃음에 대한 한 연구가는 "한

번 웃으면 수명이 3초 연장된다"는 보고를 하였다. 그만큼 건강에 미치는 영향이 크다는 말이다.

35세 이전의 여성인 당신은 하루에 몇 번이나 웃으며 지내고 있는가? 거울을 보고 하얀 이를 드러내며, 앵두같은 입술를 살며시 양옆으로 끌어당겨 보라. 그리고 그 표정을 아낌없이 모든 사람 앞에서 지어 보라. 분명히 당신의 미래 또한 밝아질 것이며, 앞으로의 꿈이 이루어지는 놀라운 일을 만나게 될 것이다.

"그때에 우리 입에는 웃음이 가득하고 우리 혀에는 찬양이 찼었도다 열방 중에서 말하기를 여호와께서 저희를 위하여 대사를 행하셨다 하였도다" (시편 126:2)
웃음은 주변을 즐겁게 만들며 상대를 유쾌하게 하고 삶에 여유를 줍니다.
웃음은 하나님이 우리에게 주신 큰 축복입니다.
오늘 누구에게 당신의 아름다운 미소를 보여줄 수 있나요?

향수의 여인이 되라

작디작은 향수병에는 사람을 감동시키고 끊임없이 이어지는 냄새만 담긴 것이 아니다. 여인의 정서, 정취, 부드러움, 솔직함도 그 속에 숨어있다. 그것은 내적 수양의 풍부함과 마음의 다원성을 소박하고 간단하게 표현하고 있다.

향수와 여성은 다함이 없는 암시, 생각, 미혹 등으로 충만했다.

여성은 향수에게 감사한 마음을 표해야 한다. 향수가 여성을 더 여성답게 하기 때문이다.

1. 향수와의 첫 만남

향수를 사용하기 시작한 사람은 먼저 옅은 향수를 사용한 다음, 향수에 대한 이해도에 따라 농도가 짙은 향수를 사용해야 한다.

우리가 통상적으로 말하는 향수는 향료의 농도가 15%~30% 사이인 향수를 가리킨다. 이 등급의 향기가 제품의 특성을 가장 잘 나타내준다. 지속 시간은 약 5~7시간이다. 화려하고 성숙한 향기는 저녁 외출이나 공식적인 모임에 매우 적합하다. 엘리자베스 아덴(Elizabeth Arden)의 5번가, 입생로랑(YSL : Yves Saint Laurent)의 오피움(OPIUM), 랑콤(Lan-come)의 트레졸(Tresor) 등이 이런 종류에 속한다.

향수의 농도가 7%~15% 사이이면 에센스 다음 가는 고농도의 향료제품이다. 지속시간은 약 3~5시간이다. 에센스의 향기에 가깝고 에센스보다 가격이 더 저렴하다. 낮에 외출하여 연극 관람, 쇼핑, 사무실 근무, 간단한 모임의 참가 시에 사용하면 좋다.

향수 냄새의 지속성 때문에 일반적으로 향수는 냄새를 첫 냄새, 중간냄새, 끝 냄새로 나눌 수 있다. 휘발성이 가장 강한 것은 첫 냄새이며 수향(首香)이라고도 한다. 병을 열 때 냄새를 맡을 수 있다. 중간냄새의 휘발성은 첫 냄새의 다음이다. 향수의 주된 냄새이기 때문에 향체(香體)라고 불린다. 보통 뿌리고 30~40분이 지나야 냄새를 맡을 수 있다. 끝 냄새는 가장 휘발성이 약한 향수의 물질이 제어한다. 향수를 뿌리고 40분에서 1시간 정도 지난 다음에야 그 냄새를 맡을 수 있다. 향료의 배합을 달리하여 만든 향수는 향료가 휘발하는 시간이 다르기 때문에 독특하고 풍부한 냄새의 변화가 생긴다.

겔랑(Guerlain)의 샬리마(Shalimar)의 경우, 첫 냄새는 레몬, 불수감(佛手柑, 불수귤나무라고도 하며 그 열매를 가리키기도 한다. 열매의 끝이 손가락처럼 갈라진 것을 부처님의 손같이 생겼다고 생각하여 붙인 이름이다 - 역자 주), 감귤의 과일향이 난다. 인도 박하의 나무향과 장미, 재스민의 꽃향기를 위주로 한 중간냄새를 갖고 있으며, 지속시간이 아주 긴 끝 냄새를 지니고 있다.

향수냄새의 발산은 온도의 영향을 받는다. 온도가 높으면 향기도 오래가며 낮으면 더 빨리 흩어진다. 그래서 기온이 높은 여름에는 오렌지향, 유자향 등의 비교적 옅거나 약한 향을 사용하길 바란다. 짙은 제비꽃향, 장미향은 겨울이나 늦가을에 어울린다. 신선한 첫냄새, 짙은 꽃향기의 중간냄새 및 동양의 냄새가 물씬 나는 나무향의 끝냄새는 겨울철 여성에게 인기가 높은 향수의 특징이다.

짙은 향수를 선호하는 사람의 수는 점점 줄어들고 있다. 심지어 향수광고에도 옅은 향에 대한 새로운 개념이 도입되고 있다. 향수가 묽어진 것은 사람이 자연을 숭상하고 자유를 추구하기 때문이며, 다른 한편으로는 향수의 제조기술이 훨씬 발달했기 때문이다. 과거의 향기추출은 비교적 강력하고, 활짝 핀 꽃송이의 향기를 채집할 수밖에 없었다. 하지만 지금은 피기 직전의 꽃이나 여러 가지 세밀한 향기성분을 추출해낼 수 있다.

두꺼운 겨울외투를 몸에 걸치고 부드러운 목도리로 목을 따뜻이 걸쳤는데 은은한 향기가 안에서 모락모락 피어오른다고 상상해보라. 추운 겨울에 훈훈함이 더해지지 않겠는가!

2. 향수의 선택

겔랑(Guerlain)의 샹젤리제(Champs-Elysees), 샬리마(Shalimar)의 우아하고 개성있으며, 비범한 품위는 일에 바쁜 여성에게 신분의 상징이다. 그녀들은 일처리가 과감하고 행동이 시원스럽고 보통 사람보다 영리하다. 남성과 같은 지위와 세계를 갖고 있기 때문에 사업형 여성들은 자신이 좋아하는 동양형의 향수를 사용하기도 한다.

변화에 잘 적응하고 의지가 강하며 개성과 독립을 추구하는 여성은 항상 속이 깊고 냉정함 속에 자신의 낭만과 따뜻한 정을 흔적 없이 드러낸다. 그래서 그녀들에게는 나무와 같은 동양형의 신선함과 자신감이 어울린다. 엘리자베스 아덴(Elizabeth Arden)의 Red Door, 크리스챤 디올(Chiristian Dior)의 듄(DUNE)과 우아한 미스 디올(Miss Dior)은 모두 들판의 백합, 히아신스 및 여러 가지 색깔의 장미의 부드러움과 낭만을 떠올리게 만든다. 향기의 깨끗함과 온화함, 아담함은 그런 여성들을 가장 적절히 나타내준다.

보조개가 두 개 있고 장난기 많으며 작은 예의범절에 구애받지 않는 활달한 성격의 여성이라면 틀림없이 바닐라, 감귤냄새, 흰독말풀꽃과 같은 향기롭고 달콤한 향기가 어린이 같은 기질과 귀여움을 잘 나타내줄 것이다. 그래서 니나리치(Ninaricci)의 데시데이아(Deci Deia), 카이리의 안타페(Aanta Fe), 피아트의 프라카스(Fracas)는 건강한 심신, 자유롭고 즐거운 청춘의 냄새와 열정적이고 명랑한 생활태도를 마음껏 발산할 수 있게 해준다.

청순하고 수려하며 개성이 넘치고 온화한 여성은 흰 재스민과 같은 순결함을 품고 있다. 그런 여성들에게는 여러 가지 신선한 꽃향기와 과일향기가 적합하다. 예를 들면 은방울꽃, 중국귤, 라일락, 복숭아꽃 등의 향기가 있다. 이런 유형에 속하는 여성들은 니나리치의 파뤄쉬(Farouche)를 틀림없이 좋아할 것이다.

　여성의 예민한 감성은 여성들로 하여금 시와 같은 낭만적인 정서를 갖게 한다. 시원한 바람처럼 옅은 향기는 여성의 개성을 표현한다. 예를 들면 유자나무의 고난, 박하의 따스함, 목초의 완곡함과 낙심이 바로 그것이다. 이 모두가 그녀들의 다정다감함을 위해 존재한다. 크리스챤 디올의 땅드르 쁘아종(Tendre Poison), 메나도(Menard)의 메리펌(Merefame), 에스티 로더(Estee Lander)의 플레져(Pleasures)는 담담한 꽃향기를 갖고 있을 뿐만 아니라 독특한 포장으로 일찌감치 여성들의 마음을 사로잡았다.

　포도의 보랏빛 꽃, 제비꽃, 푸른 자주붓꽃, 사향(麝香), 단향나무, 장미향은 여성의 다정다감함과 변하기 쉬움을 떠올리게 만든다. 열정, 여성적 매력, 활달함, 부드러움, 유행, 자신감, 겸허, 고전적임은 사람들의 이목을 끌며 강한 성격의 대비 속에서 조화와 균형을 찾을 수 있고 향기에 따라 달라지는 자신의 마음을 나타낼 수 있다.

　다음은 유형에 따른 향수사용의 지침이다. 자신의 개성과 특징에 따라 향수를 사용하는 것이 좋다.

(1) 활날형

　이 유형의 사람은 실제 나이보다 어려 보인다. 괴팍한 성격과 활달하고 개방적인 사고를 모두 갖고 있으며 부러움을 사는 영민함을 지녔다. 어느 때건 항상 유행의 첨단을 달리고 예민한 통찰력을 갖추고 있어 항상 유행의 냄새를 맡을 수 있다. 또한 대담하고 창조적인 개성을 지니고 있다.

이런 사람에게는 열정적이고 섹시함을 주는 유혹적인 향수가 적합하므로 순수컬러(Pure Color) 시리즈의 향수의 사용을 권한다. 녹색의 '순수 열애', 파란색의 '순수 낭만', 오렌지색의 '순수 인연'. 세 가지가 하나의 세트로 구성된 순수컬러(Pure Color) 시리즈는 니나리치의 스페인 푸익(Puig)의 손에 들어오자마자 세 가지 다른 특색으로 나뉘어졌다.

● 녹색의 '순수 열애' : 꽃, 열매, 푸른 풀의 향기를 내며 토마토로 대표되는 녹색병으로 포장되어 있다. 향수병은 약간은 제멋대로 행동하는 듯한 향수의 개성을 나타낸다. 젊은 여성에게 적합하다.

● 파란색의 '순수 낭만' : 꽃, 열매, 풀의 향기를 내며 낭만을 추구하는 향수병이다. 낭만을 좋아하는 여성이 주로 사용한다.

● 오렌지색의 '순수 인연' : 과일의 쓴 향과 호박(琥珀)의 품격을 지녔다. 연인 앞에서 젊은 여성의 매력을 드러내고 싶다면 이 향수를 사용하라.

(2) 낭만형

낭만형의 여성은 이성이 절대로 저항하지 못하는 유형이다. 그녀들은 하늘과 땅의 총애를 한 몸에 받았다. 몸매 이외에도 말을 할 수 있는 두 눈, 입가에 아름답게 머금고 있는 미소, 뼛속에서부터 나오는 성적 매력도 갖고 있다. 낭만형의 사람은 타고난 사교가이다.

이런 사람에게는 서양의 꽃재료를 사용하여 동양의 신비롭고 따뜻한 호박

(琥珀)형과 융합한 것이 어울린다. 그런 것에는 동양의 꽃향기를 지닌 샤넬 (Chanel)의 코코(Coco)가 제격이다. 코코의 첫냄새는 불가리아 장미, 등자나무꽃, 함수초, 그레이스 재스민과 비슷하다. 중간냄새는 구릿대의 뿌리, 서리(鼠李, 갈매나무)와 비슷하다. 끝냄새는 안식향나무의 수지, 방향의 나무진과 비슷하다. 이 향수는 품격을 전부 받아들였고 여러 가지 감각기관을 자극하는 향기를 혼합하였으며 신비함과 세속의 모습을 갖고 있다. 사교적인 장소에 자주 얼굴을 내밀어야하는 여성에게 가장 적합하다.

(3) 존귀형

우아하려면 몸매도 적당하고 키가 크거나 작지 않아야 한다. 또한 풍만하다는 느낌을 주어야 한다. 성격은 온순하고 감정과 생활에서 완벽함과 분위기를 추구한다. 사람들은 그런 여성을 보통 지적인 여성이라고 부른다. 이런 여성은 대부분 자신이 하는 분야에서 두각을 나타내고 있으며 성공을 거두었다.

그녀들에게는 화려하고 그윽한 장미나 재스민의 향기가 어울린다. 또한 장 파투(Jean Patou)의 조이(Joy)를 추천한다. 그 향기의 첫 냄새는 불가리아 장미, 만향옥(晩香玉, 용설란과에 딸린 여러해살이풀. 관상용(觀賞用)으로 심으며 멕시코에서 자람 - 역자 주)과 비슷하다. 중간냄새와 끝냄새는 5월의 장미, 그레이스 재스민과 비슷하다.

조이(Joy)는 세상에서 '원가가 가장 비싼 향수'이다. 매년 30밀리리터 생산하는데 최소한 10만 6백 송이의 재스민과 28다스의 장미가 필요하다. 이렇게 비싸기 때문에 아카데미 시상식에서도 귀한 손님에게 주는 선물로 조이(Joy)를 선택했다. 조이(Joy)의 전통적인 향수병의 모양은 중국의

18세기 코담배통에서 영감을 얻었다.

(4) 전통형

　전통형의 특징은 전형적인 직선형 몸매라는 점이다. 키는 중간정도이고 외모는 단정하고 우아하다. 서로 친화하는 가운데 이성과 지혜가 나온다. 성격은 보수적이며 조용하다. 전통형 여성은 사람이나 사물에 대해 진지하고 한 치의 소홀함도 없다. 전통형 여성은 청아하고 정신을 혼미하게 만드는 특징을 지닌 자연스러운 동양의 향기가 어울린다. 따라서 이런 여성들에게는 신성한 꽃향기를 지닌 이세이 미야케(Issey Miyake)의 사용을 권하고 싶다. 이 향수의 첫 냄새는 수련, 자주붓꽃, 앵초, 장미의 향을 지녔다. 중간냄새는 카네이션, 백합, 모란의 향이 나며 끝 냄새는 사향, 호박, 월하향의 향이 난다.

　이 향수는 샘물처럼 깨끗한 향수이다. 이세이 미야케 향수는 단순함 속에 무한한 선(禪)의 의미를 내포하고 있다. 이 선의 의미는 사람과 일정한 거리를 유지하고 있지만, 청아하고 달콤한 향기는 오히려 쉽게 사람의 마음을 흔들어놓는다. 그 향이 막 뿜어져 나올 때는 심지어 남성들조차도 그것의 영롱한 느낌을 좋아하게 된다.

　향수를 사용할 때, 두 가지 향수를 혼합하여 함께 사용해서는 안 된다. 여성이 남성용 향수를 사용하는 것은 더더욱안 될 일이다.

　피부가 민감한 여성도 향수를 사용하는 여러 가지 방법이 있다.

●치마의 양쪽 끝에 뿌린다.

● 옷을 다리거나 빨 때, 마지막 단계에서 향수를 살짝 뿌린다.

● 짙은 색 속옷에 뿌린다.

● 향수를 장식용 손수건에 뿌린다.

●향수를 묻힌 솜을 통모양의 귀걸이에 넣는다.

● 알코올 성분이 낮은 유아용 향수를 사용한다.

병원으로 병문안을 갈 때는 옅은 향수를 사용해야 한다. 장례식에서는 향수를 사용하지 않는 것이 좋다. 연회에 참석할 때는 향수를 허리 아래에 뿌리는 것이 좋다. 향수를 어디에 바르거나 뿌리느냐에 따라 효과도 다르게 나타난다. 일반적으로 팔꿈치의 안쪽 측면과 무릎 안쪽 측면은 향이 오래 지속되는 중요한 곳이다. 깔끔하고 있는 듯 없는 듯 향이 퍼져가는 효과를 얻고 싶다면, 귀 뒤나 목 뒤에 바르는 것이 좋지만 오래 지속되기는 어렵다.

사람이 많은 파티에서는 향수를 움직이는 부분에 발라야 한다. 남성은 여성의 머리카락이나 손가락 끝에서 향기가 나는 것이 가장 매력적이라고 생각한다.

"나의 누이, 나의 신부야 네 사랑이 어찌 그리 아름다운지 네 사랑은 포도주에 지나고 네 기름의 향기는 각양 향품보다 승하구나"(아가서 4: 10) 하나님은 우리에게 그리스도의 향기를 내는 사람이 되라고 말씀하십니다. 환경과 상황, 자신의 정서에 어울리는 향기를 풍길 줄 아는 센스를 지니고 또한 내면과 외면의 향기가 일치하는 여성은 하나님께나 사람에게 매우 사랑스럽고 매력적으로 보일 것입니다. 당신은 어떤 향기를 지니고 있습니까?

속옷을 가장 은밀한 아름다움이 되게 하라

여성의 부드러운 기질과 아름다운 곡선은 속옷의 받쳐 줌으로 점점 유연하고 아름답게, 또 신비롭게 변하게 해준다.

속옷의 자상함과 낭만은 마치 지조가 굳은 연인과 같다. 속옷의 몽롱함, 따뜻함, 격정은 사람들이 항상 추구하는 사랑과 같다. 여성이 속옷을 대하는 태도는 심리적인 성장과정을 나타낸다. 자중하고 수줍어하거나, 아름답고 청순하거나, 열정적이고 자유분방한 것 등등.

자신의 곡선미를 최대한 살리고 관심을 기울이고 싶다면 자신에게 적합한 속옷 사이즈 선택에 신경을 써야 한다. 속옷을 살 때는 한번 입어볼 필요가 있다. 쑥스럽거나 미안하다고 무턱대고 사서는 안 된다. 산 다음 몸에 맞지 않는다는 사실을 발견하고도 대충 입고 다녀서는 더더욱 안 된다. 게다가 속옷은 장기간의 세탁과 그 자체 재질의 특징 때문에 일정 시간 착용한 뒤에는 탄력이 떨어지고 헐렁할 정도로 커진다. 속옷은 정기적으로 교체해 줄 필요가 있다.

동시에 자신에게 맞는 브래지어 스타일의 선택에도 신경을 써야 한다.

여성 신체의 세세한 부분은 천차만별이기 때문에 브래지어의 화려한 색상이나 독특한 레이스에 이끌려 충동적으로 사서는 안 된다. 그것은 가슴부분의 건강에 매우 좋지 않다.

1. 자신에게 적합한 스타일

와이어가 있는 순면 풀컵 브라는 가슴이 풍만하지 않은 여성에게 적합하다. 발육단계에 있는 소녀라면 부드러운 피부와 연약한 가슴의 손상을 예방하는 차원에서 철사받침이 있는 브래지어는 착용하지 않는 것이 좋다. 가슴은 이미 충분히 풍만하지만 가슴 사이가 뚜렷하지 않은 여성은 철사받침이 있는 풀컵 브라를 착용해야 한다. 그러면 완벽한 가슴선을 갖게 될 뿐만 아니라 두 유방의 형태가 고정된다.

완벽한 가슴이란 풍만하면서 돌출된 형태를 가리킨다. 철사받침이 있는 반 컵 브라는 받침작용이 좋고 아름다운 돌출형태를 보여줄 수 있다. 가슴이 이미 처진 모양을 하고 있는 여성은 일체형의 기능성 브래지어를 착용하는 것이 좋다. 가슴의 모양을 교정시켜주며 이상적인 몸매를 만드는데도 도움이 되기 때문이다.

재실로 봤을 때 순면 편직물의 브래지어가 가장 탄력이 좋고 내구력이 뛰어나다. 다른 화학섬유, 실크, 혼방도 이상적인 신축력을 지니고 있다. 브래지어의 기본적인 기능은 가슴을 감싸고 받쳐주는 것이기 때문에 구입할 때 이 점에 유의하여야 한다.

2. 자신에게 적합한 색상

35세 이전의 여성은 속옷의 아름다움을 가볍게 보아서는 안 된다. 개성을 살리는 속옷은 자신을 즐겁게 할 뿐만 아니라 사랑하는 연인 앞에서도 매력을 보여줄 수 있는 중요한 수단이다.

흰색은 청춘기의 전유물에 속하는 색상이다. 흰색의 부드러움, 명랑함, 순결함과 청순함은 푸른 하늘에서 자유롭게 노니는 구름을 떠올리게 한다. 흰색 속옷을 선택하는 여성은 단순하고 다소곳한 심리가 있다. 그런 여성의 성격은 온화하고 호감이 가는 편에 속한다. 순면 재질에 소박하고 세밀한 수로 장식된 속옷이라면 낭만적인 분위기를 더해준다. 이런 유형의 속옷은 여성이 겉에 어떤 옷을 입는다 해도 쉽게 잘 어울린다. 실용적이면서 심플하기 때문에 영원토록 유행에 뒤떨어지지 않는다.

신비한 보라색은 몽롱하고 우아한 기질이 다분하다. 부드럽고 아름다운 황금색은 맵시를 완벽하게 드러낸다. 분홍색은 마음 저편에서 말하려다 만 감정을 표현하고 있다. 환상으로 가득 차고 매혹적인 검정색은 그 자체만으로 성적 매력을 갖고 있다. 검정색은 사람들의 이목을 끄는 고귀함을 지녔다.

3. 자신에게 적합한 디자인

레이스는 여성 속옷이 지닌 매력에 대한 주제이다. 몸에 붙는 꽃모양의 검정색 팬티, 2/3컵의 작은 꽃들이 많이 들어간 브래지어는 로맨티스트 여성에게 사랑받는 속옷이다. 이제 속옷의 기능은 몸을 가리는 것에 한정되지 않는다. 여성의 몸에서 피어나는 꽃과 같다. 농염함, 수줍음과 단정함을 나타내는 전통적인 속옷에 비해 레이스를 드러낸 여성의 세계는 현란한 무지개와 같다.

시폰(chiffon, 얇게 비치는 가벼운 직물. 보통 견이나 인조섬유를 사용하여 평직으로 짬 – 역자 주)의 가볍고 부드러움, 레이스의 낭만, 면의 소박함은 여성의 독특한 기질을 잘 말해주고 있다. 전통적이고 보수적이든, 정이 많고 공상에 젖어 있는 낭만이나, 섹시하고 열정적인 호방함이든 여성은 모두 자신의 품격을 한 가지 틀에 고정시켜서는 안 된다. 성숙해짐에 따라 대담한 시도는 새로운 자신감을 찾는 데 도움을 준다. 하지만 관건은 자신에게 적합한 속옷을 찾는 데 있으므로 속옷이 자신을 해롭게 해서는 안 된다.

복고풍의 일체형 브래지어는 심플하고 소박하며 섬세하다. 그것이 여성의 신체를 얼마나 잘 보살피는지는 정말 주도면밀하다는 말로밖에 표현할 수 없다. 더 높이 살만한 점은 그 브래지어의 시원스러움이다. 전통적인 여성이 착용하면 더 여유롭고 자연스러워 보인다.

곡선은 하늘이 만든다. 속옷의 영원한 매력은 여성의 가장 은밀한 아름다움이 되었다.

사진을 찍어 가장 아름다운 추억으로 간직하라

유행을 좇는 여성은 자신의 사진 집을 여러 권 갖고 있다.

거울 속의 자신을 보고 말하라.

"나는 내 생활을 좋아한다.

나는 내 자신을 좋아한다.

나는 내 사랑하는 마음을 좋아한다.

나는 내 것을 다른 사람과 나누는 것을 좋아한다.

나는 내 자신이 무엇을 원하는지 아는 것을 좋아한다.

나는 내가 누릴 수 있는 행복을 알고 있음을 좋아한다.

나는 내 평형을 좋아한다.

나는 또 다른 나를 좋아한다."

우리는 자신을 좋아하는 법을 배워야 한다. 자신을 좋아할 때 다른 사람의 사랑을 더 많이 받을 수 있다. 자신을 좋아하는 법을 배우려면 먼저 자신을 사랑할 줄 알아야 한다. 자신을 이해해야 한다. 자신의 사상, 지식을 알아야 한다. 자신의 몸과 생김새를 알아야 한다. 사진을 찍는 것은 생각지 못한 기쁨을 안겨줄 것이다.

사진집은 영혼의 동반자가 되어 영혼의 교류를 할 수 있다. 물론 자신과 대화하는 방법에는 여러 가지가 있다. 예를 들면 책을 쓰는 것이다. 주인공은 당연히 자신이다. 다른 사람과 대화하는 방법도 여러 가지이다. 예를 들면 책을 읽는 것이다. 다른 사람이 당신의 기쁨을 기뻐해주고 당신의 슬픔을 슬퍼해준다. 이야기를 읽고 당신의 성장과정을 알게 되고 사진이나 그림을 보며 당신의 멋진 인생을 알게 된다.

사진이 발명된 날부터 사진은 줄곧 인류의 추억과 밀접한 관련을 맺고 있다. 오래된 사진을 뒤적이면서 사람들은 옛날의 순간순간을 떠올린다.

중년기와 청년기는 사람이 거쳐야 할 필수적인 단계이며 그 무엇보다도 기념할 만한 가치가 있다. 그때의 당신은 아마 살이 찌거나 주름이 깊이 패어있을지도 모른다. 하지만 그것은 결코 중요하지 않다. 진실한 삶을 기록하는 것이야말로 가장 중요하다. 그래서 사진집은 아름다운 추억을 남기기 위한 가장 좋은 수단이다. 아직 35세가 되지 않은, 완벽을 추구하는 당신은 방황하지 말고 스튜디오로 들어가길 바란다. 전문사진사를 찾아 당신에게 행운을 주거나 아름다운 추억을 남겨줄 사진집을 만드는 것을 도와 달라고 요청하자. 사진집을 받는 날, 당신은 자신이 원래 그렇게 멋진 사람이었음을 알게 될 것이다.

"내가 옛날 곧 이전 해를 생각하였사오며"(시편 77:5)
인생의 가장 아름다운 순간, 생애의 발자취를 사진으로 남겨 아름다운 추억으로 간직하십시오. 자신의 역사를 더듬어가며 하나님께 감사하고 즐거워할 수 있으니까요. 당신은 하나님과 동행하였던 어떤 아름다운 추억을 가지고 있나요?

낭만을 만들어내고 자신을
더욱 로맨틱하게 하라

여성의 낭만은 종종 순간의 충동과 흥분에서 온다. 낭만의 출현은 전조(前兆)가 전혀 없다. 낭만은 추구하는 사람이 예상할 수 없다. 세월이 쌓인 생각과 정서이기도 하다. 심지어 돌발적인 감정의 폭풍이라고 할 수도 있으며 거기에서 이성적인 설명이 불가능하다. 바로 이런 알 수 없는 감정이 남성의 마음을 더욱 잡아당긴다.

낭만은 여성을 더 아름답고 예쁘게 만든다. 여성이 낭만적일 때는 필연적으로 민감하고 예뻐진다. 마음속의 신비한 감동은 그녀의 생각도 황홀하게 만든다. 이런 감정이 그녀의 눈동자 속에서 단번에 보면 알 듯 나타나면 남자에게는 치명적인 유혹이 될 수 있다.

여성의 낭만은 노골적으로 '사랑해!'라고 말하는 것이 아니다. 여성의 낭만은 흔적이 없지만 사람을 깜짝 놀라게 한다.

로라 앨런은 그의 할아버지와 할머니 사이에 있었던 낭만적인 추억을 떠올린다.

● 낭만적인 추억이 가져다 준 감동

할아버지와 할머니는 결혼한 지 50년이 되셨다. 두 분이 만났을 때부터 그들은 줄곧 자신들의 게임을 즐기셨다. 두 분의 게임은 'shmily'라는 글자를 특별한 곳에 써놓고 상대방이 무의식 중에 볼 수 있게 하는 것이었다. 할아버지와 할머니는 번갈아가며 방에 'shmily'라는 글을 만들어놓았고 발견한 사람은 다른 방법으로 'shmily'를 남겨두어야 했다.

가끔 두 분은 손가락에 설탕이나 밀가루를 묻혀 설탕통이나 밀가루통에 'shmily'를 써두었다가 식사를 준비하는 사람이 그것을 발견할 때까지 기다렸다. 또 가끔은 창문에 김이 서린 것을 이용해 'shmily'를 써두고 창문 밖에 서서 안쪽을 바라보는 사람이 발견하기를 기다리기도 했다. 'shmily'는 뜨거운 물로 목욕한 뒤에 수증기에 낀 거울에 남겨지기도 했다. 한 번은 할머니가 'shmily'를 화장지의 마지막 칸에 쓰려고 돌돌 말린 화장지를 끝까지 풀었다가 다시 감은 적도 있다.

두 분의 게임은 끝이 없었다. 'shmily'는 언제나 나타났다. 자동차의 계기판, 시트나 핸들에도 'shmily'라고 쓴, 아주 작은 메모지를 볼 수 있었다. 신발 안에도 들어가 있었고 베개 밑에도 있었다.

나는 처음에 두 분의 게임을 이해할 수 없었다. 오랜 시간이 흐른 뒤에야 나는 비로소 두 분의 게임을 이해할 수 있었고 또 좋아하게 되었다.

두 분은 상대방의 손을 잡을 수 있는 모든 기회를 놓치지 않았다. 부엌의 공간이 넓지 않아 두 분이 함께 부엌에 있으면 서로 부딪힐 수밖에 없었다. 하지만 두 분은 부딪힐 때마다 몰래 상대방에게 키스하는 기회로 삼았다. 할머니는 항상 조용히 내게 할아버지가 얼마나 귀엽고 멋진 사람인지에 대해 말씀해주셨다. 매번 식사하기 전에 두 분은 서로 허리를 굽혀 인사하는 것을 통해 감사한 마음을 전했다. 하나님께도 자신들에게 귀여운 가족과 충분한 재산을 주시고, 두 분에게 이런 복을 내려주신 것에 감사했다.

하지만 불행히도 할머니는 유방암에 걸리셨다. 처음에 증상이 나타난 것은 10년 전이었다. 평소와 마찬가지로 할아버지는 할머니 곁에서 암과 싸우는 나날을 보냈다. 할머니의 병이 위중하여 더 이상 어쩌지 못할 상황이 되자 할아버지는 방에서 할머니의 마음을 위로해주었다.

나중에 다시 암이 할머니의 몸을 괴롭혔다. 지팡이를 짚고 할아버지의 부축을 받았지만 할머니의 건강이 날로 쇠약해져 결국 할머니는 더 이상 교회를 갈 수 없게 되었다. 그래도 할아버지는 혼자서 교회를 가서 자신의 아내를 도와달라고 기도했다. 두려운 일이 결국 일어났다. 할머니가 결국 숨을 거두셨다.

할머니의 장례식에 쓰인 꽃송이에는 노란색으로 'shmily'라고 쓰인 분홍색 리본이 달려 있었다. 많은 사람들이 장례식에 참석했다. 마지막 장례식 참석자를 보내고 난 뒤 나의 고모, 숙부님들 및 그 자리에 있던 친척들은 할아버지를 둘러싸고 앉았다. 할아버지는 할머니의 곁으로 걸어갔다. 격한 감정으로 할아버지는 숨 쉬는 것조차 약간 떨리셨다. 할아버지는 할머니를 위해 노래를 부르기 시작했다. 할아버지의 노래에는 눈물과 비통함이 섞여 잠긴 목소리로 부르는 자장가였다.

나는 할머니가 돌아가신 것에 대한 슬픔은 시간이 지나면 희석된다는 사실을 알고 있다. 하지만 나는 그 순간을 영원히 잊을 수 없을 것이다. 그 순간 나는 마침내 분명히 알게 되었다. 할아버지와 할머니의 사랑은 가

늘할 수 없다는 것을. 다행히도 나는 그 비할 데 없는 아름다움을 직접 볼
수 있었다.

S-h-m-i-l-y(See How Much I Love You : 내가 얼마나 당신을
사랑하는지 보세요.)

갑자기 생긴 꽃은 낭만이다. 식탁 위의 촛불은 낭만이다. 예쁘게 포장한
선물은 낭만이다. 손에 손을 잡고 천천히 길을 걷는 것도 낭만이다. 낭만은
옛날 숙녀의 손수건처럼 만들 때는 흥취이지만 사용할 때는 정취이다. 낭
만을 잘 만들어내는 여성은 삶을 아는 여성이다.

풍류가 만들어져야 한다면 낭만은 성실해야 한다. 돈은 낭만을 만들어내
지 못한다. 가식과 억지는 낭만의 적이다. 낭만은 순수한 마음이며 삶의 열
정이다. 열렬히 사랑을 바쳐야 낭만에 빨리 다다를 수 있다. 이러한 낭만은
새벽이슬처럼 달콤하다.

"그 가지는 퍼지며 그 아름다움은 감람나무 같고 그 향기는 레바논 백향목 같
으리니"(호세아 14:6)
낭만을 만들어 내는 데에 많은 돈과 시간, 거창한 장소가 필요할 것이라 생각
지 마십시오. 그저 성실하고 순수한 마음과 삶에 대한 열정 그리고 사랑만 있
으면 바로 낭만적인 삶이 시작됩니다. 지금 하나님이 붙여주신 사람들과 허
락된 환경 속에서 낭만적인 삶을 시작하세요. 그 첫 번째 대상은 누구인가요?

부드러운 등불을 켜라

여성은 35세 이전에 부드러움을 배워야 한다. 부드러운 여성은 하나님이 파견한 사랑의 천사이다. 사람들은 '여자는 물과 같고, 남자는 흙과 같다' 라고 말한다. 물과 같은 온정이 있어야 더 강한 바위도 깎아 낼 수 있는 것이다. 여성은 부드러움으로 남자를 정복하고 세계를 정복한다.

부드러움은 여성이 호감을 주는 이유 가운데 하나이다. 하지만 당신은 일에서도 능력 있는 여성이 아니고, 학력도 그리 높지 않을 수도 있다. 요리 솜씨도 별로이고 손도 굼뜰지도 모른다. 얼굴 생김은 더더욱 평범할 수 있을 것이다. 요컨대 당신은 완벽한 여성이라고 말할 수 없을지 모른다. 하지만 가장 큰 특징이자 장기인 부드러움을 갖고 있다. 이것은 많은 사람들의 이목을 끌기에 충분하다. 다른 사람들의 눈에 당신의 그 특징은 비할 데 없이 귀엽게 보일 것이다.

부드러운 여성은 독특한 매력을 지니고 있다. 그녀들은 남성의 사랑을 보다 쉽게 얻는다. 이런 여성은 끊임없이 가늘게 내리는 비처럼 만물을 소리 없이 적시고 따뜻한 느낌을 준다. 마음을 들뜨게 하며 끊임없이 음미해보도록 한다.

부드러움은 마음속에서 자연스럽게 나오는 관심, 자상함, 동정, 관용, 속삭임이다. 부드러움은 보이지 않는 힘이다. 분노, 오해, 원한, 원망, 복수를 녹일 수 있다. 부드러움은 바람과 번개가 없는 비와 같아서 마른 가슴을 적셔 봄의 나뭇가지처럼 펼쳐지게 만든다.

여성이 다른 사람을 가장 잘 움직일 수 있게 하는 것은 부드러움이다. 부드러움은 마치 섬섬옥수(纖纖玉手)처럼 차가운 마음을 뜨겁게 달굴 수 있고, 상처 입은 영혼이 행복한 고요함을 되찾을 수 있게 해준다.

부드러움은 여성 특유의 무기이다. 어떤 남자가 이런 무기에 쓰러지고 싶지 않겠는가?

여성의 부드러움은 일종의 지혜이다. 여성의 부드러움은 일종의 매력이다. 여성은 사랑과 미움이 교차하는 감정의 단련 속에서, 행복과 고통이 융합된 삶에서 부드러움이 아름다움보다 더 귀엽다는 사실을 잘 알게 된다.

평범한 일상에서 부드러움에 능한 여성은 의미 있는 삶을 살 수 있다. 복잡하고 어려운 일 속에서 부드러움을 익힌 여성은 순차적으로 일을 진행하는 방법을 통해 풍부하고 새로운 창조력을 얻을 수 있다.

출근, 일, 휴식, 식사, 웃음, 찡그림, 말, 행동 등의 삶의 세부 항목에서 부드러움은 그 모습을 드러낸다.

부부의 부드러움은 봄의 햇살과 같고 가을의 밝은 달과 같이 삶에 따스함과 깨끗함을 더해준다. 또한 약간 높은 강도의 응고제처럼 응결된 금빛이 행복을 돋보이게 한다. 친구의 부드러움은 지혜의 선물이며, 어려움 속에서 상위 지향의 근성이 생기게 하며, 뜻을 이루었을 때는 성공의 초연함을 드러나게 한다.

부드러움은 바람 같아서 마음의 번뇌와 근심을 털어 낸다. 부드러움은 비와 같아서 마음의 목마름과 먼지를 적신다. 부드러움은 무지개 같아서 자포자기한 사람이 다시 돛을 올려 찬란한 앞길로 나아가게 한다. 부드러움은 또한 예리한 칼과 같아서 거칠고 사나운 사람이 예리한 칼 앞에서 거만한 고개를 숙이게 한다.

여성은 번잡하고 사소한 일로 바쁠 때 부드러울 수 있다. 여성은 홀가분하고 자유로우며 행복할 때 부드러울 수 있다. 여성은 막다른 곳에서도 길이 열릴 때 부드러울 수 있다. 여성은 관심과 총애를 받을 때 부드러울 수 있다. 여성은 무슨 일을 떠맡거나 창조할 때 부드러울 수 있다. 더욱이 여성은 부드러움을 보완하고 바꿀 수 있다. 이것은 여성이 사람으로서 지니는, 가볍게 여길 수 없는 예술이다.

선함과 부드러움은 영원히 함께 연결되어 있다. 부드러운 여성은 틀림없이 선할 것이다. 선함이 평온한 호수라면 부드러움은 호수 위에 부는 바람이다. 부드럽지 못한 여성은 근본적으로 선함을 논할 가치가 없다. 경국지색의 빼어난 용모를 지니고 백 가지 장점과 천 가지 특기를 지녔다 해도 절대 귀여운 여자는 될 수 없다. 부드러움은 자석이다. 자력(磁力)이 미치는 범위 안으로 들어가면 자기도 모르게 그것에 끌리게 된다. 빠져나가려 해도 빠져나갈 수 없다.

부드러움을 안에서 억지로 끄집어낼 필요는 없다. 부드러움은 생명 자체에서 자연적으로 발산된다. 생명의 내부에서 자라고 발산되는 이런 부드러움과 사랑이 있어야 시련을 견딜 수 있고 오래 지나도 쇠퇴하지 않으며 생명이 끝날 때까지 함께 할 수 있다. 

부드러움은 진정한 성격이다. 뼈에서 자라난 본능이다. 사람이라면 누구나 부드러움을 느낄 수 있다. 여성이 앞에 나와 몇 마디 말을 하거나 심지어 아무 말을 하지 않아도 당신은 이 여성이 부드러운지 그렇지 않을지를 느낄 수 있다. 부드러운 여성은 봄바람으로 목욕을 하는 듯한 사랑을 주며 가장 아름다운 행복감을 준다.

일찍이 어떤 사람은 여성의 부드러움을 어둠이 내린 밤에 빛나는 등불과 같아서 집에 돌아가고 싶은 욕구를 불러일으킨다고 했다. 얼마나 멀리 가든 그 등불은 마음 깊숙이 걸려 있을 것이다.

부드러운 여성은 어둠이 내린 밤에도 밝은 등불을 켜 돌아오는 연인을 이끌 수 있다. 어둠 속에서 두 눈이 흐릿해지지 않도록.

부드러운 등불을 켜 어둠을 비추고 평생의 행복을 지키기 바란다.

> "오직 온유한 자는 땅을 차지하며 풍부한 화평으로 즐기리로다"(시편 37:1)
> 하나님의 고귀한 성품인 부드러움을 닮아가는 여성이 되십시오. 그것은 가장 강한 무기가 될 것이며, 가장 큰 화평을 얻는 지름길입니다.
> 당신이 부드러움으로 감싸주어야 할 대상은 누구인가요?

유행하는 운동을 최소한 하나라도 배워라

아름다움을 사랑하는 여성의 태생적 본성은 만고불변이다. 사랑은 인류의 영원한 주제이다. 아름다움에 대한 추구는 여성의 영원한 주제이다. 아름다운 꽃에 수분과 진흙이라는 영양 공급원이 없다면 꽃도 빛을 잃을 것이다. 바로 현재 도시에서 생활하는 여성처럼 말이다. 더욱이 35세 이전의 여성은 바쁜 일상, 승진, 연봉 인상 등의 스트레스에 시달릴 수 있다. 이러한 스트레스는 푸른 하늘과 맑은 물의 경치를 감상할 틈을 주지 않는다. 그래서 얼굴에 쭈글쭈글한 주름살이 늘었고 몸과 마음은 이미 지칠 대로 지쳤다. 어떤 사람은 늘 우울하고 심지어 그로 인해 자살하기도 한다. 삶의 무게를 이겨낼 수 없기 때문이다.

사실 생명은 그렇게 연약해서는 안 된다. 여성은 영혼의 창을 여는 방법을 배워야 한다. 영혼의 창을 활짝 열어 신선한 공기가 마음속 깊은 곳까지 충만해지게 하고 기분을 명랑하게 해야 한다. 그래야 재미있고 멋진 세상으로 바꿀 수 있다.

새로운 시대의 여성은 남성과 마찬가지로 직장에서 떵떵거리며 큰소리치는 동시에 적극적으로 자신의 매력을 발산해야 한다. 여성으로서 누려야 할 혜택과 관심 받아야 할 모든 것을 배척하지 말아야 한다.

도시의 여성은 스트레스를 풀고 아름다운 꿈을 이루기 위해 유행하는 운동을 적절히 익혀 활용해야 한다. 운동은 여성의 외적 아름다움을 성취할 뿐만 아니라 여성의 정신적인 삶을 풍요롭게 해준다.

여성과 운동의 관계는 매우 미묘하다. 여성은 운동 속에서 자신의 몸과 영혼, 자신과 세계와의 관련성을 선택하고 표현하며 느낀다.

35세 이전의 여성은 젊은 날의 유행의 화신이다. 유행하는 운동을 배우는 것이야말로 젊음의 아름다움과 시대의 흐름을 헛되이 흘려보내지 않는 것이다.

1. 필라테스(Pilates)

정적인 것을 좋아하는 편이라면 필라테스를 추천한다.

필라테스는 그 이름처럼 신비하여 사람들을 자신의 세계로 끌어들이고 있다. 필라테스는 많은 부분이 요가와 닮아있다. 어느 부분은 태극권과도 비슷하다. 부드러움과 희열 속에서 근육을 단련하면 몸이 젊음의 힘을 발산한다. 필라테스는 동양과 서양을 유기적으로 조화시킨 부분에서 요가보다 더 뛰어나다. 서양의 '강함'이 녹아들어가 있을 뿐 아니라 동양인이 강조하는 '부드러움'도 들어가 있다. 포괄적이면서 새로운 개념의 건강체조인 셈이다. 필라테스는 복부의 살을 빼고 튼튼한 근육을 만들며 조화로운 몸을 만드는데 도움이 된다.

필라테스의 동작은 완만하고 확실하다. 느리고 절차가 있는 리듬으로 호흡, 명상, 균형을 유기로 함께 결합했다. 필라테스는 호흡조절을 강조한다. 운동을 하면서 가벼운 음악을 들으며 평온의 세계에 빠져들 수도 있다.

필라테스는 현재 가장 완벽한 동서양 합작의 다이어트법이다.

2. 건강과 아름다움을 동시에 수련하는 헬스

늘씬한 몸매를 갖고 싶다면 헬스클럽에 가라.

헬스는 건강한 미인을 만들어줄 수 있다. 가장 적합한 신체표준을 만들어 건강미를 과시하라.

헬스는 여성의 건강하고 아름다운 몸매를 만들어줄 뿐만 아니라, 건강한 정신과 자신감 넘치는 성격을 길러준다. 여성에게 심신의 아름다움을 만들어준다.

헬스는 여성에게 곡선을 만들어줄 뿐만 아니라 생명의 활력을 불어넣어준다. 운동의 외침으로 여성은 결국 자기 본래의 삶의 모습을 찾아오게 한다. 또한 여성에 대한 남성의 관심도 증가시킨다.

체계적인 헬스 프로그램에 참가하는 것도 좋은 방법이다. 자신을 아끼는 여성들은 자신이 서서히 깎이고 다듬어져 하나의 예술품으로 완성된다는 사실을 알게 된다.

3. 열렬하고 자유분방한 라틴 댄스

동적이고 낭만적인 운동을 좋아한다면 라틴 댄스를 권하고 싶다.

라틴 댄스는 열정적이고 선동적이다. 섹시하며 거침없고, 흥겹고 전염성이 강하다.

라틴 음악에 맞춰 춤을 추면 몸이 호방함과 열정으로 가득 찰 것이다. 게다가 아름다운 자태와 스텝을 마음껏 펼칠 수도 있다. 이렇게 흥에 겨워 몸을 흔들면 땀이 비 오듯 흐르고 이국적인 정취가 가져오는 건강함을 느낄 수 있다.

음악이 울리면 취한 듯 리듬을 따라 마음껏 자신을 표현할 수 있다. 이것이 바로 힘과 아름다움의 표현인 라틴 댄스이다.

라틴 댄스는 감상할 가치가 있을 뿐만 아니라 다이어트와 바디라인을 아름답게 만드는 운동으로써의 가치를 지니고 있다. 라틴 에어로빅은 라틴 춤의 마력과 건강한 느낌을 맛볼 수 있게 해줄 뿐더러 몸을 춤추게 하는 절묘한 느낌을 알게 해준다.

라틴 댄스는 입체적인 그림, 역동적인 시, 살아 있는 조각처럼 아름답다. 생명을 영원한 젊음을 지닌 악장으로 만들어 아름다움을 꽃피우게 한다.

직접 역동성이 풍부한 라틴 음악에 취해 유행을 선도하며 사람들을 매혹시키는 라틴의 스텝을 밟아보자. 동양문화에서 간혀 있던 영민함과 갈망을 개방하여 타고난 인성의 소탈함과 호방함을 느껴보자. 즐거운 마음으로 그 속의 미묘함을 누리고 허심탄회하게 또 다른 선물- 가는 허리와 탱탱한 엉덩이로 이루어진, 매력적인 몸매- 을 받아들이자.

4. 심신을 이완시켜 주는 스파(SPA)

아름다움의 끝은 자연이다. 요즘 사람들은 스파(SPA)에서 아름다움의 답을 찾았다. SPA는 인류가 필요로 하는 공기, 햇빛, 화초, 물과 같다. 스파(SPA)는 환경, 천연소재, 양생과 간호를 통해 피부와 몸매를 철저하게 관리하여 몸과 마음이 편안한 휴식을 찾을 수 있게 돕는다. 스파(SPA)는 사람들이 필요로 하는 핵심 요소를 결합한 것으로 마음으로 자연과 평화를 느끼게 해주며 자연스럽게 사람을 끌어들이는 자신감을 발산시켜 준다. SPA의 햇빛, 공기, 화초, 물이 바로 아름다움의 비밀이다.

스파(SPA)의 자연세계에서는 자신을 부드럽게 사랑하고 끌어안을 수 있다. 잠깐 동안이라도 바쁘고 긴장된 생활을 떠나 영혼 깊은 곳의 평온함, 아름다움, 낭만을 찾을 수 있다. 바다와 산에서 들려오는 자연의 소리를 들을 수 있다. 순수한 식물성 기름으로 만든 은은한 향기를 맡을 수 있다. 정성으로 담근 맑은 과일차를 마실 수도 있다. 이 모든 것이 따스하고 향기로운 자연이다.

현대는 문명이 진보하고 과학기술이 발달하며 물질적인 생활수준이 날로 높아가고 있다. 이 시대 사람들의 잠재의식 속에는 자연의 세례에 대한 갈망이 있다. 스파(SPA)의 혜택을 잘만 누리면 우리는 다시 대자연의 품에 다시 안겨 평온을 느낄 수 있다. 우리의 영혼을 따뜻하고 안정시켜 줄 수도 있다.

지금의 기분이 기쁘든 슬프든 언제나 자신에게 맞는 건강법은 있기 마련이다. 마음이 내키는 대로 한 가지를 골라 보자. 당신의 선택이 이른아침의 햇빛처럼 정답고찬란하게 몸과 마음을 비추어줄 것이다.

　35세 이전의 여성은 건강함과 아름다움을 겸비할수 있는 최상의 시기이다. 위에 소개한 운동 외에도조깅, 등산, 수영 등 다양한 스포츠를 통해 건강한 아름다움에 도전해보라.

"사랑하는 자여 네 영혼이 잘됨같이 네가 범사에 잘되고 강건하기를 내가 간구하노라"(요한3서 1:2)
젊을 때 가장 왕성하게 활동할 수 있도록 하나님께서는 우리의 신체를 다스리십니다. 운동으로 건강을 잘 관리하여 하나님께 쓰임 받는 여성이 되십시오.
당신이 건강을 관리하는 목적은 무엇입니까?

자신을 위해
아름다운 꿈을 키워라

여성은 35세 이전에 반드시 꿈이 있어야 한다. 새로운 시대의 여성은 더 이상 남성 중심의 세계에서 장식품이 되려고 하지 않는다. 그녀들은 개성과 독립을 외치며 자아의 심미관과 가치관을 세우고 있다. 게다가 마음에서 진정으로 원하고 느끼는 것에 관심을 갖고 있다. 그녀들은 일에는 전심전력을 기울인다. 자신의 취미도 있지만 깊이 빠져들지는 않는다. 시간을 아름다운 사물을 찾는 데 쓰려고 한다. 그녀들은 자신이 갖고 있는 풍부한 재능과 지혜로 낡은 시대의 유물로 남아있는 의존심과 종속의 그늘에서 벗어났다. 더욱이 그녀들은 홀가분하고 자유롭게 자신의 꿈을 좇고 있다.

사람은 아무것도 가진 것이 없을 수 있다. 그러나 꿈이 없어서는 안 된다. 여성에게 꿈이 없다면 삶에 목표가 없을 것이고, 목표가 없으면 희망이 사라질 것이다. 영혼에게 꿈의 실현과 사업을 성공시키겠다는 목표는 동일하게 중요하다. 여성은 자신의 아름다운 꿈을 존중하고 꿈에서 아름다운 인생을 추구할 필요가 있다. 꿈을 갖고 있는 여성, 자신감과 즐거움을 지닌 여성은 꿈의 모든 것을 얻을 수 있다. 꿈을 현실로 만드는 탈바꿈은 생명의 희열을 선사한다.

붉은 것을 고르든 검은 것을 고르든, 광명을 선택하든 어둠을 선택하든, 선택권은 자기 손에 있다. 각자의 배경이 다르긴 했지만 비범한 여성들을 보면 성공의 원천이 꿈이라는 공통점을 찾을 수 있다. 꿈을 향해 용감하게 첫걸음을 내딛었을 때 삶은 이미 더 이상 다른 사람과 같을 수 없다.

생일을 맞이 했을 때에만 케이크 앞에서 촛불을 끄며 소원을 빌 필요는 없다. 어떤 강렬한 생각이 들어 평생을 바쳐 실현시키거나 완성하고 싶은 것이 있으면 소원을 빌 수 있다. 그 리스트를 작성한 다음 꿈을 이루는 행복감을 맛볼 수 있다. 하지만 청춘의 즐거운 때와 시련기를 겪고 업무상의 스트레스와 삶의 고난이 35세가 되지 않은 여성의 상상력을 퇴색시킬 수도 있다. 낭만은 너무 멀어져 다다르지 못하는 곳으로 가버릴지도 모른다. 삶은 하루하루 지나면서 무미건조한 흑백사진으로 변할 것이고 우리의 눈은 가느다란 컬러도 볼 수 없을 것이다.

아이는 꿈에서 날개를 펼친다. 소녀는 꿈에서 유리구두를 신는다. 삶에 찌든 중년의 남성과 여성도 꿈에서 여전히 꽃이 가득 피어있는 강가에서 배를 타고 나아가 사랑하는 사람과 달을 구경할 수 있다.

삶의 여러 부분에서 자신이 갖고 싶은 미래를 정하고 그 미래를 생생하게 상상하라. 그 다음 꿈의 앨범을 확실히 만들어 꿈에 맞춰 행동을 전개하라. 이 간단한 연습을 통해 당신의 생각은 현실로 바뀔 것이다.

세상에 실현 불가능한 꿈은 없다. 하나님은 자신의 아들딸에게 마음으로 추구하는 선물을 주기로 약속하셨음을 기억하라.

"우리가 소망으로 구원을 얻었으매 보이는 소망이 소망이 아니니 보는 것을 누가 바라리요"(로마서 8:24)
소망이 위대한 이유는 보이지 않는 것을 잡기 위해 현재의 삶에 열정을 불러오고 최선을 다하도록 만들기 때문입니다. 우리 소망의 근원이신 하나님의 도우심을 힘입어 꿈꾸는 여성이 되십시오.
당신의 꿈과 소망을 하나님의 뜻에 따라 구하고 있나요?

극한에 도전하여
삶을 더욱 아름답게 하라

인디언은 "당신의 두 다리는 번개처럼 빨라야 한다. 당신의 두 팔은 아무리 무거운 것이라도 거뜬히 들 수 있어야 한다. 당신의 영혼은 아무 두려움이 없어야 한다"라고 말한다. 우리는 인디언이 말한 것처럼 되어야 한다.

극한 상황에 다다랐을 때 생명에 대한 감각은 가장 민감해지고 강렬해진다. 사람의 잠재력은 채굴을 기다리는 금광과 같다. 사실 우리 모두는 잠재력이라는 금광을 갖고 있다.

어떤 텔레비전 방송국은 여러 회에 걸쳐 '생존 대 도전'이라는 게임 프로그램을 진행하여 시청자들로부터 많은 인기를 끌었다. 참가자는 상하이(上海), 베이징(北京), 신장(新彊), 싱가포르 등지에서 온 여성이었다. 이 게임 프로그램은 미모, 지혜, 용기를 겸비한 여성 12명이 참가하여 100일 넘는 기간 동안 펼쳐졌다. 게임은 확연히 다른 '무인도에서 살아남기', '황하 거슬러 올라가기', '뉴질랜드 쟁탈전'이라는 세 가지로 이루어진 생존체험이었다. 생존경쟁과 자연도태라는 자연의 법칙을 알게 해주려는 의도로 기획된 것이었다.

'무인도에서 살아남기'에서 참가한 12명의 '미녀 로빈슨 크루소'는 인적이 드문 서태평양의 사이판 근처의 티니안 섬에서 도착했다. 물도 전기도 없었으며 먹을 것도 없었다. 태고의 땅에서 참가자들은 험난한 생존의 여정을 시작했다. 30일 동안의 도전기간에 빈손인 참가자들은 불을 피워 몸을 따뜻하게 하고 음식을 먹었으며, 물을 모아 음료수로 마셨다. 그녀들은 연약한 생명으로 완강하게 버텼다.

'황하 거슬러 올라가기'에서는 생존한 8명의 미녀가 배낭을 짊어지고 생존에 필요한 물자인 면양 한마리를 끌고 천천히 길에 올랐다. 2000킬로미터의 길에서 그녀들은 비바람을 맞으며 길에서 먹고 잠을 잤다. 교통비와 식대는 모두 물물교환이나 임시로 일을 해서 받은 돈으로 충당했다.

'뉴질랜드 쟁탈전'에서 4명의 마지막 도전자들은 지혜와 용기로 역경을 헤쳐 나갔다. 4명의 미녀들은 제비를 뽑아 두 팀으로 나누었다. 두 팀은 각각 지피에스(GPS)를 이용해 가장 짧은 시간 내에 지정한 목적지에 도착했다.

자연의 거친 기세를 체험하고 경쟁의 놀라움과 스릴을 음미해보라. '생존에 대한 도전'은 자연과 문화가 서로 어울려 빛나는 것과 경쟁과 인성이 서로 충돌하는 환상의 세계를 보여주고 있다.

하루 종일 답답한 사무실과 컴퓨터 등과 같은 자동화기기 앞에 앉아 있는 사람들은 대자연으로 돌아가 마음을 해방시켜주고 싶어 한다. 배낭여행을 하고 산과 강으로 가거나 친구나 동료와 캠핑을 즐기는 것은 시끄러운 환경에게서 멀어지고 싶다는 욕구와 야외로 나가 자연과 가까워지고 싶은 욕구 때문이다.

극한에 도전하는 여정을 떠나 보자. 원래 인정했던 극한을 뛰어넘을 때마다 자신에게 숨겨진 잠재력을 발견하게 될 것이다.

젊은 사람이라면 더욱 극한에 도전하는 담력, 용기, 욕망을 가져야 한다. 청년이라면 상상을 초월하는 위험이 도사리는 모험도 두려워하지 말아야 한다. 극한에 도전하는 젊은이는 항상 '언젠가는 그 무언가를 정복할 것이다'라는 생각을 갖고 있다. 왜냐고 묻는다면 그들은 대답할 말을 잘 찾아내지 못한다. 심지어 즐거움이나 재미를 찾기 위해서라고 말하는 젊은이도 있다.

인생을 좀 겪어 본 사람 가운데는 한계 극복을 인생의 만족을 추구할 때 필요한 것이라고 여기는 사람도 있다. 모든 여성은 굳은 신념과 용기로 삶의 여러 가지 도전에 맞서야 한다. 자신을 뛰어넘을 때마다 많은 수확이 있을 것이다. 위험하고 울퉁불퉁한 길, 스릴 넘치는 여정, 웅장한 경치, 새로운 인생 목표를 뛰어넘었을 때의 성취감 등이 바로 그것이다.

극한에 도전하거나 극단을 체험하기 위한 장소에 갈 시간이나 힘이 없다면 합리적인 범위 내에서 충분히 대자연을 접촉할 수 있다. 자신의 안전을 위협하는 어떠한 것도 해서는 안 된다. 하지만 자신의 '안전지대'를 나와 자연의 힘이 자신의 감각을 바뀌게 할 필요가 있다. 그렇게 해서 육체가 다른 기후에 어떻게 적응하는지 살펴보라.

예를 들면, 뜨거운 햇볕이 내리쬐거나 폭우가 쏟아지는 여름에 자신이 소나기를 기다릴 수 있는지 살펴보라. 폭풍우, 아니면 최소한 바람이나 비가 내리는 날씨를 기다릴 수 있는지 살펴보라. 그 다음 비바람 속에서 시간을 보내라. 비에 젖기를 원한다면 빗속을 걸어 온몸이 흙투성이가 되어보라. 그리고 바람과 비의 맛을 느껴보라. 정말 폭풍우가 내린다면 그 속에 최대한 있어보기 바란다. 자신을 폭풍우가 없는 행성에서 금방 온 것이고 이런 상황은 처음 체험하는 존재로 상상해보자. 그런 다음 먹구름이 가득하고 비가 많이 내리는 가운데에서 공기의 전류를 감지할 수 있는지 살펴보라.

자신을 뛰어넘으려는 목표에 누구나 도달하려고 한다. 우연히 그럴 기회가 있긴 하지만 추구할 수는 없다는 느낌이 들기도 하는 것이 현실이다. 번잡한 일을 내팽개치고 정신을 집중하자. 자아를 직시하고 극한을 추구하거나 도전하자. 그러면 극한의 조용함과 움직임이 바뀌는 사이에 자아초월이 무척 자연스럽다는 걸 알게 된다. 또한 자신에게 무궁무진한 잠재력이 있음을 알게 될 것이다.

멋진 여성이 되기 위해 35세 이전에 꼭 해야 할 일에 대해 살펴보셨나요?
이제 본문과 같은 멋진 삶으로 아름다움을 보여주었던 성경의 여성들을 통해 당신의
모습을 점검해 보십시오.

현숙하고 사랑스런 효부 룻

1. 마음과 성품이 아름다운 룻

세월의 아름다움을 느끼기 위해서는 마음의 아름다움을 가꿀 수 있어야 합니다. 룻이야말로 아름다움을 아는 여성 중의 여성이지요. 그녀는 모압 여성으로서 남편을 잃은 후에도 효성으로 시어머니를 섬겼고, 결국은 자기의 동족을 떠나 세상의 안일함을 포기한 채 시어머니를 따라 베들레헴에 옵니다. 그녀의 효성과 사랑은 지극히 고매하여 '현숙한 여인'이요, '일곱 아들보다 귀한 자부'라는 인정을 받았습니다(룻 1:16~17, 3:11, 4:5).

2. 하나님을 두려워한 멋진 리더 다윗

밧세바와의 간음사건으로 선지자 나단의 책망을 받았을 때 곧바로 자신의 죄를 인정하고 하나님의 용서를 구하여 영성을 회복하는 모습을 보였습니다(삼하 12장).

2. 영혼이 아름다운 룻

룻은 하나님을 향한 신실한 믿음을 지닌 여성입니다. 고향을 버리고 시어머니를 따르느냐 아니면 고향에 남아 있느냐 하는 위기의 순간에 그녀는 '어머니의 하나님이 나의 하나님'이라는 신앙 고백으로 과감한 결단력을 보여준 영혼이 아름다운 믿음의 소유자입니다(룻 1:16).

3. 순종과 지혜의 아름다움을 지닌 룻

보아스를 만나 혼인하기까지 자신의 뜻대로 행하지 않고 시어머니의 말씀을 그대로 따를 만큼 순종적이며, 말과 지혜로운 행동으로 보아스의 마음을 움직인 매력을 지닌 여성입니다(룻 3:1~13).

4. 세월의 아름다움을 삶으로 보여준 룻

룻은 남편을 잃고 낯선 땅에 거하는 암담한 상황에서도 최선을 다하는 적극적인 삶의 모습으로 아름다운 인생을 보여주었을 뿐만 아니라 보아스를 만나 결혼하여 행복한 삶을 살 때도 사람들로부터 칭송을 들을 정도로 가난할 때나 부할 때나, 기쁠 때나 슬플 때나 동일하게 아름다운 세월을 살았던 여성입니다(룻 2:2, 4:15).

룻 따라잡기

1. 마음의 아름다움을 가꾸기 위해 아침에 일어나면 가장 먼저 할 일은?

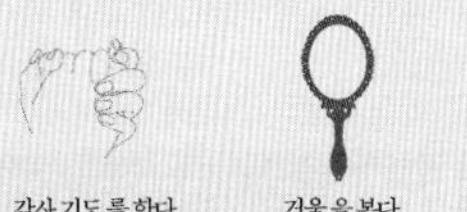

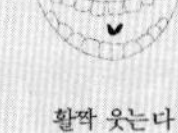

2. 당신이 살아온 날 동안 가장 아름다웠던 순간 세 가지를 기억해보고 한 줄로 간단히 적어보세요.

   1. ____
   2. ____
   3. ____

3. 내면의 아름다움을 가꾸기 위해 당신에게 필요한 부분은 어떤 것일까요?

   1. ____
   2. ____
   3. ____

   내면의 아름다움을 가꾸기 위해 유익한 성경구절

   - "여러가지 다른 교훈에 끌리지 말라 마음은 은혜로써 굳게 함이 아름답고 식물로써 할 것이 아니니 식물로 말미암아 행한 자는 유익을 얻지 못하였느니라"(히브리서 13:9)
   - "지혜도 보호하는 것이 되고 돈도 보호하는 것이 되나 지식이 더욱 아름다움은 지혜는 지혜 얻은 자의 생명을 보존함이니라"(전도서 7:12)
   - "누가 현숙한 여인을 찾아 얻겠느냐 그 값은 진주보다 더 하니라"(잠언 31:10)
   - "이로써 그 보배롭고 지극히 큰 약속을 우리에게 주사 이 약속으로 말미암아 너희로 정욕을 인하여 세상에서 썩어질 것을 피하여 신의 성품에 참예하는 자가 되게 하려 하셨으니"(베드로후서 1:4)
   - "무릇 지혜로운 여인은 그 집을 세우되 미련한 여인은 자기 손으로 그것을 허느니라"(잠언 14:1)
   - "그러나 여자들이 만일 정절로써 믿음과 사랑과 거룩함에 거하면 그 해산함으로 구원을 얻으리라"(디모데전서 2:15)

4. 당신은 21세기의 룻입니다. 오늘 보아스를 만나기 위해 어떻게 아름다움을 드러내기를 원하시나요? 원하는 물건을 찾아보세요.

3부 사랑

사랑하는 법과
　　　사랑 받는 법을 배워라

여성은 35세 이전에 사랑하는 법을 배워야 한다.

사랑은 여성의 일생에 따스함을 준다. 이런 따스함은 영원한 행복이다. 따스함은 여성의 얼굴에 글을 쓰며 여성의 마음에 새겨진다. 게다가 인생의 여러 어려움을 헤쳐 나갈 힘이 된다. 제아무리 출중한 여성도 주위에 아무도 없으면 처량해 보인다. 제아무리 똑똑한 여성도 사랑이 없으면 처량한 달빛에 지나지 않는다. 사랑이 있는 여성의 삶은 해와 달이 서로 비춰주는 것과 같다.

그래서 사람들은 사랑은 여성의 영혼을 말해주는 설명서라고 한다. 사랑은 여성에게 있어 지극히 높은 자리를 차지한다.

여성에게 진정한 사랑은 쉽게 오지 않는다. 설레게 하는 멋진 남자를 만난다면 운명이 준 기회를 소중히 생각해야 한다.

사랑이 있을 때 열심히 사랑하라. 결국 헤어지더라도 연애하는 과정에서 남겨진 아름다운 느낌은 평생을 두고 추억할 가치가 있다. 진정한 사랑을 얻기 위해 우리는 천신만고의 어려움도 마다해서는 안 된다. 사랑 자체가 일종의 모험이다. 사랑하지 않는다면 모르지만 사랑한다면 모험을 해야 한다.

진정한 사랑은 모든 것에 구애받지 않으며 외부적인 간섭을 받지 않는다. 진정한 사랑을 이번 생애에서 인정한 사랑이라고 판단한다면 두려워하지 말고 그것을 꼭 잡아야 한다. 그렇지 않으면 해보지 않았던 일 때문에 평생을 후회하며 살아야 한다.

하지만 일정한 기초와 인식이 부족하다면 비이성적인 모험의 여정에 뛰어들지 않는 것이 좋다. 지나치게 이상화된 사랑은 결국 연기처럼 사라진다. 사랑은 이기적이다. 사랑은 마음속의 좌석번호에 맞춰 자리 잡아야 한다. 어리석게 사랑을 찾거나 갈구해서는 안 된다. 사랑은 분명한 것이다.

사랑은 감정의 희생처럼 보인다. 하지만 사랑이 바치는 것은 삶의 자본과 능력이다. 삶에는 희생할 수 있는 자본과 능력이 있어야 활기를 불어넣어줄 수 있다.

사랑하고 있는 여성은 가장 아름답다. 사랑은 여성에게서 아름다운 기운을 느낄 수 있게 해준다. 사랑의 감정은 즐거움과 행복감을 만들어 준다. 이것들은 모두 생명의 활력에 대한 자신감과 긍지에서 나온다. 마음이 고독하고 쓸쓸해지면 사랑의 황무지로 변한다. 아름다움도 그에 따라 시들어 버린다.

오늘날의 여성은 더 광활한 사랑의 세계를 갖고 있다.

현재 여성이 지향하는 사랑은 날로 다원화되고 있다. 부모, 형제, 자매, 남편, 자녀, 친구, 심지어 이 세상 모든 것으로 향하고 있다. 여성이 홀로 일생을 산다 해도 마음에 사랑이 있다면, 마찬가지로 아름다움, 순수함, 찬란함, 광채를 얻을 수 있다.

진정한 사랑은 늙지 않는다. 생명의 질을 소중히 여길 줄 아는 사랑이야말로 사람이 생명에게 지니는 의미를 알 수 있다. 살고 있어야 사랑도 할 수 있다. 평생 성실하고 온몸을 바쳐 사랑하라. 사랑의 달콤함과 아름다움이 스스로 여성의 마음을 적실 것이다.

더 이상 자신의 감정을 단단히 묶어두지 말고 마음의 속박을 풀어야 한다. 백마 탄 왕자가 텔레파시가 통해 창문을 두드릴 때까지 고생스럽게 기다리지 말고 적극적으로 선택하라. 요령껏 용감하고 시원하게 감정을 표현하면 사랑의 중요한 한 발을 내딛게 된다. 물론 표현할 때 완곡함을 잃어서는 안 된다.

여성의 적극성은 아름다움을 함축하고 있다. 깊은 정은 간절하나 오히려 일처리가 색다르다. 송나라 때의 사(詞)에 나오는 미인이 "남몰래 고개를 돌려 깊은 정을 보낸다"(暗里回眸深意)라는 것과 같다. 가까이 있는 것 같기도 하고 떨어져 있는 것 같기도 한 느낌과 일치한다. 자신의 감정을 왜곡하지 않으면서 아름다운 존엄함을 남긴 것이다.

물론 반드시 100퍼센트 상대의 호응을 이끌어낼 자신이 있을 때는 표현할 필요도 없다. 과감하게 사랑하라. 설사 기대한 만큼의 호응을 얻지 못하고 아무런 보답을 받지 못했다 해도 할 수 없다. 사랑하는 과정에서 그 사랑은 이미 많은 기쁨을 주었고 생기발랄한 마음의 녹색터전에 많은 자양분을 공급해주었다. 그러한 과정은 성취를 거두도록 격려해준다. 사랑할 줄 아는 여성은 나약한 모습을 보이지 않는다. 사랑할 줄 아는 여성은 사랑하는 사람이 자신의 사랑을 받을 가치가 있음을 알게 해야 한다.

이제 많은 여성들이 새장의 새가 되려고 하지 않는다. 그녀들은 자신의 일을 갖고 싶어 하며 자신의 사업을 꾸려나가고 싶어 한다. 여성이 창업하기 어려운 오늘날, 독립하고 싶다면, 사랑하는 사람이 당신이 하고 싶어 하는 것에 대해 알거나 이해하는가? 그가 당신이 하고 싶어 하는 일을 포용하고 지지하며 좋아하는가?

사랑하는 두 사람에게 중요한 것은, 사상의 교류, 감정의 공감대, 가치관의 근접성이다. 여기에서는 양쪽 집안의 사회적 지위나 경제적 수준이 엇비슷한 것을 따지려는 의도는 없다. 사랑 받는 것이 행복이 아니라 속박이라는 의미도 없다.

여성으로서 사랑을 평생의 사업이라고 생각해야 하며 자신의 평생을 사랑 속에 스며들게 해야 한다. 마음이 맑아야 눈도 맑다. 그러면 백발이 성성하더라도 생명은 여전히 다이아몬드처럼 투명하게 빛나는 광채를 닐 것이다.

"사랑하는 자들아 하나님이 이같이 우리를 사랑하셨은즉 우리도 서로 사랑하는 것이 마땅하도다"(요한1서 4:11)
하나님은 우리를 사랑의 대상으로 만드셨습니다. 하나님의 넓고 큰 사랑을 배워 진정한 사랑을 주고받는 여성이 되십시오.
당신이 하나님께 받은 사랑은 무엇입니까? 그 사랑을 어떻게 사용하겠습니까?

34

사랑이 생겼다면
큰소리로 말하라

사랑은 우리의 삶에서 줄곧 신호를 보내고 있다. 어떤 신호는 감지되고 또 어떤 신호는 모르고 넘어간다. 이런 신호를 어떤 사람은 느끼고 어떤 사람은 느끼지 못한다. 느꼈다면 말을 꺼내는 것을 두려워하거나 부끄러워하지 말자. 가족이나 사랑하는 사람에게 큰소리로 사랑한다고 말하라. 이런 방법을 통한 자기표현은 의사소통의 문을 여는 것과 같다. 기다리지 말고 지금 행동으로 옮기자. 그렇게 해야 운명이 바뀐다.

감정에 대해 여성은 겉으로는 표현하지 않지만 사실 마음속으로는 격정이 들끓고 있다. 대다수 여성은 감사나 관심의 말을 입 밖으로 내뱉는 것에 익숙하지 않다. 그녀들은 수줍음을 나타내면서 최대한 속마음의 강렬한 감성을 억제하려고 한다. 귀중한 눈물로 가슴에 쌓인 감정을 표현하는 경우가 많다. 만났을 때 예의상 인사를 건네지만 사실 우리는 모두 서로에게 관심을 갖고 있다. 우리는 이런 감정을 잘 감추고 그것이 드러날까 두려워한다. 이것이 전형적인 동양의 사랑이다. 부모와 자식 사이, 부부 사이, 친구 사이도 모두 감정을 잘 드러내지 않는다. 동양 사람들은 감정을 말로 드러내는 것을 오히려 상황을 껄끄럽게 만드는 짓이라고 생각한다.

인생은 서로 관심을 갖고 사랑하는 과정이다. 언어를 통한 교류는 분명히 중요하다. 모든 사람에게 필요로 하는 사랑이 나에게도 만족되어지는 것은 사랑의 다양성 때문이다. 다른 사람이 추측으로 당신의 사랑을 알게 하지 말자. 상대방이 항상 당신의 마음을 느낄 수 있도록 하는 것이 올바른 행위이다. 그러기 위해 자신의 입으로 직접 상대방에게 알려주어야 한다.

• 사랑을 표현하지 않은 어느 부부

60년 가까이 함께 산 부부가 있었다. 아내는 빵을 썰 때마다 항상 마지막 조각을 남편에게 주었다. 어느 날 남편은 마침내 참지 못하고 버럭 소리를 질렀다.

"60년이 다 되가는데 왜 당신은 매번 빵을 썰 때 꼬리부분의 조각을 항상 내게 주는 거야? 왜 당신은 먹지 않는 거지?"

아내가 깜짝 놀라 남편을 보았다. 평소 온화한 남편이 그렇게 화를 내자 멍해질 수밖에 없었다. 잠시 후, 아내는 기어들어가는 목소리로 대답했다.

"이 빵조각이 제일 좋은 것이라고 생각했어요. 나는 마지막에 남겨진 빵부스러기를 좋아했거든요."

남편은 그 말을 다 듣고 자기도 모르게 눈물을 흘렸다.

50년이 넘는 결혼생활 동안 아내는 줄곧 자신이 가장 좋아하는 부분을 남편에게 주었지만 그것을 말하지는 않았다. 두 사람이 서로 50년 동안 오해할 지경이 될 때까지 말이다.

사랑을 왜 소리 내어 말하지 않는 걸까?

사랑하려면 마음의 문을 열어야 한다. 사랑은 자유롭게 오고가야 한다. 상대방이 볼 수 있고, 들을 수 있고, 느낄 수 있도록 해야 한다.

주변사람이나 가족에게 얼마나 사랑하는지를 말해보자. 그것은 당신의 시선이나 당신이 했던 그 어떤 일보다 훨씬 좋은 행위가 될 것이다. 당신이 어디에 있든 당신이 그들을 깊이 사랑하고 있음을 알게 하라. 간단한 말 한 마디로 생명은 더 많은 따스함과 행복으로 충만할 것이다.

"그러므로 너희를 권하노니 사랑을 저희에게 나타내라"(고린도후서 2:8) 우리는 하나님이 보여주시고 말씀 해주신 사랑에 힘입어 살아가며 용기와 힘을 얻습니다. 하나님이 주신 사랑은 당당한 것입니다. 사랑은 행복입니다. 당신 곁에 있는 사랑을 하나님이 보내주셨다고 확신하십니까?

열렬하게
사랑하라

장미의 맑은 향기가 사람을 도취시키는 것을 느껴보았는가? 사랑은 장미와 같은 아름다움으로 철철 넘친다. 손을 내밀어 장미를 꺾으려 하면 장미의 가시가 두 손을 할퀴거나 찌를 것이다. 피는 붉은 장밋빛처럼 흐르고 고통으로 괴로울 것이다. 하지만 고통 없이 어떻게 사랑의 시고 달콤한 맛을 알 수 있겠는가? 과연 고통 없이 사랑의 쓰고 매운 맛을 알 수 있을까?

● 장생과 앵앵

「서상기」(西廂記)는 원나라 때 왕실보(王實甫)가 각색한 잡극(雜劇)이다. 이야기는 당나라 시대를 배경으로 한다.

주인공 장생은 과거를 치루기 위해 서울로 간다. 그는 가던 길에 어느 고을에 이르렀다. 그곳을 둘러보던 중 장생은 느닷없이 나타난 절세미인을 보게 된다. 그 여인은 장생의 눈을 어지럽게 하고 혼백이 한참 만에 돌아오게할 정도로 아름다웠다. 알고보니 그 여인은 최상국부(崔相國府)의 딸인 앵앵(鶯鶯)이었다. 앵앵의 옆에는 시녀인 홍낭(紅娘)이 있었다.

앵앵과 가까워지기 위해 장생은 그 마을에 머물렀다. 앵앵 또한 장생을 사모하게 되었다. 얼마 지나지 않아 하교(河橋)의 반란이 일어났다. 반란군의 장수인 손비호(孫飛虎)는 병사를 이끌고 고을을 에워싼 다음, 앵앵에게 자신의 아내가 되어줄 것을 요구했다. 어쩔 수 없다는 듯 노부인은 말했다.

"반란군을 물리치는 사람에게 딸을 시집보낼 것이요."

이때 장생이 자신이 해보겠다며 나섰다. 서신을 쓴 다음, 사람을 시켜 포관(蒲關)의 수비를 맡고 있는 백마장군 두확에게 전하게 했다. 두확은 편지를 받고 즉시 병사를 이끌고 손비호의 반란군을 패퇴시키고 최씨 일가와 고을 백성들을 구했다.

반란군이 물러나자 장생은 좋은 소식이 오기만을 기다렸다. 앵앵의 마음도 기쁨으로 가득 찼다. 하지만 최씨부인은 갑자기 마음을 바꿔 앵앵과 장생에게 남매로 서로 부르며 지내라는 말했다. 그 말을 듣고 앵앵의 마음은 산산이 부서졌고 장생은 화가 나서 자리를 떴다. 사랑하는 마음이 뼛속 깊이 들어찬 장생은 병에 걸려 드러눕고 말았다. 앵앵은 홍낭을 시켜 서신을 전하며 장생을 살펴보라 일렀다. 서신에는 이렇게 쓰여 있었다.

서쪽 사랑채 아래에 달을 기다리고
바람을 맞이히며 문을 반쯤 여네
벽 너머 꽃의 그림자가 움직이는 것은
미인이 오신 것은 아닌가

야음을 틈타 벽을 넘어 만나자는 약속임에 틀림없었다. 홍낭은 앵앵이 쓴 서신의 내용을 짐작하고 그들이 잘 되기만을 바랐다.

며칠 지난 뒤, 최씨 부인은 앵앵의 말투가 황홀하고 행동이 평소와 달라

상황이 잘못 돌아가고 있음을 눈치 챘다. 최씨 부인은 홍낭을 불러 죄를 물었다. 홍낭은 할 수 없이 진상을 고했다. 최씨 부인은 그 모든 것이 비천한 홍낭의 잘못이라 꾸짖었다. 그러나 홍낭이 오히려 말대꾸했다.

"그것은 장생 도련님과 아가씨의 잘못이 아닙니다. 또한 제 잘못도 아닙니다. 바로 마님의 잘못입니다."

홍낭이 조목조목 따지고 들자 최씨 부인은 꿀 먹은 벙어리처럼 말문이 막혀버렸다. 최씨 부인은 장생과 앵앵의 혼사를 허락할 수밖에 없었다. 하지만 최씨 부인은 최씨 가문은 3대째 관직에 오르지 못한 사위를 맞아들인 적이 없다는 전례를 들어 장생에게 과거시험을 보라고 했다. 과거를 본 뒤, 벼슬에 오르면 그때 다시 와서 정식으로 혼례를 치른다는 조건이었다. 그렇지 않으면 서로 만날 생각은 꿈에도 하지 말라고 최씨 부인은 장생에게 말했다.

결국 장생은 사랑을 얻기 위해 학문에 매진하여 장원급제를 하여 앵앵과 혼례를 치르기 위해 돌아왔다. 친구인 백마장군 두확도 동시에 그들을 격려하기 위해 와서는 장생과 앵앵의 혼사를 주관했다. 사랑하는 사람이 마침내 결실을 이루어 오래도록 전해지고 불리는 사랑의 노래를 남겼다.

타고르는 "사랑을 믿어라. 사랑이 당신을 슬프게 할지라도"라고 말했다. 사랑하는 남자에게 사랑을 표현하는 것은 가장 달콤하고 괴로우며 미묘한 감정의 활동이다. 시기가 무르익었을 때 용감하게 당신의 사랑을 말하라.

빠르고 강렬한 사랑의 감정은 특히 외부의 반응이 있어야 한다. 현실의 삶에서 부끄러움을 많이 타는 여성은 제때에 용감하게 고백하지 못해 사랑을 놓치는 경우가 허다하다. 물론 게으른 사나이가 선녀에게 장가드는 경우도 있다. 그것은 게으른 사나이가 사랑을 추구하는 과정에서 용기 있게 자신의 감정을 나타냈기 때문이다. 또한 그 남자에게 집념이 있었고 여자도 치근덕거리는 것이 싫었기 때문이다.

35세 이전의 여성은 게으른 사내가 선녀를 쫓는 집념으로 사랑하는 남자를 쫓아다녀야 한다. 적당한 시기에 자신의 마음을 용감하고 솔직하게 말하라. 사랑한다고

"사랑 안에 두려움이 없고 온전한 사랑이 두려움을 내어 쫓나니 두려움에는 형벌이 있음이라 두려워하는 자는 사랑안에서 온전히 이루지 못하였느니라"(요한1서 4:18)
하나님의 온전하신 사랑으로 우리가 두려움 없이 사랑하는 것처럼 온전한 사랑은 마음에 두려움을 내어 쫓고 자신의 사랑을 지키기 위해 용기 있는 행동과 솔직한 표현을 하도록 이끕니다.
당신은 얼마나 열정적으로 주님을 사랑하고 있습니까?

잊지 못할
러브레터를 써라

사랑을 가슴에 묻어두면 심리활동에 불과하지만 언어와 행동으로 상대방에게 알게 하면 행복으로 바뀐다. 예를 들어 사랑이 듬뿍 담긴 러브레터를 써서 보내면 자신의 감정을 잘 나타낼 수 있을 뿐만 아니라 자신의 낭만도 표현할 수 있다.

인터넷에서 우연히 본 글이다. '사랑'을 말하기 부끄러워하는 사람에게 깨달음을 주었으면 하는 바람이다.

● 가슴에 묻어둔 사랑이야기

이미 5년 넘게 그의 소식을 듣지 못했다. 전화로 그와 내가 이별했을 때도 가을의 오후인 것으로 기억한다. 홀로 저무는 해에 의지한 채, 내 얼굴에는 가을바람이 가볍게 불어왔다. 조금은 무료했다. 그의 전화는 그때 걸려왔다.

그는 떠난다고 말했다. 돌아오지 않는다며 1년, 아마도 3년이 될지도 모른다고 했다. 요컨대 그는 돌아오지 않을 생각이라고 했다. 이 도시로 돌아오는 것은 그가 좋아하는 크고 작은 거리로 돌아오는 것이다. 나는 줄곧 그가 왜 가려고 했는지 알지 못했다.

나는 내가 사랑한 것이 이 도시 속에서 수천 년 동안 이어온 찬란한 문화
와 오래된 빨간 벽돌이라는 것을 안다. 그래서 나는 문학에 대한 사랑을
가슴에 품고 이곳을 떠나지 못하고 있다. 그는 떠났다. 소리 소문 없이 떠
났다.

그때 이 도시에서 나는 아무 것도 가진 것이 없었다. 내가 이사할 때마다
그는 와서 도와주었다. 묵묵히 나를 돕고는 돌아갔다. 아무 말도 없었다.
모든 것이 당연하다는 듯 행동했다. 내가 그를 어떻게 대하든 그는 크고
우람한 몸과 관용하는 마음으로 나를 언제나 한결같이 대했다.
아마 나는 이기적이었는지도 모른다. 아마 나는 유치했는지도 모른다.
나는 이제껏 그를 대수롭게 여기지 않았다.

어느 해 겨울, 나는 네 번째로 이사를 해야만 했다. 나는 크기가 제각각인
종이상자가 방안 가득 찬 광경을 지켜보고 있었다. 종이상자는 책으로
가득 차 있었다. 사람에게는 늘 여러 가지 알 수 없는 이유가 있다. 나는
매우 편한 생활을 살아갈 수 있지만 오히려 포기를 선택했다. 모든 것이
나의 이상과 꿈을 위해서였다. 나는 꿈을 위해 살아가는 사람이다. 비바
람을 선택했을지언정 원망이나 후회는 없다.
하지만 눈물은 참을 수 없었던지 뺨을 타고 소리 없이 흘러내렸다. 그때
그가 왔다. 나는 그가 천리안을 지녔다고 줄곧 생각했다. 내가 그를 가장
필요로 하는 때에 그는 항상 내 앞에 나타났다. 그는 크고 작은 책상자를
치우고 묵묵히 내게 손수건을 내밀며 울지 말라고 했다. 자기가 도와줄
테니.

아마도 내가 너무 어려서 사랑을 알지 못했나보다. 아니면 내가 사랑하

고 싶지 않았는지도 모른다. 하지만 내 앞에서 그는 말을 많이 하는 편이 아니었고 항상 소리 없이 나를 바라봤다는 것을 안다. 내가 그의 그런 성격을 지녀야겠다고 생각하게 만들 정도였다.

어느 날 그는 갑자기 나에게 내 눈이 정말 예쁘다고 말했다.
그런 말을 하도 많이 들었기 때문에 나는 이미 무감각해졌다. 하지만 그의 입에 나온 말 때문에 나는 깜짝 놀랐다.
그는 떠났다. 그 뒤 몇 년 동안 줄곧 소식이 없었다. 그는 한 가지 목적을 위해 노력한다고 말했다. 그 목적은 평생 가장 위대한 꿈이라고 했고 실현된 다음에 다시 돌아올 것이라고 했다.
그랬다. 그는 내 삶과 시선에서 사라졌다. 아주 오랫동안. 내가 더 이상 그를 기억하지 못할 때까지.

가을, 내가 일하는 사무실에서 그의 전화를 받았다. 그는 어떻게 내 전화번호를 알고 있었을까? 이미 연락을 끊은 지 오래되지 않았던가. 요 몇 년 사이에 우리에게는 크거나 작은 변화가 생기고 있었다.
"결혼했어? 결혼했는데 어떻게 내게 알려주지 않을 수 있지?"
그의 말투는 이상했다.
나는 내 결혼과 네가 무슨 관계가 있냐고 말하고 싶었다. 하지만 지금 나는 연애와 결혼을 경험했다. 세월의 풍상과 모진 고난을 겪었다. 감정의 굴곡도 맛보았다.

"나는 이렇게 많은 세월 동안 너를 헛되이 사랑했어. 여러 해 동안 나는 계속 한 가지 이유를 위해 움직이고 있었어. 그건 바로 너야. 네 두 눈에 이미 내 영혼이 깊이 각인되어 있었어. 너는 그렇게 아름다운 여자야. 나는 돈을 벌어야했어. 너에게 따뜻한 삶과 집을 주고 싶었어. 내 모든 사랑으로 너를 보호하고 사랑하고 싶었어. 네게 가장 좋은 환경을 만들어주고 싶었어. 네가 좋은 작품을 창조해내고 이상을 실현시키도록 만들어주고 싶었어. 하지만 지금 결국 내게 능력과 용기가 생겼지만 너는……."

그것은 그가 이제까지 한 말 가운데 가장 길게 한 말이었다. 나는 완전히 멍해졌다. 그가 나를 사랑했다는 것을 몰랐다. 나는 눈물이 그칠 줄 모르고 흘러나오는 것도 몰랐다. 이것이 감동인가, 흥분인가?

나는 내 잔인함 때문에 괴로웠다. 한 남자에게 그것은 어리석은 사랑이자 고통이었다. 하지만 나는 확실히 알 수 없었다. 마음이 무거운 돌을 올려놓은 듯 무거웠다. 나는 아무 말도 하지 않고 전화를 끊었다.
모든 것은 더 이상 바꿀 수 없다. 사랑은 기다릴 줄 모른다. 시간은 거꾸로 흐르는 법이 없다. 한 사람을 사랑한다면 서둘러 상대방에게 알려주어야 한다.
다시 고개를 들어 하늘을 바라보니 비가 내리고 있었다. 나의 하늘에 비가 내리고 있었다.

모든 여성은 자신이 사랑하는 남자를 만났을 때 설레는 마음을 장미와 같은 언어로 풀어 러브레터에 써야 한다. 뜨거운 사랑과 평생의 약속을 표현해보자.

그런 다음 그것을 성혼선언문에 끼워두자. 결혼이 험난한 세파에 부딪히면 신성한 성혼선언문과 고귀한 러브레터를 꺼내 읽어보길 바란다. 그 격정의 세월이 어제처럼 황홀하게 느껴질 것이며 사랑은 여전할 것이다. 우리는 그것을 소중히 다루는 법을 배워야 한다.

"너희가 우리의 편지라 우리 마음에 썼고 뭇사람이 알고 읽는 바라"(고린도후서 3:2)
하나님의 사랑이 글로 표현된 성경을 통해 우리는 감동과 위로를 받으며 하나님과 더 큰 신뢰를 형성하게 됩니다. 당신의 마음을 글로 표현하여 하나님에 대한 사랑을 보여드리세요. 오늘 어떤 편지를 주님께 쓰고 싶나요?

헤어지거나 손을 놓아야 할 때 미련을 갖지 마라

단념하지 않을수록 쉽게 손을 놓으려 하지 않는 법이다.

라디오에서 '헤어짐은 기쁨'이라는 노래를 들은 적이 있다.

지금은 유행도 뒤바뀌는 시대이며 많은 생각이 바뀌고 있다.

헤어짐은 즐거울까? 즐거울 수도 있고 그렇지 않을 수도 있다. 불쾌한 이유는 아직도 그를 사랑하기 때문이고, 즐거운 것은 그를 간신히 차버렸기 때문이다. 둘 사이의 차이는 누가 먼저 주도적으로 헤어지자고 하느냐에 달렸다. 거의 주도권을 쥔 사람이 즐거울 수 있느냐 없느냐의 관건을 쥐고 있다.

사랑의 정의가 사람의 경험에 따라 변하긴 하지만 모든 사랑이 원만할 수는 없다. 사랑하지 않는 이유는 많다. 당신에게 무언가 문제가 있기 때문만은 아니다. 당신이 아무 잘못을 하지 않았을 수도 있고 너무 많은 잘못을 저질렀을 수도 있다.

사랑하지 않는 것은 때로 감정이 변했을 뿐 이유가 없을 수 있다. 더 분석해 들어가도 헛수고에 불과하다.

아무 결함도 없는데 끝나는 헤어짐은 항상 여성을 단념하지 못하게 한다.

단념하지 못하기 때문에 힘겹게 발목을 잡고 악담을 퍼붓거나 울음으로 위협한다. 상대방이 떠나지 못하게 하려고 말이다.

단념하지 못하기 때문에 어떤 사람은 귀중한 시간을 낭비하고 어떤 사람은 많은 돈을 낭비한다. 심지어 마음의 평정을 찾지 못해 '네가 날 아프게 했으니 나도 널 쉽게 보낼 순 없어'라는 심보를 갖게 되기도 한다.

문제는 이런 억지 사랑이 겉으로 보기에만 사이가 좋아 보일 뿐 실상은 이미 속으로 딴마음을 품고 있어서 오래 지속하지 못한다는 것이다.

사랑이 왈츠라면 두 사람의 마음이 맞아야 한다. 그래야 서로 같은 스텝을 밟아 리듬에 맞춰 춤을 출 수 있다.

상대방이 이미 춤을 추기 싫은데 억지로 손을 잡고 몸을 기댄 채 춤을 춘다고 상상해보라. 그런 춤은 무척 눈에 거슬릴 것이다. 당신도 상대와 함께 바닥에 쓰러져 보기 흉한 모습을 보이는 것을 원하진 않을 것이다. 파티장이 아수라장이 되어 모두 자리를 뜨는 것은 더더욱 원치 않을 것이다.

스스로 반성하지 않고 자신감이 없이 어리석은 만용만을 부린다면 다른 사람에게 해가 될 뿐 아니라 자신에게도 전혀 도움이 되지 않는다.

35세 이전의 여성은 사랑하는 사람이 떠날 때 상대방을 억지로 붙잡아서는 안 된다. 왜 사랑하지 않는지 이유를 집요하게 추궁해서도 안 된다. 상대방이 헤어질 것을 고집한다면 사랑이 바람에 따라 사라지도록 내버려 두어라.

최소한 그는 그 자신이 원하는 것을 얻을 것이고, 당신도 자유를 얻을 것이다.

그가 후회할 수도 있고 그렇지 않을 수도 있다. 그의 결정을 당신이 책임 질 필요도 없다. 당신은 자신의 결정에 대한 책임만 지면 되는 것이다.

사람이 불행한 이유는 스스로 일을 그르치기 때문이다.

헤어지면 마음이 아프다. 헤어진 경험이 있는 여성이라면 한번 그날을 회상해보라. 아마 자신이 너무 어리석었다는 생각에 웃음을 참지 못할 것이다.

'나는 지금 아주 멀쩡하게 잘 살아가고 있지 않은가?'

헤어지는 이유에는 성격이 맞지 않거나 사랑하는 감정이 사라지거나, 아니면 제삼자가 개입하는 것만 있는 것은 아니다. 한 사람의 인생열차가 궤도를 수정할 때 곁에 있던 동반자가 어깨를 나란히 하고 함께 갈 수 있는 것은 아니다. 이때는 오히려 상대방에게 고마워해야 한다. 당신과 짧은 여행을 함께 했으니 말이다.

사람은 함께 길을 걸었던 사람을 소중히 여길 줄 알아야 한다. 평화롭게 헤어질 수 있는 것도 지혜로운 선택을 말해주는 것이다.

헤어지는 것을 이 세상의 종말로 생각할 필요는 없다. 두 사람이 오해로 인해 결합했다가 서로를 알게 됨으로써 헤어지는 것은 반대로 좋은 일이다. 억지로 헤어지게 되더라도 최소한 조금 일찍 일의 진상을 알게 되었으니 훨씬 나중에 많은 후회를 남기는 것보다는 좋은 점이 많다.

헤어짐은 또한 새로운 기회를 의미한다. 두 사람이 각자의 길을 선택하면서 마음을 열 수 있다면 새롭게 자신이나 다른 사람을 인식할 수 있으니 좋은 일이라 하지 않을 수 없다.

잃는다는 것은 더 이상 가질 수 없다는 의미가 아니다. 무엇을 얻는다는 것이 반드시 가장 좋은 것은 아니다.

35세 이전에 손을 놓아야 한다면 손을 놓아라. 아직 젊고 더 많은 기회가 있지 않은가? 35세 이전에 헤어지게 되면 상대방도 자유롭게 하고 자신도 자유롭게 된다.

"작별하여 가로되 만일 하나님의 뜻이면 너희에게 돌아오리라 하고 배를 타고 에베소를 떠나"(사도행전 18:21)
누구를 만나야 하고 누구와 헤어져야 하는지 하나님의 뜻 안에서 결정하십시오. 가장 최선의 선택을 하도록 이끌어주실 것입니다.
당신이 단절해야 할 세상적인 것은 무엇입니까?

불륜은 당당하게
'No' 라고 외쳐라

텔레비전에서 연속극을 본 적이 있다. 드라마의 여주인공이 부하직원을 사랑하게 되면서 펼쳐지는 코미디물이었다.

극중 두 주인공이 가족으로 맺어졌다면 어떻게 되었을까하고 나는 생각해보았다. 실제로 이런 상황이 발생했다면 현실에서는 두 사람 중 하나가 오랫동안 정들었던 회사를 떠나야할 것이라는 생각이 들었다.

일반적으로 현명한 여성은 사무실 내에서 연애상대를 고르지 않는다. 그 이유 중 하나는 사무실에서 연애를 할 경우 출근하거나 퇴근할 때의 태도가 애매하기 때문에 상사나 동료로부터 원성을 사기 쉽기 때문이다. 다른 이유는 사내에서 연애를 하면 아침저녁으로 서로 얼굴을 보게 되어 두 사람의 태도가 어색해지고 일에 영향을 주기 때문이다.

말은 그렇지만 사무실에서 친구나 배우자를 찾는 것을 좋아하는 사람도 많이 있다. 사무실에서 함께 지내다가 자신도 모르게 정이 드는 사람도 많다. 두 사람이 의기투합하고 남자도 장가가지 않았고 여자도 시집가지 않았다면 축하해주어야 할 일이다. 하지만 일은 그렇게 원하는 대로 되지만은 않는다. 좋아하는 남자 동료가 자기가 좋아하는 타입이 아닐 수도 있는

데 그때는 어떻게 할 것인가?

　여성은 자중자애의 이치를 알아야 한다. 당신을 사랑하는 사람을 당신이 사랑하지 않는다면 그에게 당신의 마음을 확실히 알도록 해야 한다. 어떤 여성은 마음이 약해서 거절을 잘 못하는 경향이 있다. 그래서 상대방에게 시원시원하게 자신의 태도를 보이지 못하고 대충 얼버무린다. 또 어떤 여성은 작은 편의나 남자에게 사랑받을 때의 여러 가지 좋은 것들을 얻어내려다가 끝에 가서는 아무 것도 손에 쥐지 못하기도 한다.

● 꿈에서 깨어나라

　25세의 위원(玉雲)은 아주 귀여운 여성이었다. 그녀는 눈부시게 아름답게 생겼고 성격도 온화했다. 그녀를 아는 사람은 모두 그녀를 좋아했으며 게다가 속으로 '어떤 남자가 그녀를 아내로 맞이하는 행운을 차지할까?'라고 생각했다. 하지만 친절을 베푸는 많은 남자 가운데 위원의 마음에 드는 사람은 없었다. 그녀는 그들을 모두 평범하다고 생각했다. 그는 자신의 이상에 맞는 남자를 찾아야겠다고 결심했다. 그 이상형의 남자는 평범한 사람이 아니고 매력적이며 사업에 성공한 사람이어야 한다고 생각했다. 또한 속이 깊고 사교적이어야 함은 물론 그녀를 사랑하는 남자라야 한다고 생각했다. 그녀는 그런 남자가 나타나기를 기다렸다. 그 기다림은 사무실에 새로운 동료가 들어올 때까지 계속되었다. 그 새로 온 동료는 멋지고 고상했으며 능력도 탁월했다. 위원은 처음 그를 보자마다 사랑에 빠졌다. 위원은 그에게 애정공세를 펼쳤다. 오늘 그에게 차를 타주었다면 그 다음날은 음식을 해주었다. 하지만 '백마 탄 왕자'는 요지부동이었다.

어느 날, 그 회사에서 명절 파티가 열렸다. '백마 탄 왕자'가 한 여성을 데리고 참석했다. 또한 모두에게 자신의 약혼녀라고 소개했다. 위원은 그제야 꿈에서 처음 깨어난 느낌이었다. 그 순간은 부끄러워 얼굴을 들 수 없었다. 이 일이 있고 한참 지나서 위원은 좌절에서 헤어 나올 수 있었다. 그는 친구들에게 한숨을 내쉬며 말했다.
"어째서 유일하게 마음에 들었던 사람은 다른 사람과 결혼하려는 걸까!"

사실 위원에게 생긴 이야기는 흔히 볼 수 있는 일이다. 오늘날 똑똑하고 능력 있는 많은 직업여성이 성숙하고 권위 있는 남자에게 빠져든다. 성숙이라는 것은 이미 30살이 넘은 공자가 말한 이립(而立)에 들어선 남자를 가리킨다. 권위라는 것은 사업의 성공만 포함하는 것이 아니라 사회적 지위와 재산도 일반적인 수준보다 높은 개인의 매력을 말한다. 이런 부류의 남자는 통상적으로 '임자'가 있다. 여성은 이런 남자를 사랑할 때는 이 문제를 잘 알아두어야 한다. 그렇지 않으면 인륜을 고려했을 때 당신이 사랑하는 사람이나 그의 가족에게 심각한 피해를 주게 된다.

상대의 감정이 진지하지 않고 그저 즐기려는 마음으로 여성의 주위를 맴돈다면 그 결과는 명예와 인격에 막대한 피해를 줄 것이다.
샤오저우(小舟)라는 여성은 그런 일을 아주 잘 처리했다. 그녀가 비서로 일할 때 자기도 모르게 회사의 사장을 사랑하게 되었다. 그 사장은 그녀를 무척 좋아했다. 유일한 장애물은 사장의 아내였다. 샤오저우는 인륜과 도덕을 아는 여자였다. 그녀는 자신의 사랑이 잘못 되었음을 알고 단칼에 사랑하는 마음을 끊어버렸다. 그녀는 그 회사를 떠나 전직 했고 그 뒤로는 원래 그 사장과 연락을 완전히 끊었다. 결국 그녀는 과감하게 행동함으로써 본래 있어서는 안 되는 사랑을 근본적으로 제거할 수 있었다.

많은 성공한 남자가 삶에 대해 자기중심적인 태도를 갖고 있다. 그런 남자들은 예쁜 부하 여직원이 자신에게 마음이 있으면 속으로 좋아한다. 결혼한 직업여성이라면 상사의 치근덕거림을 절대 받아들여서는 안 된다. 남자 상사의 애정공세를 승진의 발판으로 삼는다면 자신의 인격마저도 잃어버리고 만다. 사람들에게도 눈이 있기 때문에 그렇게 얻은 이익은 결코 오래 가지 못한다.

자신이 싫어하는 남자와 사귀고 싶지 않다면 항상 상대방의 요구를 거절할 방법을 갖고 있어야 한다. 냉철하고 똑똑한 여성이라면 다른 사람의 결혼생활에 끼어들거나 자신의 마음에 들지 않는 남자와 사귀는 것이 좋은 결과를 가져오지 않음을 잘 알고 있다. 게다가 그녀들은 무엇이 상사가 주는 일이고 무엇이 비합리적인 요구인지 잘 구분할 줄도 알고 있다. 비양심적인 남자를 피하는 것이 순결하고 다정한 여성에게는 최선의 방법이다.

"모든 사람은 혼인을 귀히 여기고 침소를 더럽히지 않게 하라 음행하는 자들과 간음하는 자들을 하나님이 심판하시리라"(히브리서 13:4)
나쁜 영은 사랑이라는 이름으로 부도덕한 관계를 맺도록 유혹합니다. 그러나 하나님을 두려워하고 자신을 사랑하는 여성은 불륜의 유혹 속에서도 자신을 정결하고 깨끗하게 지킵니다.
당신은 유혹에 흔들린 적이 있나요?

진정 사랑하는
사람과 결혼하라

● "당신이 먹는것만 봐도 난 즐거워"

그녀가 그에게 시집가기 전까지만 해도 그녀의 운명은 몹시 고달팠다. 시댁 식구들은 그녀를 '불길한여자'라고 불렀다. 그녀가 남편을 잡아먹었다는 소문을 퍼뜨리고 다녔다. 사실 그녀의 남편은 술에 취해 다른 사람과 도박을 했다. 그러다 시비가 붙어 싸우다가 맞아죽은 것이었다. 결혼한 날부터 그녀는 하루도 편할 날이 없었다. 전남편은 술에 취하면 그녀를 마구 때렸다. 그녀가 딸을 낳았을 때 시어머니는 그녀에게 욕을 퍼부어댔다. 가난한 산골 마을에서 그녀에게는 아무런 지위가 없었다. 그녀는 그것을 줄곧 자신의 운명이라 여겼다.

다시 결혼하기 전까지 그녀는 남녀 사이에 사랑이라고 하는 것이 존재한다는 사실조차 알지 못했다.

그때 중매쟁이가 왔다. 중매쟁이는 그 사내가 나이가 많다고만 했다. 출신성분이 좋지 못해 줄곧 아내를 맞이하지 못했다고 했다. 중국이 개혁개방정책을 시행한 이후로 그는 기술자로 일하며 생계를 꾸려가고 있었다. 그녀는 어서 빨리 지금의 생활을 벗어나고 싶었기 때문에 그의 기술이 무엇인지 물어보지도 않고 그에게 왔다. 오고 나서야 그의 얼굴이 검고 못생겼으며, 이는 온통 누렇다는 걸 알았다. 게다가 그의 기술은 밖에서 바람을 맞고 햇볕을 쬐며 신발을 수선하는 것이었다.

그녀는 그보다 스무 살이나 어렸다. 30세의 그녀는 꽃처럼 아름다웠다. 처음 잘못 피었지만 아직도 여전히 아름다웠다. 그녀는 속았다는 느낌을 받았지만 돌아가고 싶어도 이미 돌아갈 길이 없었다.

하지만 그녀는 그런 남자에게서 무엇이 사랑인지를 깊이 깨달을 수 있었다. 결혼한 뒤 남자는 그녀를 몹시 사랑했다. 그는 항상 먹을 것이나 작은 선물을 사다 주었다. 분이나 립스틱을 사주는가 하면 여지(?枝, litchi, 과육이 시고 달며 독특한 향기가 있다. 중국 남부에서는 과일 중의 왕이라고 한다. - 역자주)를 한 꾸러미 사들고 온 적도 있다.

그녀는 30년을 사는 동안 그런 것들을 한 번도 사용해보거나 먹어본 적이 없었다. 여지는 두말할 것도 없었다. 그녀는 황후보다 더 행복하다고 생각했다. 여지를 먹을 때 남자는 먹지 않고 바보처럼 그녀가 먹는 것만 바라볼 뿐이었다. 그녀는 남편에게 여지를 주며 말했다.

"당신도 먹어보세요."

남편이 말했다.

"난 그거 잘 안 먹어. 당신이 먹는 것만 봐도 난 즐거워."

나중에 나는 장에 나갔다가 여지의 가격을 물어보고 깜짝 놀랐다. 한 근에 20위안이나 했던 것이다. 그녀는 순간 눈물을 흘렸다. 남편이 어떻게 여지를 싫어하겠는가? 그는 아까워 먹지 못한 것이다.

그녀는 남편을 더 사랑하게 되었다. 저녁 늦게 남편이 돌아오면 따끈따

끈한 저녁식사가 준비되어 있었다. 겨울에 남편은 길에서 하루 종일 떨어야 하기 때문에 몸이 꽁꽁 얼었다. 아내는 얼어 있는 남편의 발을 자신의 품안에 넣어 남편이 더 이상 몸을 떨지 않을 때까지 녹여주었다. 남편은 무척 만족스럽게 말했다.

"지금까지 살아오면서 가장 큰 복은 당신과 결혼한 거야. 내가 왜 오십이 다 되도록 결혼하지 않았는지 알아? 바로 당신과 결혼하려고 기다린 거라고."

그 말을 듣고 여자의 마음은 한없는 기쁨으로 가득 찼다.

나중에 사람들은 길에서 늙은 남편과 젊은 아내가 신발을 수선하는 모습을 항상 볼 수 있었다. 두 사람은 꼭 붙어있었다. 수선할 신발이 있으면 수선했고 없으면 웃으며 한가로이 대화를 나누었다.

겨울에 바람이 불면 길에 사람의 발걸음이 뜸해졌다. 아내의 손은 꽁꽁 얼어 부르텄다. 귀도 얼어 시퍼렇거나 붉었다. 그러면 남편은 구수한 냄새가 나는 군고구마를 하나 사들고 왔다. 남편은 군고구마를 쪼개 입으로 호호 불었다. 자신은 먹지 않고 아내의 입에 넣어 주었다. 아내는 행복하게 한입 먹고는 남편에게 내밀었다. 그들은 너 한입 나 한입 하며 군고구마를 먹었다. 맛있는 요리를 맛보는 것 같기도 했고 사랑의 진수성찬을 먹는 것 같기도 했다.

2년 뒤, 그들에게는 아들이 생겼다. 아들의 이름은 행복이라고 했다.

사랑이 있는 결혼만이 '행복'이라는 열매를 맺을 수 있다. 결혼의 전당으로 걸어 들어가기 전에 잘 생각해보라. 결혼을 하려는 목적이 행복을 위한 것인가?

만약 그렇다면 결혼을 권리와 금전을 얻기 위한 수단으로 생각하지 말라. 행복한 여성의 주위에는 진정한 남자가 있다. 진정 당신을 사랑하는 남자라야 당신을 아끼고 행복도 가져다 줄 것이다.

성공한 남자라고 해서 청혼을 쉽게 받아들여서는 안 된다. 그들이 남보다 뛰어난 건 사실이지만, 진짜 성공한 남자에는 두 가지 종류가 있기 때문이다. 하나는 천재이고 또 다른 종류는 일중독자이다. 하지만 어느 부류든 그들에게는 이미 오만함이 있다. 그들은 정말 당신을 사랑할 수 있다. 다른 어떤 여자보다도 당신을 사랑할 수도 있다. 하지만 그의 사랑은 다른 사람이 당신을 사랑하는 것보다 적을 수도 있다. 당신이 너무 편안한 삶에만 집착하는 성격이 아니라면, 멋진 자동차와 큰 집이라는 유혹과 맞닥뜨렸을 때 용감하게 '아니요'라고 말하라. 돈이나 재산은 있다가도 없어진다. 또 없다가도 다시 생긴다. 하지만 결혼은 그런 것과 차원이 다르다.

잔꾀를 부려 남자를 속이고 결혼하려고 해서는 안 된다. 정말 남자의 평생을 좌지우지할 능력이 있다면 모를까 만약 그렇지 않다면 남자가 얼마나 멋지게 생기고 시원시원하든 그 남자가 원해서 당신을 사랑하고 청혼하도록 해야 한다. 실제로 많은 여성들이 예쁜 외모로 남자를 유혹하지만 반드시 좋은 결과가 맺어지는 것은 아니며, 스스로에게도 이롭지 못한 경우가 많다.

즉, 정말 결혼하고 싶다면 진정으로 당신을 사랑하는 사람의 팔을 잡아야 한다는 것이다. 결혼은 진지한 일이다. 인생의 여정에 있는 또 다른 정거

장이다. 바로 당신과 어깨를 나란히 하고 식장으로 들어가는 사람이 당신이 사랑하는 사람이며, 또 당신을 사랑하는 왕자인 것이다.

"마치 청년이 처녀와 결혼함 같이 네 아들들이 너를 취하겠고 신랑이 신부를 기뻐함 같이 네 하나님이 너를 기뻐하시리라"(이사야 62:5)
사랑으로 결합된 혼인의 관계는 모진 풍파와 어려움도 이겨낼 힘을 갖게 만듭니다. 진정 사랑하는 사람과 결혼할 수 있도록 하나님께 은혜를 구하는 여성이 되세요. 당신은 결혼 혹은 배우자를 위해서 진심으로 기도하고 있나요?

자신에게
감격할 기회를 주어라

여성은 35세 이전에 감사하는 법을 배워야 한다.

우리의 마음에는 항상 감격의 정을 품고 있다. 우리는 햇볕, 비, 이슬, 골목 길, 시골 마을에 고마워한다. 모든 아름다운 사물에 고마워한다. 아버지, 어머니, 형제자매에게 고마워한다. 사람 사이에 존재하는 진정한 사랑과 정에 고마워한다. 심지어 춤을 추듯 날아가는 나비 한테도 감격해야 한다. 그들이 우리의 삶을 아름답게 해주기 때문이다.

자신이 다른 사람보다 못생겼다고 느낄 때, 무얼 배워도 잘 해내지 못해 다른 사람에게 욕을 먹을 때, 전문적인 지식에 대해 아는 것이 없다고 비웃음거리가 될 때, 어떤 일에 실패하여 다시 일어나지 못하고 있을 때, 자신의 학문과 기술이 정교하지 못하고 아무 쓸모가 없다고 느껴질 때도 아직 발견하지 못한 나의 가능성에 희망을 가지고 감사하라.

● '두 천사'

두 천사가 여행을 하다가 부유한 집에 들러 하룻밤 묵기를 청했다. 그 집의 사람들은 천사들에게 불친절했으며, 편안한 손님용 객실에서 자는 것

도 허락하지 않았다. 그들은 천사들에게 차디찬 지하실을 내주며 구석에
서 아무렇게나 잠을 자도록 했다. 잠자리를 깔 때 늙은 천사가 벽에 뚫린
구멍을 발견하고는 그것을 수리해주었다.
이튿날 저녁, 두 천사는 아주 가난한 농부의 집에 도착했다. 이번에도 역
시 그들은 하룻밤 묵기를 청했다. 주인 부부는 천사에게 무척 친절했다.
가지고 있던 먹을 것을 모두 꺼내 손님을 대접했다. 그 다음 자신의 침대
를 내주어 두 천사가 쉴 수 있게 해주었다. 이튿날 아침, 두 천사는 부부가
울고 있는 모습을 보았다. 알고 보니 그들 부부의 유일한 생계수단인 젖
소가 죽어 있었던 것이었다.

젊은 천사는 무척 화가 나서는 늙은 천사에게 물었다.
"이게 도대체 어찌된 일입니까? 첫 번째 집은 무엇이든 다 가지고 있었는
데도 벽의 구멍을 메워주셨잖습니까? 두 번째 집은 그렇게 가난함에도
친절하게 손님을 대했는데 왜 오히려 젖소가 죽는 것을 바라만 보고 계셨
습니까?"
나이 든 천사가 말했다.
"지하실에서 잘 때는 나는 벽에 난 구멍을 통해 안에 금덩어리가 가득 들
어 있음을 보았단다. 주인이 탐욕에 눈이 멀어 다른 사람과 자신의 재산
을 함께 나누고 싶어 하지 않으니 나는 구멍을 메워버린 것이다. 이갯밤
죽음의 신이 내려와 농부의 아내를 데려가려고 하기에 나는 젖소가 그녀
를 대신해 죽게 했단다."

어려움이 닥쳤을 때 우리는 무조건 하늘의 불공평함을 원망해서는 안 된다.
반대로 우리는 하늘의 인자하심에 고마워해야 한다. 일을 가장 어렵게 만들지

않았으며, 어려움을 해결할 모든 길을 막지 않으셨음에 감사해야 한다. 모든 어려움을 극복하고 자신에게 속한 세상으로 나아갈 때, 하늘이 주신 여러 가지 시련에 대해 감사해야 한다. 그것은 자신의 가치를 더 분명히 알게 해줄 것이다.

하늘이 장차 그 사람에게 큰일을 맡기려 할 때에는
반드시 먼저 그 마음과 뜻을 괴롭히고
뼈마디가 꺾어지는 고난을 당하게 하며
그 몸을 굶주리게 하고 그 생활은 빈곤에 빠뜨려
하는 일마다 어지럽게 하느니라.
이는 그의 마음을 두들겨서 참을성을 길러 주고
지금까지 할 수 없었던 일도 할 수 있게 하기 위함이니라. - 맹자

하늘이 준 여러 가지 장애가 바로 은혜이다. 앞을 가로막는 산에 올랐을 때 하늘이 준 은혜를 발견하게 될 것이다. 하늘이 원래 그렇게 파랗고 물이 원래 그렇게 푸른 것이었음을 알게 될 것이다.

사실 '은혜에 감사함'이 꼭 큰 은혜와 덕에 감사하라는 의미는 아니다. '은혜에 감사함'은 생활태도라고 할 수 있다. 아름다움을 발견하고 좋아하는 일에 능숙해지는 일종의 덕이다. 사람이 세상에 살면서 뜻대로 되지 않는 것이 열 가운데 여덟이나 아홉이다.

우리가 이런 '뜻대로 되지 않는 일'에 사로잡혀 있으면 하루 종일 초조하고 불안하다. 그런 삶은 의미가 없다. 반대로 감격과 감사하는 마음이 있으며 사물의 아름다움을 잘 발견하고 평범함 속의 아름다움을 잘 느낀다고 가

정해보자. 그러면 우리는 명철한 마음과 넓은 가슴으로 삶의 희로애락을 대할 수 있고 평범했던 삶에 매혹적인 광채가 일어나게 할 수 있다.

아버지와 포옹하라

아버지의 사랑은 산과 같다. 아버지의 사랑은 말이 없는 사랑이다. 그것은 당신이 억울함이나 모욕을 당한 뒤 받는 따뜻한 눈길이다. 그것은 당신에게 용기가 필요할 때의 확실한 격려의 말이다. 그것은 먼 곳에서 돌아왔을 때 쉽게 느낄 수 없는 입가의 웃음이다.

주쯔칭(朱自淸)의 쓴 「아버지의 뒷모습」(원제:背影)이라는 책에는 중국의 상하이에서 자식을 깊이 사랑하는 아버지의 모습이 사실적으로 그려져 있다.

처음 「아버지의 뒷모습」을 읽었을 때 눈물이 두 눈을 흐릿하게 만들었던 것으로 기억한다. 수많은 자식들이 그 책에 나오는 상황을 경험했지만 누구에게도 그런 말을 해본 적이 없었을 것이다. 하지만 아버지의 사랑은 마음속에 깊이 각인되어 있을 것이다.

말이 없고 엄숙한 사랑이 있다. 그것은 당시에는 자세히 말할 수 없지만 시간이 지난 뒤 깨달을수록 음미해볼 가치가 있는 것이다. 평생 잊을 수도 없을 것이다. 그것은 끝없이 넓은 아버지의 사랑이다.

여기 한 여인의 추억이 있다. 그 추억은 아버지의 사랑을 이해하는 과정이었다.

● 한 여인의 추억

어렸을 때, 나는 아버지의 나에 대한 사랑을 알지 못했다. 아버지는 과묵한 사람이었다. 게다가 무척 엄하셨다. 나는 아버지로부터 나를 좋아한다거나 나를 사랑한다는 말을 들어본 적이 없다. 또한 아버지로부터 나를 칭찬하는 말을 들어본 적도 없다. 그래서 나는 어렸을 때부터 아버지를 무서워했다. 더욱이 아버지를 좋아하지 않았다.

다 큰 뒤에야 나는 비로소 아버지의 사랑을 알게 되었다.

결혼한 뒤 나는 이모네 집으로 놀러 간 적이 있다. 마침 아버지에 대해 이야기를 했다. 내가 말했다.

"아버지는 나한테 너무 무섭게 하세요. 나는 아버지가 무서웠어요. 아버지는 나를 조금도 좋아하지 않으셔요."

이모는 웃으며 내게 말했다.

"그건 네가 어려서 아버지를 이해하지 못하기 때문이야. 아버지가 네게 많은 것을 요구하는 건 네가 훌륭한 사람으로 크길 바라시기 때문이야. 네 아버지가 네 결혼식에서 우신 거 알고 있니?"

'아버지가 우셨다고? 그럴 리가?'

아버지는 할아버지가 돌아가셨을 때도 울지 않으셨다. 이모는 내가 탄 웨딩카가 떠난 다음 아버지가 한쪽에 숨어서 눈이 뻘겋게 될 때까지 우셨다고 말해주었다.

나중에 나는 임신을 하고 아이를 낳았다. 아버지는 어머니에게 휴가를 내도록 해서 나를 보살펴주셨다. 나는 어머니가 학교 선생님으로 일하기 때문에 휴가를 내기가 쉽지 않을 것이라 생각했다. 게다가 시어머니만으로도 충분히 나를 도와주실 수 있겠다는 생각도 들었다. 그래서 나는 부모님에게 여름휴가 때 오시라고 말씀드렸다.

부모님이 오셨을 때는 연중 가장 무더운 날이었다. 연로하신 두 분은 뜻밖에 48킬로그램이나 나가는 물건을 어깨에 메고, 손에 들고, 등에 짊어지고, 가지고 오셨다. 크고 작은 보따리가 7개였고 통도 하나 들고 오셨다. 나는 아무리 생각해도 알 수 없었다. 그 짐 속에는 닭 다섯 마리와 계란 50개도 들어있었다. 아버지가 말씀하셨다.

"네가 돌아갈 때 이곳의 닭과 계란이 별로 맛이 없다고 해서 내가 특별히 시골 친척집에서 사온 거야."

순간 나는 아버지의 독특한 사랑을 확연히 알게 되었다.

지금도 아버지는 나에게 좋아한다거나 사랑한다고 말씀하시지는 않는다. 또 나를 칭찬하는 말씀을 듣지도 못했다. 하지만 나는 아버지가 나를 사랑한다는 걸 안다. 계속 나를 사랑할 거라는 것도 안다.

나는 이런 노래를 들어본 적이 있다.

안개가 점점 흩어지면 사람도 점점 보이지 않습니다.

하고 싶은 말을 여전히 찾을 수 없습니다.

손에 든 짐은 추억을 가득 담고 있습니다.

마치 신신당부하는 당신의 익숙한 목소리를 듣는 것 같습니다.

영원히 나는 기억할 것입니다.

내 어깨 위의 두 손.

바람 불 때 얼마나 따스했습니까?

영원히 나는 기억할 것입니다. 나의 성장과 함께한 뒷모습.

당신의 세월은 걱정 없는 나의 행복으로 바뀌었습니다.

젊은 청춘은 아직 끝나지 않은 여정.

영원히 나는 기억할 테다. 나의 성장과 함께한 뒷모습.

그대가 있으면 나는 용감하게 인생을 걸어갈 겁니다.

후회 없는 관심과 원망 없는 사랑

나는 또 얼마나 당신에게 돌려줄 수 있을까요?

이것이 아버지의 사랑이다. 아버지의 사랑은 말이 필요 없으며 깊고 넓다. 아버지에게 감격한다면 따뜻하게 한번 안아드리기 바란다. 아버지에게 이렇게 말해보자.

"아버지, 나는 아버지의 사랑을 알고 있어요, 나는 아버지를 영원히 사랑할 거예요."

"아버지께서 나를 사랑하시는 것은 내가 다시 목숨을 얻기 위하여 목숨을 버림이라"(요한복음 10:17)
하나님 아버지의 사랑의 깊이와 넓이를 우리는 다 헤아릴 수 없습니다. 하나님 아버지께 사랑을 고백하는 성숙한 여성이 되십시오.
당신은 얼마나 하나님의 사랑에 감사하는 여성입니까?

어머니의 볼에
입맞춰드려라

어머니의 사랑은 위대하다. 어린 생명을 잉태하고 키우기 위해 어머니는 열 달 동안 태아를 품속에 넣고 있어야 하며 분만의 고통을 견뎌내야 한다. 아이를 위해 평생 심혈을 기울인다고 해도 어머니는 불평을 하지 않는다.

자식이 점점 커갈수록 어머니는 오히려 서서히 늙고 쇠약해진다. 어머니의 머리에서 흰 머리카락이 점점 늘어나는 걸 보면 자식의 마음도 은근히 아파온다.

어머니의 사랑은 시간이 지날수록 줄어드는 것이 아니라 오히려 날이 갈수록 늘어나기 때문에 어머니는 딸이 사랑한 모든 것을 사랑할 것이다. 어머니는 자신의 아들처럼 딸의 남편을 사랑할 것이고, 딸의 자식도 깊이 사랑할 것이다. 이기심이 없이 딸의 아이를 돌봐줄 것이다. 어머니는 가끔씩 말씀하실 것이다. 손자가 어릴 적 당신의 모습을 많이 닮았다고.

● 루이사의 후회

루이사는 두 아이를 둔 엄마이다. 그때서야 그녀는 어머니의 따스함과 관용을 뼛속깊이 깨달았다. 그녀는 줄곧 한 가지 일을 마음속에 담아두고 있었다.

매일 저녁, 어머니는 내가 이미 어린아이가 아닌데도 나를 위해 잠자리를 펴주셨다. 그 다음으로 어머니의 영원히 변치 않는 습관이 이어졌다. 어머니는 몸을 굽혀 내 머리카락을 들어 내 이마에 뽀뽀를 하셨다.

내가 언제부터 어머니가 이마에 뽀뽀하는 방식을 싫어하게 되었는지는 기억나지 않는다. 어머니는 일을 하느라 닳고 두꺼워진 손으로 내 피부를 만졌는데 나는 정말 그것이 싫었다. 결국 어느 날 밤, 나는 어머니에게 크게 소리쳤다.

"건드리지 말아요, 엄마 손은 너무 거칠단 말이에요!"

어머니는 아무 말씀도 하지 않으셨다. 하지만 그날 이후로 어머니는 더 이상 내게 익숙한 방식으로 하루를 마감하는 일은 하지 않으셨다. 그 뒤, 나는 침대에 누워 한참 동안 잠을 이루지 못했다. 그런 말들이 나를 맴돌았다. 하지만 오만함이 내 양심을 대신했다. 나는 어머니에게 사과하지 않았다.

여러 해가 지나갔다. 나도 더 이상 소녀가 아니었다. 어머니는 이미 70세가 넘었다. 어머니는 여전히 그 거친 두 손으로 나와 내 가족들을 위해 일을 하셨다.

여러 해 동안, 어머니의 손은 수많은 시간에 걸쳐 고된 일을 해야 했다.

이젠 내 아이가 다 자라 집을 떠났다. 어머니는 아버지를 잃으셨다. 특별한 날에는 나는 어머니와 함께 저녁을 보낸다.

어느 추수감사절 전날의 늦은 밤이었다. 나는 어렸을 때 머물던 방에서 잠이 들었다. 익숙한 두 손이 내 얼굴을 쓰다듬었고 내 이마의 머리카락을 치웠다. 아주 부드러운 입이 내 미간에 닿는 느낌이었다.

나는 그날 밤을 수천수만 번도 더 후회했다. 나는 어머니의 두 손을 꼭 쥐었다. 가볍게 어머니의 이마에 입을 맞췄고 그날의 잘못에 대해 용서를 빌었다. 나는 어머니가 내가 기억하고 있는 것처럼 알고 계시리라 생각했다. 하지만 어머니는 내가 무슨 말을 하는지 모르고 계셨다. 아주 오래전에 이미 잊고 계셨던 것이다. 게다가 어머니는 나를 이미 용서하셨다.

위대한 어머니의 사랑을 가질 수 있게 된 것에 감사하자. 당신이 얼마나 멀리 가든, 얼마나 많은 고통을 겪었든 어머니는 영원히 풍랑을 피하는 항구이다. 어머니는 당신에게 영원한 강인함과 자신감을 줄 수 있다.

아마 당신은 이제껏 어머니에게 한 번도 입맞춤을 해준 적이 없을지도 모른다. 하지만 나는 당신에게 말해주고 싶다. 어머니에게 이렇게 적나라하게 사랑을 표현하는 방식을 채택하는 것을 거절하지 말라. 어머니 앞에서 어떤 것도 감출 필요가 없다. 우리는 가장 진실한 자신을 보여줄 수 있다. 입맞춤을 해주면 어머니는 우리의 마음을 알게 될 것이다. 우리가 영원히, 가장 사랑하고 걱정하는 사람이 어머니란 것을.

남편을 이해하고
행복을 함께 누려라

사람들은 여성은 감성형 동물이고 남성은 이지형 동물이라고 한다. 확실히 그렇다. 현실에서 많은 여성들이 결혼한 뒤에도 자신의 남편이 자신의 모든 것에 관심을 기울여줄 것을 기대한다. 하지만 많은 남성이 그것을 이해하지 못한다. 그들은 오랫동안 함께 살아온 부부라면 그런 유치한 짓은 그만두어야 한다고 생각한다. 이런 상황을 접하게 되면 여성은 상심하여 눈물을 흘리게 되고 낭만을 이해하지 못하는 남편을 미워하게 된다. 어떤 여성은 남편이 자신을 좋아하지 않거나 사랑하지 않는다고 생각할 것이다. 또 어떤 여성은 그것 때문에 의구심이 들어 남편이 바람을 피운다고도 생각할 수도 있다.

여러 가지 생각 때문에 여성은 불안해지고 심리적인 공황 상태에 빠진다. 사실 냉정하게 잘 생각해야 분명히 알 수 있다.

일가를 이루게 되면 남자는 먼저 책임감이 온몸을 짓누르는 듯한 느낌을 받는다. 사랑의 표현에 무덤덤해지고 사랑의 감촉에 무감각해진다. 남편들은 여성이 집안일을 잘하고, 가정을 잘 돌보며, 좋은 아내가 되어야 한다고 생각한다. 여성은 나이가 들어도 성숙하지 않아 3, 40대가 되어도 작은 새처럼 남자에게 의지하여 산다고 생각한다. 남자들 눈에 여성은 끊임없이 불평불만을 늘어놓는 존재이다. 뼈 빠지게 고생해도 아내를 만족시킬 수 없을 거라 체념하는 남자들도 있다.

남자의 원망, 하소연, 분개는 무엇을 말해주고 있는가? 그렇다. 어떤 아내는 남편이 무엇을 필요로 하는지 무관심하고 남편의 가치와 추구를 무시한다. 남편을 한 집안의 기둥이라고도 생각하지 않는다. 남편을 위해 배려하거나 원하는 것이 무엇인지를 알려고 하지 않는다. 남편의 고민과 다른 모든 것을 이해하지 못한다. 남편은 남편이기 전에 사람이고 그 다음으로 남자이다. 여성이 부딪히는 문제를 남자도 똑같이 부딪히게 되어 있다. 남자로서 가정을 꾸려나갈 책임을 떠안아야 하는 것 외에도 사회에서 입지를 굳건히 해야 하며 친구, 동료, 상사로부터 인정을 받아야한다.

남자는 머리가 남보다 뛰어나야 하고 솜씨 있게 일도 처리해야 성공할 수 있다고 생각한다. 하지만 세상은 넓고 경쟁은 치열한데 모든 남자가 과연 성공을 쟁취할 수 있을까? 왜 아내들은 그런 것들을 이해하지 못하고 마음을 넓게 갖지 못하는 것일까? 좀더 잔인하게 대하지 않고 더 많은 관심과 사랑을 주면 성공하지 못한 남자도 집에서 자신의 자리를 차지할 수 있다. 성공한 남자와 실패한 남자는 가정에서 인격적으로 평등하다. 다만 차이가 있다면 성공한 남자가 누릴 수 있는 것이 더 풍족하다는 것이다. 먹을 것이 풍족하고 입을 옷도 많다. 문을 나서면 운전기사가 자동차의 문을 열어 기다리고 있다. 하지만 그들은 다른 사람보다 더 많은 불안과 걱정을 지니고 있다.

보통 남자는 비록 소박하게 먹고 마시며 직장에 다니지만 여유롭게 살고, 건강을 위해 운동도 한다. 친구를 만나 즐거운 시간을 보내기도 한다.

좋은 아내는 남편의 좋은 학교이다. 남편은 재료이다. 아내는 가공, 조리 등의 노력을 통해야만 멋진 요리를 맛볼 수 있다. 평범하고 결점도 많은 남편을 받아들여야 한다. 남편과 함께 사는 능력을 키워야 한다. 어떤 남자든 어린 아이와 같기 때문에 열정적으로 살지만 또한 제멋대로 구는 기질도 있는 것이다. 남편을 잘 달래고 얼러야 한다. 남편에게 관심과 사랑을 주어야 한다. 남편 앞에서 아내, 어머니, 연인, 딸이 되어주어야 한다. 남편이 아내를 사랑하고 위해주며 달래주도록 아내인 당신이 만들어야 한다. 남편의 잘못이나 실수 때문에 자신이 괴로워지는 상황을 연출해서는 안 된다. 자신의 잘못이나 실수 때문에 남편을 괴롭히는 것은 더더욱 안 된다.

평범한 남편을 원망하지 말라.

남편을 격려할 수 있는 일을 먼저 하라. 남편이 격려의 말을 좋아한다면 모든 직극적인 수단을 동원해야 한다. 당신을 위해, 가정을 위해 남편은 다시 일어날 것이다.

남자는 천진하고 섹시하며, 낭만적인 삶을 누릴 줄 아는 여성을 좋아한다. 경제적인 여건이 허락하지 않으면 낭만을 창조할 수 없겠지만 남편에게 가정의 따스함과 정을 느끼게 해주어야 한다. 남자는 여성의 횡포를 무서워하지 않지만 여성의 부드러움은 남자의 성질을 죽일 수 있다. 우리는 아내이자 여성으로서 남자가 한 집안의 나무이고, 그 나무가 그늘을 만들어 가족의 바람막이가 되어준다는 사실을 알아야 한다.

남편을 사랑하는 아내들은 남편을 상냥하게 대하는 법을 알아야 한다. 남편에게 지나치게 스트레스를 주지 않는 것이 좋다. 사회는 냉정하고 경쟁은 잔혹하다. 능력이 같더라도 불행한 사람은 있기 마련이다. 버는 돈이 적고, 승진이 늦다는 이유로 남편에게 끊임없는 잔소리를 늘어놓으면 안 된다.

친구 앞에서 남편의 체면도 세워주자. 남편이 잘못한 부분이 있더라도 친구 앞에서 남편을 난처하게 만들어서는 안 된다. 남자는 여성처럼 체면을 중요하게 생각하기 때문이다. 남편은 아내가 자신의 친구 앞에서 존중해주는 모습을 보이길 바란다. 또한 남편은 아내의 믿음직한 나무로 비춰지길 원한다. 사람들 앞에서 그를 깎아내리면 칼로 남자의 마음을 도려내는 것과 같다. 혹여 잘못이 있어도 집에 돌아가서 말하고 사람들이 있는 곳에서는 싸우지 말아야 한다. 그렇게 하는 것을 남자도 원할 것이다.

남편을 밖으로 밀어내면 안 된다. 그렇지 않으면 생각한 것과 정반대의 결과를 얻게 된다.

남편이 하기 싫어하는 일을 억지로 시키지 말라. 남자는 아내와 쇼핑하는 것을 꺼려한다. 억지로 남편을 쇼핑하는 곳에 끌고 가면 백화점이나 마트에서 연신 불평을 해댈 것이다. 그럼 당신도 쇼핑할 마음이 싹 가셔버릴 것이다. 남편과 함께 친정에 자주 가는 것도 좋지 않다. 처가에서 남자는 피곤함이나 따분함을 느낀다. 요컨대 핍박하면 남자는 스트레스를 받고 삶에도 흥미를 잃게 된다. 가장 좋은 방법은 부드러운 정과 지혜로 남자를 주도적으로 이끄는 것이다.

남편이 의기소침해 있을 때는 충격을 주거나 비난하지 말고 관심과 사랑을 쏟아야 한다. 남편이 서서히 평정을 되찾을 수 있게 도와주어야 한다. 남자는 스트레스를 너무 오래 받으면 마음의 분노를 아내, 친구, 가족에게 풀 수밖에 없다. 그래서 남자를 이해해주고 묵묵히 근심과 걱정의 부담을 나눠가져야 한다.

"저들로 젊은 여자들을 교훈하되 그 남편과 자녀를 사랑하며"(디도서 2:4)
우리는 날마다 우리의 부족함을 이해해 달라고 하나님께 긍휼을 구합니다.
이처럼 남편을 긍휼히 여기는 마음을 가지십시오. 당신의 가정은 화목과 행복으로 가득 차게 될 것입니다.
당신은 남을 이해하고 감싸주려고 노력하는 편인가요?

가정의 정원사가 되라

원만하고 행복한 가정은 서로 사랑하고 도우며 화목하게 지낸다. 게다가 함께 즐거움을 나누고 어려움도 함께 헤쳐 나가는 좋은 분위기를 갖고 있다.

아름다운 가정은 사막의 오아시스와 같다. 위안과 분투할 힘을 줄 뿐만 아니라 유쾌한 마음을 갖게 한다.

어느 쪽의 부모님을 모시든 그것은 부부의 의무와 책임이다. 형제자매, 친구, 친척 사이에 안정적이고 단결하며 화목한 분위기가 있다면 사업성공의 확실한 보장이 된다.

홍콩특별행정구의 전(前) 정무국 국장 천팡안성(陳方安生)은 정계의 여장부였을 뿐 아니라 똑똑하고 어진 효녀였다.

일요일은 천팡안성이 가장 중요하게 생각하는 '가족의 날'이었다. 그녀는 남동생과 여동생을 집으로 불렀고, 작은아버지나 고모도 초대했다. 그들은 함께 모여 이야기꽃을 피우기도 하고 탁자에 빙 둘러앉아 마작을 두기도 했다.

화요일 저녁에 그녀는 각종 행사에 참석하거나 약속을 잡는 것을 과감히 거절했다. 그녀는 직접 어머니를 자기 집으로 모시고 와서는 주방에서 어머니가 좋아하는 음식을 만들었다. 평일에는 홍콩에 있어야 하지만 아무리 일이 바쁘더라도 매주 최소한 두 번은 어머니를 찾아뵈었다. '가족의 날'이 되면 전 가족이 함께 모이는 즐거움을 누리는 것이 그녀의 변함없는 습관이었다.

홍콩입법회(香港立法會, 홍콩의 입법기관, 우리나라의 국회에 해당-역자 주)의 의장 판쉬리타이(範徐麗泰)도 그와 같은 생각을 갖고 있다. 그녀는 한 개인에게 가장 중요한 것은 화목한 가정이라고 생각했다. 그녀를 가장 감동시킨 사람은 그녀의 시어머니였다.

판쉬리타이의 눈에 시어머니는 세상에서 제일 좋은 사람이었다. 그녀의 두 자녀는 모두 시어머니가 키웠다. 집의 여러 가지 잡다한 일도 모두 시어머니가 도맡아 처리했다. 시어머니와 며느리 사이는 친어머니와 딸처럼 가까웠다.

판쉬리타이는 평소에 일이 많았다. 일이 바빴지만 그녀는 가정을 매우 중요하게 생각했다. 남편의 지지와 이해는 그녀의 업무 스트레스를 최대한 줄여주었고 시어머니도 이해하고 도와주었기 때문에 그녀는 걱정 없이 일에 전념할 수 있었다.

경제가 발전함에 따라 대중의 생활도 점점 풍요로워졌다. 자식들이 돈을 모아 음식점을 예약해 부모님의 회갑연이나 칠순잔치를 열어주는 것은 이제 흔한 일상사가 되었다. 심지어 어떤 자식들은 부모님의 집을 새롭게 꾸며드리거나, 옷이나 신발을 선물하거나, 해외여행을 보내드리기도 한다.

이제는 더 많은 젊은이들이 정신적으로 부모님의 위안이 되어드리는 것을 중요하게 한다. 정신적인 위안에는, 열심히 노력하고 성공하여 부모님의 길러주신 은혜에 보답하는 것도 포함된다. 그들은 풍요로운 시대의 효자, 효녀라고 할 수 있다. 그것은 늘 자식의 앞날만을 걱정하는 부모들에게 정말 큰 위안이 된다.

괴테는 일찍이 이런 말을 했다.

"임금이든 농부이든 집에서 즐거움을 찾을 수 있는 사람이 가장 행복한 사람이다."

인생은 짧다. 일과 가정을 모두 중요시하는 여성만이 일과 가정을 두루 보살피는 성공의 길로 나아갈 수 있다.

가정의 화목에는 사랑이라는 기초가 있어야 함은 물론 남녀 두 사람 사이에 존중하는 마음도 있어야 한다. 하지만 유감스럽게도 때로 사랑은 존중과 동일시되지 않는다.

서양에는 'give and take'라는 말이 있다. 서로 균형을 맞춰야 한다는 말이다.

여자로서 남편과 아내는 각자의 자리가 있음을 알아야 한다. 그래서 상대방에게 관대해지고 상대방을 존중해야 한다. 하지만 두 사람은 시간을 아껴야 한다. 지나치게 일에 열중한다거나 부부의 감정을 소홀히 해서는 안 된다.

여성에게는 사랑이 필요하고, 남성에게는 보호가 필요하다. 사랑받을 때 남편을 부드러움으로 감싸주어야 한다는 것을 명심해야 한다.

35세 이전의 여성은 가정의 정원사 역을 충실히 수행해야 한다. 따뜻하고 화목한 가정을 만들려면 부부 두 사람이 함께 노력하고 사랑으로 이끌어야 한다.

"아내들아 남편에게 복종하라 이는 주 안에서 마땅하니라 남편들아 아내를 사랑하며 괴롭게 하지 말라"(골로새서 3:18~19)
가정의 주인이신 주님이 어떻게 우리 가정을 사랑하시고 감싸주시는지 배우는 여성이 되세요. 타고난 모성애와 부드러움으로 가족을 사랑하고 감싸주고 끌어안을 수 있는 최고의 가정 정원사가 되십시오.
당신은 하나님이 주신 가정의 최고의 정원사입니까?

45

딸에게 인생에 관한
장문의 편지를 써라

여성의 인생여정은 크게 다르지 않다. 어머니도 그런 길을 걸었듯이 딸도 그 길을 걸어갈 것이다. 어머니는 사회와 책에서 인간의 모습을 보았고, 꽃과 같은 딸을 앞에 두고 늘 딸에게 무엇을 말해주면 좋을까를 고민한다. 어머니는 딸의 인생에 도움이 되고 싶어 한다.

옛날에 한 어머니가 있었다. 곧 성년이 되는 딸을 보고 어머니는 자신이 걸었던 인생의 길을 회상했다. 그리고 정중하게 딸에게 인생에 관한 장문의 편지를 쓰기 시작했다. 여기 그 편지의 일부내용이 있다.

● 성년이 되는 딸에게 쓰는 편지

여자는 이 멋지고 찬란한 세상에 좋아하고 추구하는 것들이 많이 있단다. 낭만적이고 편안한 생활을 동경하는 소녀는 극소수에 불과하겠지. 또 보석으로 장식된 액세서리와 잘생긴 남자에게 흔들리지 않는 소녀도 아주 드물 거고. 너는 정당한 수단과 재능과 노력으로 이런 것들을 가지렴. 너는 고귀한 외모, 아름답고 넓은 집, 호화찬란한 자동차, 심지어 사랑하는 '백마 탄 왕자' 등 네게 속할 것들을 갖게 될 거란다.

우리 딸이 꼭 알아두어야할 게 있단다. 감정의 경쟁은 연애할 때 존재하기도 한단다. 많은 파트너가 아직 결합하지않은 상태에서는 모두에게 아직 선택하거나 선택받을 동등한 기회가 있단다. 하지만 네가 좋아하는 남자가 일단 결혼하려는 상황이거나 이미 결혼한 남자라면, 그 사실을 받아들어야 해. 그 남자가 얼마나 멋지고 네 마음에 들든 그는 이미 다른 사람의 것이지. 본래 자신의 것이 아닌 사람이나 사물을 차지하려는 것은 현명하지 못한 행동이란다. 빼앗거나 훔치는 것과 같이 영광스럽지 못하지. 그 다음은 네가 마음씨 착한 여자이고, 네 경쟁상대도 마찬가지로 착한 여자라면 자신의 행위 때문에 도덕적으로 비난받거나 양심의 가책을 받을 지도 모른단다. 네가 그녀에게 해를 입히기 위해 잘못이 없는 아이가 아주 불안해할 지도 모르지. 너는 금방 알게 될 거야. 다른 사람의 불행 위에 세워진 행복은 절대 오래 가지 못한다는 사실을 말이다.

네 경쟁상대가 강인한 여자라면 그녀는 너를 어떻게 대해야 할지를 잘 알고 있을 거야. 그녀는 모든 의심, 원한, 분노를 네게로 향하게 할 거란다. 네가 상처받고 굴복하도록할테지. 그때 너는 진정한 전쟁이 곧 두 여자 사이에게 전개될 것이고 그 전쟁에서는 누구도 진정한 승리자가 될 수 없다는 것을 알게 될 거야. 또 결국 상처를 입는 사람이 바로 너 자신이란 것도 알게 되겠지. 그래서 우리 딸이, 그런 위기가 팽배한 상황을 밤내시 말거라. 감정이 이성의 궤도를 이탈하지못하게 과감하게 몸을돌리기 바란다. 이 세상에는 훌륭한 남자가 많아서 네게 속한 햇빛처럼 투명하고 아름다운사랑을 찾을 수 있을거야. 우리 딸아, 엄마가 또 하고 싶은 말이 있단다. 어느 날 네가 가장 사랑하는 사람을 찾아냈을 때 분명히 알아야 할 것이 있단다. 생명이 있는 물체에는 변화가 생길 수 있단다. 이것은 가장 자연스럽고 흔한 상태이기도

하지. 그것을 침착하게 받아들이렴.

사람도 생명이 있는 것이기 때문에 마찬가지이고 변화의 과정 속에 있단다. 시들거나 변질되거나 심지어 죽을 수도 있단다. 삶과 죽음, 영광과 굴욕을 가족의 사랑으로 승화할 수도 있지. 사랑은 바로 이런 형식으로 새로운 생명을 얻는단다.

어떤 사람은 결혼의 성공 여부는, 절반은 결혼 전의 선택에, 나머지 절반은 결혼 후의 관리에 달렸다고 말한다. '여자팔자는 뒤웅박팔자'라고 했던가. 품행이 바르지 못하고 기질이 천박한 남자에게 잘못 시집을 가면 그 여성의 결혼생활은 거의 재난에 가깝다. 하지만 그것은 극단적인 예에 불과하다. 결혼 생활의 실패사례를 보면 남녀 두 사람의 품행이나 기질이 문제가 되기보다는 성격이나 심리적인 문제가 더 중요한 원인임을 알 수 있다. 한 개인의 인격과 심리가 건전하고 건강하게 되거나, 혹은 결함이 생기고 병적인 상태가 되는 원인이 무엇인지를 알려면 어린 시절로 거슬러 올라가야 알 수 있다.

당신에게 딸이 있다면 어머니로서 위에서 나온 것과 비슷한, 인생에 관한 장문의 편지를 써보자. 그렇게 충고해주면 딸은 머나먼 인생의 길을 돌아가지 않아도 될 것이고 당신에게 고마워할 것이다.

"사랑하는 자들아 내가 이제 이 둘째 편지를 너희에게 쓰노니 이 둘로 너희 진실한 마음을 일깨워 생각하게 하여"(베드로후서 3:1)
우리가 빛나고 아름다운 인생을 살도록 하나님께서 많은 편지를 우리를 위해 남기신 것처럼, 어머니는 자신의 딸이 더욱 빛나고 아름다운 인생을 살아갈 수 있도록 인생의 선배로서 적절한 교훈과 훈계를 아끼지 말아야 합니다. 당신은 딸에게 어떤 신앙 교훈을 주는 편지를 쓰고 싶습니까?

46

자주 부모님을
찾아뵈어라

어린아이는 부모의 마음을 영원히 알 수 없을지도 모른다. 하지만 어느 날 부모님이 우리 곁을 떠나고 우리도 부모가 되면 자식 사랑이 무엇인지를 깊이 깨닫게 될 것이다.

● 뒤늦은 후회

대학을 졸업하자 그는 고향에서 100킬로미터 떨어진 도시로 일자리를 배정받았다. 아버지는 일찍 돌아가시고 장남이었던 그는 매달 어김없이 어머니를 보기 위해 집으로 돌아왔다.

고향으로 돌아가는 차표는 재질이 두꺼운 종이에 인쇄된 것이었다. 매번 어머니는 그에게 말했다.

"아들아, 네 차표가 아주 예쁘구나. 나한테 주렴."

아들은 웃으며 차표를 어머니에게 주었다. 밤에 그는 어머니의 방에서 잠을 잤다.

나중에 그는 여자를 사귀고 결혼하였고 자식도 생겼다. 그때부터 그는 두 달에 한 번씩 어머니를 찾아뵈었다.

나중에는 회사의 사장이 되어 더욱 바빠졌다. 어느 때는 심지어 반년에 한번 고향을 찾은 적도 있었다. 이제 그는 자가용이 생겨 시외버스를 타지 않아도 되었다. 그래서 아들은 시외버스 타는 것이 점점 불편하다고 생각했다. 어머니도 서서히 아들에게 차표를 달라고 하지 않게 되었다.

10년이 지났다. 그는 이미 그 도시의 시장이 되었다. 어느 날 밤, 집에 전화가 왔다. 고향의 동생이 전화로 어머니가 갑자기 뇌출혈로 쓰러지셨는데 생명이 위독하다는 소식을 전해왔다.

100킬로미터는 그에게 짧은 거리였다. 한 시간 뒤, 그는 어머니를 만났다. 그때 그는 갑자기 어머니가 머리는 하얗고 모습이 몹시 초췌하다는 것을 알아챘다. 한 번 만나 뵙고, 날이 밝았다. 그때 이미 어머니는 숨을 거두셨다. 그는 형제자매들과 함께 상복을 입고 어머니를 안장했다.

어머니의 유품을 정리할 때 그는 조상대대로 내려오는 녹나무 상자에서 중학교 교과서를 한 권 꺼냈다. 그것은 신발 견본을 넣어둘 때 쓰던 것이었다. 그는 책을 펼쳐 보았다. 책 안에는 차표가 여러 개 끼워져 있었다. 그 차표는 그가 매번 고향으로 어머니를 보러 올 때 남긴 것이었다.

그는 눈물을 흘렸다. 눈물이 흐르고 또 흘렀다. 그는 부모님이 건강하실 때 더 많이 고향에 오지 않은 것을 후회했다. 그는 오랜 세월 동안 어머니가 자기가 사는 넓은 집에서 하룻밤도 주무시지 않았다는 생각이 퍼뜩 들었다.

당신은 혹 이런 느낌을 받은 적이 있는가?

부모님과 같은 도시에 살지만 일이 너무 많아 부모님을 찾아뵐 시간을 낼 수 없다. 어디를 가도 부모님의 자식이고 부모님은 항상 그 고향집을 지키고 계신다고 느껴진다. 한 번 더 가고 덜 가고는 중요하지 않다. 어느 날 어떤 노래를 듣고 갑자기 원래 자신의 잘못이었음을 깨닫는다. 그래서 고향으로 돌아가 문에 서서 가슴이 아파오는 것을 느낀다. 나쁜 일을 저지른 아이가 어른을 만난 것처럼 마음이 불안하고 누군가 자신을 비난하는 것 같다. 문을 두드릴 때 부모님은 무엇을 하고 계실까 추측한다. 문을 들어서면 백발이 성성한 아버지의 머리가 보인다. 어머니의 늙으신 얼굴도 보인다. 마음이 아파오는 느낌이 든다.

우리는 현대사회에서 살고 있다. 짙은 상업화 분위기에 둘러싸여 마치 고속으로 회전하는 기계에 묶어진 듯하다. 자기도 모르게 우리는 진정한 사랑에 소원해진 것은 아닌가? 부모님의 사랑은 그렇게 순결하고 사심이 없다. 어두운 밤, 하늘의 밝은 달처럼 고요하게 자식들의 마음을 비추는 것 같다. 우리는 '화려한 차표'의 뒤에 숨겨진 걱정의 의미를 되새겨봐야 한다. 이야기 속의 후회를 읽고 당신은 무엇을 어떻게 느끼고 깨달았는가?

'자식이 효도하려 하나 부모님이 계시지 않는다'라는 후회가 많은 사람들에게 계속 일어나고 있다. 다행히 아직 부모님의 사랑을 받고 있다면 잊지 말고 시간을 내서 찾아뵈라. 어머니의 잔소리를 듣고 아버지와 함께 일에 대해 이야기를 나누라.

"네 아버지와 어머니를 공경하라 이것이 약속있는 첫 계명이니 이는 네가 잘되고 땅에서 장수하리라"(에베소서 6:2,3)
부모님의 사랑과 은혜에 보답하는 가장 좋은 방법은 부모님을 자주 찾아뵙는 것입니다. 부모님께서 당신의 사랑과 존경을 느낄 수 있도록 행동으로 보여드리십시오. 이것은 하나님의 계명이기도 합니다.
당신은 부모님을 공경해야 한다는 하나님의 계명을 실천하는 여성입니까?

자매처럼 친한 친구를 만들어라

여성의 인생에서는 자매처럼 친한 친구가 있어야 한다. 좋은 친구와 우정을 쌓으면 한평 생 이야기를 나누어도 끝이 없다.

친구가 생기면 그리움이 생긴다. 누군가가 그리워하는 존재가 된다는 것은 행복이다. 친구가 많으면 그리움도 많아진다. 행복은 봄날의 꽃처럼 구석구석 활짝 피어난다. 시간은 몰락하고 세월은 닳아 없어져도 친구의 우정은 부서지지 않는다. 사실 더 많은 경우에서 보듯이 우정은 항구이다. 바람을 피해 정박할 수 있다. 친구가 있으면 마음을 탁 터놓을 수 있다. 즐겁게 인생여정에서 나오는 장애물을 넘어갈 수 있다. 가뿐하게 사계절을 보낼 수 있다. 지기(知己)가 생기는 것은 삶의 행복일뿐만 아니라 삶의 확장이다.

많은 여성들이 친구에게서 오는 행복을 알고 있다. 억울한 일을 당했을 때, 오해를 받았을 때, 상심했을 때, 격이 없고 비밀스런 이야기를 나눌 수 있는 친구는 당신의 고민에 관심을 보일 것이다. 곤란한 상황에 처했을 때, 어려움을 겪고 있을 때, 도움이 필요할 때도 그 친구는 사심 없이 두 팔을 내밀어 당신을 도와줄 것이다. 그런 친구를 사귀게 되면 정말 소중히 여겨야 한다.

우리의 우정에 대한 갈망과 욕구는 항상 사랑과 같아서 기회가 왔을 때 잡아야 한다. 많은 경우 친구는 동고동락을 하는 과정에서 얻을 수 있다. 함께 여러 가지 어려움을 겪으면서 상대방의 인품, 성격을 알게 되고 시간이 지나야 마음을 볼 수 있기 때문이다. 그 다음에야 비로소 서로를 신뢰할 수 있는 기초가 생긴다.

• 영원한 우정을 나눈 동반자

쑹칭링(宋慶齡, 1893~1981, 쑨원[孫文]의 아내이자 중국 정치가, 역자 주)과 하녀 리지에(李姐)의 관계는 이런 자매와 같은 우정의 관계였다. 쑹칭링은 고귀한 집안의 출신으로 금지옥엽처럼 귀하게 자랐고, 인간 세상의 온갖 부귀영화를 누렸으며, 한때는 국모(國母)라고 불리며 추앙받기도 했다. 그런 그녀도 만년에는 리지에와 함께 서로 의지하며 보냈다. 리지에는 쑹칭링을 자신의 친정과 이어주는 마지막이자 유일한 연결고리였다. 고요한 달밤에 평생 가장 사랑한 가족과 멀리 떨어진 쑹칭링은 그리움의 현을 은은히 켰다. 그녀를 위로해줄 수 있고, 그녀와 옛날 송씨 집안에서 있었던 일을 함께 회상할 수 있는 사람은 리지에뿐이었다. 리지에가 숨을 거두자 쑹칭링은 죽고 싶을 정도로 비통했다. 송씨 능원(陵園)에 리지에를 안장했을 때는 두 사람은 이미 영원히 우정을 나누는 동반자가 되었다.

또 다른 경우의 자매나 다름없는 친구도 있다. 두 사람 사이에 큰 공통점이 있는 건 아니고 그렇다고 함께 모진 풍파를 겪은 것도 아니지만 그 친구 앞에 있으면 모든 가식을 떨쳐버릴 수 있고 오랫동안 털어놓지 못했던 비밀을 말해줄 수 있는 그런 친구이다. 그런 친구는 착하고, 온화하며 이성적이고 똑똑하기 때문에 그녀와 함께 비밀을 공유하고 싶어진다. 함께 나누는 동시에 이해, 지혜, 용기를 얻을 수 있으며, 심지어 가끔은 그 친구가 당신을 비춰주는 거울이 되어 말도 해주면서 자신을 분명하게 보여준다.

하지만 여성과 여성 사이의 우정은 선을 잘 그어야 한다. 아무리 가까워도 일정한 거리는 있어야 한다. 그래야 둘 사이의 우정이 오랫동안 신선도를 유지할 수 있다. 두 사람의 교제에서 가장 중요한 것은 상대방의 프라이버시를 존중하는 것이다. '못할 말이 없고 이야기하지 못할 것이 없다'라는 수준에 이르려고 하지 마라. 지기(知己)가 되고 못 되고는 말의 많고 적음에 있는 것이 아니라 이해에 있다.

사실 세상에서 가장 아름다운 일은 머리와 마음이 모두 좋은 여자 친구가 있는 것이다. 영원히 서로 잘 지낼 수 있는 친구를 얻고 싶다면 여러 가지 품성이 필요하다. 이기적인 사람, 인색한 사람, 성인의 아름다움을 싫어하는 사람, 유명인의 명예를 질투하는 사람은 좋은 친구를 얻을 수 없다. 좋은 친구를 얻고 싶다면, 정당한 방법으로 사람의 마음을 얻는 방법을 배워야 한다. 당신이 대접받고 싶은 대로 다른 사람을 대접해야 한다.

왜냐하면 친구는 당신과 평생을 함께할 사람이기 때문이다. 인생에서 가족을 제외하고 그 누구도 친구처럼 당신의 평안을 위해 기도해줄 사람은 없다. 그래서 친구를 소중히 생각하고 사랑해야 한다. 눈을 보호하는 것처럼 친구 사이의 우정도 보호해주어야 한다. 그래야 100퍼센트 완전한 행복을 누릴 수 있다. 친구가 있어야 아무 거리낌 없이 모든 것을 받아들일 수 있다. 친구는 영원한 재산이다. 친구는 어려울 때 도와줄 수 있고, 약해졌을 때 용기를 주는 사람이다.

사랑은 없을 수 있지만 우정은 절대 없어서는 안 된다. 우정이 일단 사라지면 삶에는 즐거운 소리가 있을 수 없으며 고인 물처럼 된다. 우정은 어디에나 존재한다. 우정은 당신의 왼쪽과 오른쪽에서 따라다니고 주변을 맴돈다. 당신과 평생을 함께 보낸다.

남자에게 훌륭한 여성은 학교이다. 여성에게는 더욱 그렇다. 일정한 지식을 함양하고 정신적인 것을 추구하는 여성은, 여성이 일을 하는 것이 쉽지 않으며 서로 돕고 격려해주어야 함을 누구보다 잘 알고 있다. 관용적인 태도로 친구를 대하면 자신과 친구 모두 동정심과 따뜻함을 얻을 수 있으며 함께 삶의 아름다움을 창조해나갈 수 있다.

"많은 친구를 얻는 자는 해를 당하게 되거니와 어떤 친구는 형제보다 친밀하니라"(잠언 18:24)
우정의 나눔은 삶을 더욱 풍성하게 하고 즐거움을 배가시키며 영원한 행복을 맛보게 합니다. 이 세상 친구와 우리의 영원한 친구 되시는 하나님과도 더욱 친밀하고 깊은 관계의 유익을 누리시는 여성이 되세요.
당신은 하나님과 얼마나 친한 친구 사이입니까?

여러 해 동안 만나지 못했던
친구를 찾아라

어느 비 내리는 주말, 마침내 방을 청소하기로 결심 했다. 장롱의 밑바닥부터 책꽂이의 가장 높은 곳을 포함한 집안 전체를 청소하기로 한 것이었다. 청소를 하면서 뜻밖에 옛날 물건들을 여러 개 발견했다. 모두 옛날 친구들과 관련이 있는 물건들이었다. 친구들의 주소록, 옛날 사진, 편지, 오래 방치해 두었던 선물 등, 순식간에 이렇게 세월이 많이 지나가 버렸다. 먼지가 쌓인 옛날 일들이 마치 어제처럼 느껴졌다. 추억은 창밖의 몽롱한 안개비 같았다. 강을 사이에 두고 멀리서 바라볼 수 있지만 다시 되돌아갈 수는 없었다. 그럼 익숙한 얼굴과 친근한 목소리는 다시 보고 들을 수 없는 걸까? 친구들은 어디에 있을까? 하늘 끝 멀리 가버렸을까, 아니면 지척 가까운 곳에 있을까?

물처럼 평정했던 마음에 순간 파도가 일렁였다. 아련한 추억이 마음을 요동치게 했다. 그래서 오래 되어 이미 무용지물이 되어버린 주소록 수첩을 꺼내들고 친숙한 이름을 찾았다. 그들이 아직 옛날에 살던 그곳에 살고 있을까?

뜻이 있는 곳에 길이 있고 하늘은 스스로 돕는 자를 돕는다고 했던가. 결국 옛날 친구들 몇 명과 연락이 닿았다. 심지어 옛날의 반장도 찾아냈다. 그 가운데 몇 명은 같은 도시에 살고 있었지만 연락을 해본 적이 없었다. 모두 모임을 갖기로 결정했다.

여러 해 전에 이미 알던 사이가 아닌가! 그때 우리는 기숙사에서 웃고 떠들었고 시험 준비를 위해 밤을 꼬박 지새우며 공부했다. 함께 야외로 나가 음식을 만들어 먹기도 했는데 순식간에 십여 년이 지나버린 것이다.

그때는 10대 소년 소녀였는데 그날 밤에 다시 만나 처음 보는 순간에는 거의 서로를 알아보지 못했다. 짧지만 어색한 순간이 지나고 우리는 서로의 이름을 불렀다. 다시 알게 된 순간 십여 년 전의 모든 기억이 앞 다투어 우리의 눈앞을 스쳐지나갔다.

우리 마음에 있던, 왜 이제야 꺼내느냐고 원망하는 여러 가지 추억들이 체면치레도 없이 입에서 튀쳐나왔다. 기억에 남아있던 당시의 나, 그때의 친구는 오늘 어쩌면 이리도 많이 변했는지에 대해 이야기꽃을 피웠다.

학창시절의 여러 가지 즐거움과 걱정이 십여 년이 지난 오늘 다시 이야기의 주제가 되었다. 모든 사람들의 마음속에서 홀린 듯, 취한 듯한 기쁨이 흘러넘쳤다. 기억력이 좋은 친구는 서둘러 자세한 이야기를 해주었고 기억력이 나쁜 친구는 그 친구에게 연신 질문을 해댔다.

"정말이야? 내가 정말 그랬니? 언제? 어디에서? 난 어째서 기억이 나지 않지?"

"크크, 네가 그때 말이야……."

"정말이야? 우리 반 여학생 10명이 학교 신년파티에서 패션쇼를 했었어?"

"나는 왜 기억을 못할까? 그때 우린 마르고 작았는데 어떻게 패션쇼를 할 수 있었니?"

"왜 못해? 나는 아직도 확실하게 기억하는데."

란얼(蘭兒)이 웃으면서 말했다.

"원원(雯雯)이 내 옆에서 계속 나에게 물어봤어. 걔가 단추를 채우지 않아서 옷이 내려올까 봐 내가 손으로 좀 단단히 끼워주었지……."

"정말이야? 우리가 어린 시절 무대를 걸으며 패션쇼를 했었다고? 나는 왜 전부 잊어버렸지? 하나도 기억하지 못하겠어."

그렇게 거리낌이 없는 젊음이었고 그렇게 즐겁기만 한 웃음소리였다.

오늘 밤, 우리는 지난날을 회상하며 더 이상 현실의 속박에 구애받지 않았다. 나는 친구들에게 속으로 이렇게 말하고 있었다.

'더 좀 이야기 해주겠니? 너희들이 좀더 말해줘. 내게 좀더 알려줘. 이미 내가 잊고 있었던 것들을 말이야. 더 이상 돌아올 수 없는 세월 속에 있었던 즐거움과 슬픔, 점점 멀어지고 어두워져 가는 시간을 알려주렴.'

졸업한 지 얼마나 지났는가? 5년, 10년, 아니면 20년? 손가락을 튕기는 시간만큼 짧은 순간? 졸업한 날부터 우리는 공기처럼 도시의 구석구석에 스며든다. 청춘, 열정과 지혜는 각자의 세상에서 백발이 될 때까지 바뀌고 성장하며 진보할 것이다. 매일의 잡다한 일상사가 반복되고 한 해가 지나면 다시 새로운 한 해가 올 것이다.

삶, 일, 결혼, 아이, 끝이 없는 집안일, 헤아릴 수 없는 업무, 삶의 범위는 갈

수록 좁아질 것이다. 어느 순간 돌이켜볼 때에야 비로소 대다수의 친구들과 선생님과 이미 연락을 끊겼음을 알고 놀라게 될 것이다. 옛 기억은 점점 먼지 속에 묻히고 웃는 얼굴도 점점 굳어질 것이다. 과거를 잃어버린 사람이 어떻게 오늘과 내일에 얼굴을 마주할 수 있겠는가?

졸업할 때 우리는 아쉬운 마음을 달래며 '10년 후에 우리 다시 만나자'라고 말한다. 지금은 이미 12년, 15년이 지나갔다. 다시 만나지 않는다면 아마 평생 후회할 것이다. 그럼 하루라도 시간을 내자. 모든 잡다한 일을 제쳐두고 이미 잃어버렸던 어린 시절의 세월을 다시 나타나게 하자. 옛날의 풍경을 잠시 붙들어두자. 세월이 우리의 모습을 완전히 바꿔놓겠지만 우리가 옛날 일을 위해 건배하는 순간 모든 것은 이익을 초월한다. 세속에 오염되지 않은 순수한 감정은 노력한다고 찾아낼 수는 없는 것이다.

모든 과거는 음미할 가치가 있다. 그것 때문에 우정, 진실한 마음, 관심을 느낄 수 있다. 연락이 끊긴 동창과 친구를 찾아보자. 부드럽고 연약한 마음을 위해, 번화한 도시에서 고독감을 느끼지 않기 위해, 북적거리는 인파 속에서 외로움을 느끼지 않기 위해, 매일 즐겁게 태양의 환한 미소를 바라보기 위해.

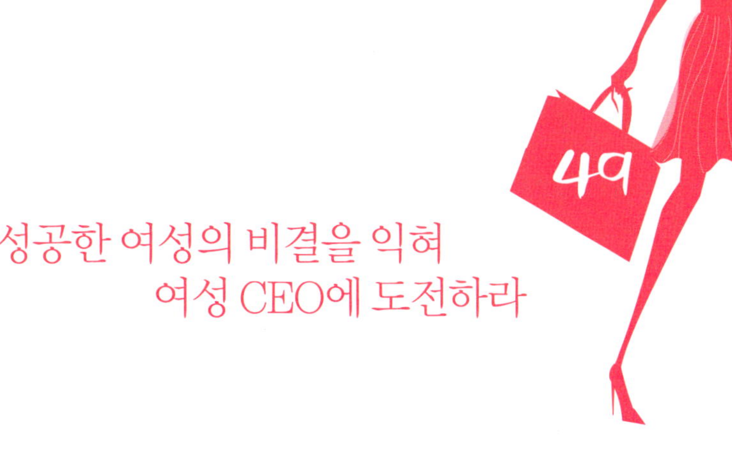

성공한 여성의 비결을 익혀
여성 CEO에 도전하라

35세 이전의 여성인 당신의 꿈은 무엇인가?

당신의 꿈이 평범한 주부일 수도 있고, 공무원, 교사, 예술가 혹은 비즈니스를 꿈꿀 수도 있다. 그러나 그 꿈이 무엇이든 간에 성공한 여성의 비결을 알아두는 것은 인생을 발전시킬 수 있는 중요한 지혜가 될 것이다.

사실 여성의 삶은 매우 다양하여 어머니, 딸, 아내 때로는 어떤 이의 인생 지기로서의 역할을 감당하여야 한다. 즉 어머니의 강인함과 딸로서의 다정다감함, 아내로서의 여성스럽고 사랑스러움, 인생지기로서의 지혜로움과 친근함까지 골고루 갖춰야 한다.

여기 성공한 여성 CEO를 소개하고 그들에게서 인생의 지혜를 배워보도록 하자.

"폐지 왕"이라는 별명을 가지고 있는 짱인은 27세가 되던 해, 중국에서 단 3만위안을 가지고 홍콩으로 건너갔다. 그녀는 대담하고 성실한 마인드로 당시 종이공급이 절대 부족했던 시장을 틈타 폐지수집 무역회사를 시작하였고, 미국으로 건너가 전문적 지식과 지혜를 총동원해 10년이 채 못되어 중 남유한회사 외 7개의 포장공장과 운송업체를 세우는 거목으로 자라났다.

그녀는 안정적인 생활을 포기하고 끊임없이 도적적인 마인드와 틈새시 장을 공략하는 탁월한 경영능력을 인정받아 중국에서 가장 큰 여성재벌 이 되었다.

홍콩에서는 그녀를 비롯해서 CEO의 35%가 여성일 정도로 여성의 경 제활동은 이미 특별한 일이 아니다.

한국의 애경그룹 회장인 장영신은 항상 '신용'을 최우선으로 사업에 임 하며, 정도를 지키는 것을 매우 중요하게 생각한다고 한다.

"시간은 비즈니스를 포함한 모든 인간 관계에서 성패를 좌우하는 첫 관문이 다. 약속 시간을 지키는 작은 사실 하나가 그 사람의 성격과 인격을 대변한 다"라고 말하며 어떤 경우에도 '10분 먼저' 라는 원칙을 고수한다고 한다.

그의 이런 성실을 고수하는 원칙은 사원들에도 영향을 미쳐 한국에서 대 표적인 화학그룹이 탄생하게 되었다.

미국의 세계적인 컴퓨터회사 휴렛팩커드(HP)의 첫 여성 최고 경영자 (CEO)로 발탁돼 화제를 뿌리고 있는 칼리 피오리나(44)는 뉴욕타임스 에 자신의 지닌 20여 년간 꺼리어우번으로서의 삶과 평범한 샐러리우먼 에서 최고자리까지 오를 수 있게 된 성공비결에 대해 이렇게 밝힌 바 있다.

1. 도전적인 상황에 일부러 맞닥뜨려라. 어려운 도전일수록 더 흥미진진 한 법이다.

2. 결코 흔들리지 않는 확고한 비전을 가져라. 단, 명확하고 현실적이며 객관적인 목표이어야 한다.

3. 스스로의 한계나 사업의 장해성을 미리 정하지 마라.

발전의 최대 장애물은 일을 시작하기도 전에 한계를 정하는 것이다.

사람(사업)은 스스로 생각하는 것보다 훨씬 더 큰 잠재력을 가지고 있다.

4. 팀워크가 가지는 위대한 힘을 잊지 말아라. 누구도 혼자서는 성공할 수 없다.

5. 윈스터 처칠이 말했듯이 절대, 결코, 무슨일이 있어도 중간에 포기하지 마라. 가장 큰 승리는 대개 최후에 오는 법이다.

6. 자신감과 겸손함 사이에서 균형을 유지하는 법을 배워라.

'나는 할 수 있다.'는 자신감과 가져야 하고, 도움을 청해야 할 땐 굽힐 수 있는 겸손함도 갖추어야 한다.

7. 하고 있는 일을 사랑하라. 성공은 열정의 산물이다.

35세 이전인 당신은 여성 CEO의 지혜를 배워 당신도 어느 분야에서든 CEO가 될 수 있다는 생각을 가져보라.

그 비결은 먼 곳에 있지 않다. 여성이야말로 다방면의 자질을 갖춘 리더가 될 수 있다. 성실, 도전, 자신감, 그리고 겸손함을 가지고 인생을 살고 있는 여성들의 빛나는 삶을 보면서 당신도 여성이라는 사실을 기억하기 바란다.

"내게 능력 주시는 자 안에서 내가 모든 것을 할 수 있느니라"(빌립보서 4:13)
하나님은 모든 사람을 향해 목적을 가지고 계십니다. 당신을 향한 하나님의 계획을 발견하여 성공한 여성의 빛나는 삶을 사십시오. 당신은 어떤 분야에서 이렇게 성공한 여성이 될 수 있다고 생각하십니까?

생명 속의 사랑을
깨달아라

사랑은 여성의 화려한 외투이다.

세상사를 철저하게 경험한 뒤, 겉으로 드러난 많은 사물이다. 세월과 경험은 이미 말할 가치도 없는 것으로 변했기 때문이다. 설사 어린 시절의 꿈을 보았다하더라도 사람들이 부러워하는 물건이 생기면 삶은 여전이 미완성이다. 하지만 사랑만 있으면 여성의 삶은 클라이맥스로 접어들게 할 수 있다.

사랑에 대한 용감한 추구는 이미 여성의 타고난 자연스러움이 되었다. 그것은 여성의 아름다움과 함께 꽃을 피웠다. 이런 사랑은 청춘기의 연약함을 없애고 더 진실하고 순수하게 만들기 때문이다.

여성의 이런 추구는 순진하고 열정적이며 성적 매력을 발산한다. 그것은 생명의 깊은 곳에서 나오며 여성에게 격정과 감각을 준다.

용감하게 사랑하는 여성은 속박을 타파하고 더 많은 가능성을 주는 삶과 사랑을 선택한다. 많은 여성이 평생토록 남자의 사랑이 진정한 사랑임을 확실히 믿지 못하고 있다. 하지만 성숙하고 자주적인 여성은 정확하게 자신의 속마음을 알 수 있다. 더욱이 여러 가지 경험을 하면서 더 분명하게 사랑을 발견하고 진정한 사랑을 찾아낼 수 있다.

성숙한 여성은 침착하고 우아하게 사랑할 수 있을 것이다. 이 시대가 여성의 가치에 대한 인식을 바꾸어 놓고 있으며 더 높이 끌어올리고 있기 때문이다.

신세대 기혼여성에게도 사랑은 필요하다. 이것은 전통 결혼관의 변화에도 도움이 된다. 결혼을 보는 시각 또한 다원화와 인성화의 길로 들어섰다. 그녀들은 결혼 생활에서도 낭만과 정열을 원한다.

여성들은 사랑을 해야 한다. 용감하게 사랑해야 하며, 결혼 생활이 늘 신선한 사랑의 빛을 내도록 노력해야 한다. 결혼 후에도 미용, 몸매 만들기, 운동, 화장에 정성을 쏟고 그것을 통해 아름다움을 유지해야 한다. 남편에게 늘 새로운 모습을 보여주려고 노력해야 한다.

성숙한 여성이라면 더욱 사랑의 촉촉함이 필요하고 사랑의 완전함과 순수성을 더욱 중요하게 생각해야 한다. 그래서 우리는 가끔 완벽한 사랑을 가혹하게 추구하는 모습을 보기도 한다. 그것은 바로 생명의 속성과 정열에 대한 집착이다.

성숙한 독신여성은 더 이상 세속의 압박에 못이겨 결혼하지 않는다. 나이가 여성에게 있어 두려움과 위기를 의미하는 시대는 이미 저 멀리 가버렸다. 그녀들은 평온한 마음으로 자신의 진정한 사랑을 기다릴 수 있다.

성숙한 독신여성은 생계를 꾸려갈 방법을 알고 있을 뿐 아니라 성장하고 독립하는 법도 잘 알고 있다. 정말 필요한 것이 무엇인지 알며 진정으로 소중하고 가치가 있는 사랑을 안다. 그런 나이가 되어야 사랑의 색은 파릇파릇한 것에서 꽃처럼 농염한 것으로 탈바꿈할 것이다.

사랑도 여성에게 뼈아픈 고통을 줄 수 있다. 하지만 성숙한 여성은 아픔에도 웃음지어 보일 수 있다. 숙명 속에서 고난을 벗어날 방법이 없을 바에는 차라리 고난 속에서 자신을 견지해나가는 것이 낫다. 사랑 속에서 고통스럽게 피어난 미소는 영원하다.

이때의 여성미는 입체적이다. 더 이상 한 가지 기준으로 판단할 수 없다. 이런 아름다움은 지성을 갖추고 있을 뿐 아니라 영적(靈的)인 성향이 풍부하다. 삶은 그녀들을 더 많은 경험을 쌓게 해줄 것이다.

물론 가치와 매력을 아는 성숙한 여성은 결코 자기를 좋아하는 남자가 없어 결혼을 혐오하는 여성이 될까 걱정하지 않는다. 그녀들은 다만 사랑의 부재를 두려워할 뿐이다. 자신이 찾는 사랑이 더 완벽하고 지적인 것이기 때문이다. 남자는 그녀가 갈구하는 사랑의 불꽃을 쉽게 피워 오르게 할 수 없다. 그녀들은 세심하게 살펴본 다음 정열을 쏟을 것이다. 이때 그녀들의 사랑과 삶은 이미 하나가 될 것이다. 이것도 정열과 완벽함에 대한 집착이다.

30대에 들어선 여성은 결혼을 최후의 전쟁터로 여기지 않으며 사랑의 희망이 끝나는 곳이라고도 생각하지 않는다. 그녀들은 모든 찬란함이 막 시작되었을 뿐이며 모든 아름다움은 계속 될 것이라고 생각한다. 하지만 사랑은 기회가 왔을 때 잡아야 하는 것이다. 용감하게 사랑할 수 있다고 해서 망망한 바다에서 적합한 사람을 찾을 수 있는 것은 아니다.

그래서 기혼이든 미혼이든 평온한 마음을 가질 수 있어야 사랑을 지킬 수 있다. 삶의 맛이 사랑의 맛임을 깨달았다면 삶과 사람이 주는 희열을 느끼지 못할 까닭이 없다. 

나이가 사랑을 알게 하고 발견하게 하기 때문에 시간에 굴복하여 고인 물과 다름없는 애정 없는 결혼을 하지 않을 것이다. 세상에는 전설속의 사랑이 존재한다. 전제가 있다면 그것은 여성이 매력을 지녀야 한다는 것이다. 20세에는 20세의 아름다움이 있고 30세에는 30세의 매력이 있다. 35세가 넘었다고 해도 여전히 사람을 비추는 빛이 있다.

아름다움을 멈추게 하는 동시에 여성은 세월이 준 독특한 맛을 지니게 될 것이다. 여성의 아름다움은 천천히 피어난다. 사랑은 바로 아름다움의 촉진제이다. 사랑은 여성의 전부가 아니지만 집요하게 추구하는 것이 되었다.

"사랑은 오래 참고 사랑은 온유하며 투기하는 자가 되지 아니하며 사랑은 자랑하지 아니하며 교만하지 아니하며"(고린도전서 13:4)
하나님이 주신 사랑의 소중함을 아는 여성은 삶 속에 찾아온 사랑을 아름답고 성숙하게 가꾸는 지혜를 지닙니다.
당신에게 부족한 사랑은 어느 부분인가요?

멋진 여성이 되기 위해 35세 이전에 꼭 해야 할 일에 대해 살펴보셨나요?
이제 본문과 같은 멋진 삶으로 아름다움을 보여주었던 성경의 여성들을 통해 당신의
모습을 점검해 보십시오.

진정한 사랑을 알았던 성경의 여인들

1. 하나님이 주신 재능으로 사랑을 베푼 여인 도르가

바느질 재능을 가진 도르가, 그녀가 왜 사랑의 여인일까요? 단순한 것처럼 보이는 재능이지만, 그녀는 예수님을 만난 후 자신의 재능을 한껏 발휘해 가난한 과부들을 위해 옷을 지어 줍니다(마 25:14-29). 그녀는 도덕적이고 영적인 뒷받침을 해주는 것으로 주님의 제자로서의 사명을 감당하고, 재능을 통해 하나님이 기뻐하시는 일을 행했던 진정한 사랑의 여인입니다(행 9:36-43).

2. 외모의 아름다움으로 많은 사랑을 받았던 라헬

라헬은 아름다운 외모를 지닌 여성입니다. 야곱은 라헬과 결혼하기 위해 7년 동안 외삼촌의 종살이를 자청할 정도로 라헬의 아름다움은 뛰어났지요. 또한 라헬을 다른 부인들보다 많이 사랑하므로 여러 명의 자식 중에 라헬의 자식인 요셉을 더욱 사랑할 정도로 사랑을 많이 받은 여성입니다(창 29:1-30).

3. 남편의 깊은 사랑을 받은 한나

한나라고 하면, 우리는 그녀의 기도를 떠올립니다. 그녀가 이처럼 기도의 여인으로 불리우게 된 것은 아들 사무엘이 이스라엘의 참된 지도자로서 세워지기까지 뒤에서 헌신과 기도를 아끼지 않았기 때문이지요. 그만큼 깊은 애정과 열정이 있었다는 것입니다. 그러나 그 배경에는 남편 엘가나의 깊은 사랑이 있습니다. 사무엘을 낳기까지 무자하였음에도 엘가나는 한나에게 갑절의 사랑을 줍니다. 남편에게는 사랑스런 아내였고, 하나님께는 자식을 통해 사랑을 드린 여인입니다(삼상 1:1-8).

사랑의 여인 따라잡기

1. 사랑을 표현하는 방법에는 어떤 것이 있을까요?

2. 당신도 사랑의 여인이 될 수 있습니다. 사랑 계획을 세워보세요.
   1) 당신이 주고 싶은 사랑의 대상은 누구인가요?
   - ____

   2) 당신이 할 수 있는 사랑 표현 방법에는 어떤 것이 있나요?
   (예 - 도르가처럼 옷을 지어 구제하는 방법, 한나처럼 기도로 돕는 방법 등)
   - ____
   - ____

3. 당신에게 남자친구가 있다면, 혹은 남편이 있다면, 오늘 사랑 받을 수 있는 계
   획을 세워보세요.
   (예 - 칭찬해주기, 격려의 말하기, '사랑해'라고 말하기, 정성이 담긴 선물하
   기, 가장 예쁜 옷입고 만나기 등)
   - ____
   - ____

4. 당신이 하나님을 위해 할 수 있는 사랑의 표현은 무엇인가요?
   (당신의 재능, 취미 등을 적어보고 그것들을 통해 하나님을 섬길 수 있는 방법
   을 찾아보세요.)
   - ____
   - ____

4부 영혼

영혼의 숨통을 트이게 하라

속세의 시끄러움은 여성이 본래 지닌 연약한 영혼에 경솔함을 덮었다.
속세의 공기는 원래 숨이 막혀 있는 여성의 영혼을
더욱 옥죄며 황폐하게 했다.
그럼 왜 영혼의 창을 열어 아직 35세가 되지 않은 영혼을
씻겨주지 않는 것인가?
무엇이든 좋으니 글을 적어보자.
고향으로 돌아가 보자.
직접 바다에 가보고 일출을 보자.
멀리 여행을 떠나자.
과일나무를 심어보자.
영혼이 시간과 공간을 마음대로 떠돌아다니게 하자.
변함없는 생활이 새로운 기후를 찾도록 하자.

자신을 평온한 궤도에 올려 놓아라

우리 주위에는 35세의 문턱에 선 여성들이 많이 있다. 그녀들은 자신도 모르게 삶의 쾌속열차에 올라탄 채 몸과 마음이 지치도록 삶의 목표를 향해 내달리고 있다.

초조함과 조급함은 가속도가 붙은 시대에서 온다. 그것들은 우리의 연약한 마음에서 나온 것이다.

우리는 속도를 이용해 효율을 높이고 삶의 질을 개선한다. 시간을 아껴 많은 일을 하는 것은 이 시대의 트랜드가 되었다. 그렇게 하지 않으면 자신이 현대인이라는 신분을 증명하기에 부족하다.

우리는 서둘러 출근하고 바쁘게 일한다. 매일 팽이처럼 멈추지 않고 일한다. 하지만 언제나 끝내지 못하는 일은 남아 있다.

그래서 우리는 멈춰 서서 길가에 핀 꽃의 향기를 맡을 시간이 없다. 천천히 걸으며 원래 삶에 존재하는 단순함과 희열을 느낄 틈이 없다.

그 결과 우리는 긴장과 걱정 속에서 세월을 보내게 되었다. 우리의 머리는 평범함이 차지했고 어떻게 자신의 기분을 풀 수 있는지 모르게 되었다.

더욱 슬픈 사실은 우리의 걷잡을 수 없는 마음과 지나치게 빠른 생활리듬이 가정 생활에도 큰 영향을 준다는 것이다. 우리는 더 이상 가족에게 시간을 내주지 않는다. 심지어 '질이 중요하고 양이 중요하지 않다'라는 생각으로 자신을 변호한다. 실제 '질'은 무책임하다. 어떤 사람들이 만든 계획표는 기껏해야 짧은 시간 내에 몇 가지 활동에 참가하도록 강요하는 것에 불과하다.

친밀한 대화는 오늘날 찾아보기 힘들다. 너무 바빠서 조용히 앉아 친한 친구, 남편, 아이들과 마음을 터놓고 이야기할 수 없다. 우리는 심지어 누구에게 마음을 토로해야 할지도 모르며, 상대방을 믿어야할지 말아야 할지도 알지 못한다.

여유로운 삶을 누릴 수 있는 사람이 현재 무척 드물다. 반면에 적막함에 대해서는 두려움과 실망을 느낀다. 마음과 생각은 이렇게 혼란스럽다. 마음에 순수함과 집념이 희석되었고 침착함을 잃었다.

지금, 삶의 발걸음을 늦추고 마음의 고요함 속으로 들어가기 바란다.

침착하고 분별력을 발휘하여 모든 일에 집중하자. 모든 것에 서두르지 말자. '이것을 해야하고 저것도해야 하는데'라는 생각을 완전히 떨쳐버리자.

느리게 사는 습관을 갖게 되면 몸과 마음에 스트레스를 덜어주고 삶에 많은 변화가 생긴다. 좀더 인내심을 갖게 되고, 좀더 관용적인 태도를 유지하게 되며, 좀더 다른 사람을 이해하게 된다. 자신이 해야 한다고 생각하는 일을 받아들일 수 있다. 게다가 차분하고 진지한 사랑의 발걸음과도 다정하게 보조를 맞출 수 있다.

자세히 생각해보라. 오랫동안 우리는 충분한 잠을 잘 수 없었다. 음악의 아름다움도 조용히 만끽하지 못했다. 샤워하는 것마저도 매일의 해야 할 일로 생각했다. 스트레스를 느낄 때 모든 일을 놓아버려도 좋다. 잠을 푹 자고 좋아하는 음악을 들어라. 스스로 할 만한 운동을 찾아 해보라. 근심과 걱정을 모두 털어버리고 여행을 떠나보자. 뜨거운 물이 넘치는 욕조에 들어가 몸과 마음을 완전히 맡기는 지극히 간단한 방법도 있다.

「참을 수 없는 존재의 가벼움」을 쓴 작가 밀란 쿤데라(Milan Kundera)는 그의 또 다른 작품「느림」에서 "왜 느림의 쾌락을 잃어버렸을까?"라고 말했다. 이전의 그 여유롭던 시간은 도대체 어디로 사라져버렸단 말인가? 우리는 세상에서 여유는 할 일이 없는 것으로 종종 왜곡한다. 사실 두 가지는 크게 다르다. 할 일 없는 사람의 마음은 우울하고 항상 무료함을 느낀다. 여유는 홀가분한 생활방식이자 진취적인 생활태도이다.

느리게 살라는 이유는 느린 리듬이 자신을 이해하는데 도움이 될 뿐만 아니라 속마음과 더 쉽게 교류할 수 있기 때문이다. 그러면 우리는 일에서 자아실현의 즐거움을 발견할 수 있고, 영혼의 안식을 찾을 수 있으며 잘못된 마음에서 떨어진다. 또한 인생의 여러 가지 난관을 극복하게 해주며 삶과 죽음을 인식하게 만들어 결국 영혼이 평온한 곳에 머물게 한다.

어떻게 안에서 밖으로 영혼의 안정을 찾아야할지를 배우면 시간의 연동장치도 당신의 바람에 따라 더 이상 초고속으로 바꾸지 않을 것이다. 그럼 당신도 자연스럽게 더 많은 시간을 가질 수 있을 것이며, 동시에 어떻게 방향을 잡아야 할지도 알게 될 것이다. 당신은 더 효율적이 될 것이며 민감하게 반응하지도 않을 것이다. 물론 실수도 줄어들 것이다. 더 인내심을 발휘하게 될 것이며 더 친절해질 것이다. 당신은 이 세상을 더 사랑하게 될 것이다.

영혼의 평온을 유지하는 것은 당신의 인생을 행복하게 할 것이다. 바쁘고 긴장된 삶에서 벗어나게 해줄 것이다. 몸을 건강하게 하여 질병에서 멀어지고 그에 따라 수명도 길어질 것이다. 개인의 재산과 가정과 사업상의 성공을 거두게 될 것이다. 고귀하고 평화로우며 아름다운 기질, 풍부하고 조화로운 인간관계를 얻게 될 것이다. 또한 끊임없이 샘솟는 정력, 넘치는 개인시간, 낙관적이고 진취적인 정신과 영혼의 만족을 얻게 될 것이다.

자신을 평온하게 만드는 법을 배워 어떤 상황에서든 잡을 수도 있고 놓을 수도 있다면 인생을 깨달았다고 할 수 있다. 그녀를 우리는 큰 지혜를 가진 아름다운 여성이라고 부른다.

"저희가 평온함을 인하여 기뻐하는 중에 여호와께서 저희를 소원의 항구로 인도하시는도다"(시편 107:30)
하나님은 게으른 것도 조급한 것도 경계하라고 말씀하십니다. 조급함은 인생의 중요한 순간을 놓치게 만들고, 영혼의 평안함을 거부하도록 이끕니다. 평온함을 유지하는 법을 터득한 여성이 되어 소원의 항구로 이끌림 받는 삶을 살기를 원하시나요?
지금 하나님께서 당신에게 그러한 삶을 준비하고 계십니다.

스트레스를 내려놓는 법을
배워라

현대 사회는 스트레스가 무척 심하다. 더욱이 35세 이전의 여성은 가정과 일에서 촛불의 두 심지가 타들어가듯 항상 스스로를 초췌하게 만든다. 어떻게 하면 자신을 시든 꽃송이가 아니라 아름답게 핀 장미로 바꿀 수 있는가의 문제는 이미 신세대 여성의 선결과제가 되었다.

프랑스의 AFP 통신에 따르면 전 세계 여성 가운데 스트레스가 심한 여성이 남성보다 많다고 한다. '글로벌 로프 보고' 기구가 3만 명의 소비자를 대상으로 한 조사에 따르면 피조사자 여성의 21퍼센트가 스트레스가 매우 심하며 상대적으로 남성은 15퍼센트만이 스트레스가 심한 것으로 나타났다.

이번 조사를 주관한 밀러 씨는 이런 스트레스가 가정에서 오든 사회에서 오든 여성의 스트레스를 풀어주기 위해 세계적으로 스트레스관리사를 육성할 필요가 있다고 지적했다.

로프기구는 이번 조사를 세계 30개 나라에서 실시하였고, 각 나라의 13~65세 사이에 있는 소비자 1000명을 선별하여 직접 면담하는 방법으로 채택했다고 밝혔다. 조사 결과 독신 여성과 독신 남성 가운데 매일 스트레스를 받는 사람의 비율은 각각 17퍼센트와 12퍼센트로 나왔다. 기혼 여성과 기혼 남성의 비율도 마찬가지로 17퍼센트와 12퍼센트로 나타났다. 어떤 유형의 여성이든 남성보다 스트레스가 심하며, 특히 과부가 홀아비보다 더 심한 스트레스를 받고 있는 것으로 나타났다. 이밖에 이혼이나 별거 중인 여성, 간부급 여성이 남성보다 스트레스가 심하고 화이트칼라나 블루칼라 계층의 여성이 같은 계층의 남성보다 스트레스가 심하다는 조사결과를 얻었다.

우리가 직면한 생존의 스트레스와 위태로운 형세는 열심히 노력한다고 대처할 수 있는 것이 아니다. 매일 우리 주변에는 새로운 경쟁상대가 끊임없이 나타나고 있다. 그 외에도 사회의 경쟁은 날로 치열해지고 있으며, 이에 따라 스트레스도 외부 공간에서 오는 것이 아니라 스스로 느끼는 위기감에서 오기도 한다.

분명한 것은 생활의 스트레스가 우리의 몸과 마음에 좋지 못한 영향을 준다는 사실이다. 하지만 스트레스는 영원히 사라지지 않을 것이다.

스트레스는 적절히 바꿔주면 직장에서 벌어지는 남성과 여성의 전쟁에서 찌그러지지 않는 장미가 될 수 있다.

그럼 여러 가지 스트레스를 어떻게 줄일 수 있을까?

1. 적극적인 태도로 스트레스를 대하라

사회는 끊임없이 진보하고 있기 때문에 나아가지 않으면 후퇴하게 된다.

그래서 스트레스를 받았을 때 가장 현명한 방법은 적극적인 태도로 맞서는 것이다. 정말 감당하기 힘들 때는 그 속에 빠져들지 말고 독서, 그림 그리기, 음악감상 등을 통해 마음의 긴장을 천천히 풀어주는 것이 좋다. 그 다음에 다시 스트레스와 맞서면 그때는 스트레스가 사실 그리 크지 않았음을 알게 될 것이다.

어떤 사람은 다른 사람의 스트레스를 자기에게 돌리는 것을 좋아한다. 예를 들어 다른 사람이 승진하거나 돈을 많이 버는 모습을 보고 답답해하는 것이다. 왜 그럴까? 왜 자신은 그렇게 되지 못할까? 사실 최선을 다해 자신의 일을 하면 되는 것이다. 어떤 것은 급히 서두른다거나 원한다고 해서 오지 않는다. 쓸데없이 고민하느니 차라리 즐거운 일을 떠올리는 것이 낫다. 더 많이 공부하여 삶을 더 많은 색으로 가득 차게 하자.

물론 스트레스를 줄이려면 영혼의 족쇄부터 풀어야 한다. 사람들은 항상 너무 많은 것을 추구하고 욕심 낸다. 무거운 짐을 하나하나 자기의 몸에 지니고 있고 버리는 것을 아까워한다. 취사선택하는 법을 배우고 스스로를 잘 대하는 법을 알면 모든 일과 힘겨루기를 할 필요가 없게 된다. 심지어 마음을 털어놓고 이야기하는 방법이나 자신을 해방시키는 방법을 배우면 더 이상 삶에 짓눌려 살지 않아도 될 것이다.

2. 적절한 방향전환을 하라

스트레스가 생기는 원인을 알아보자. 도대체 무엇이 스트레스를 주는가? 일인가? 아니면 가정 생활인가? 그것도 아니면 인간관계인가? 문제의 근본원인을 모르면 문제해결은 불가능하다. 문제의 근본원인을 확실히 알기 어렵다면 전문가나 관련기관에 도움을 요청하라.

동시에 스트레스를 분산시키라. 가능하다면 일을 분담하거나 위탁하여 일의 강도를 줄이라. 절대로 당신이 유일하게 이 일을 잘해낼 수 있는 사람이라고 생각하는 무시무시한 수렁에 빠지지 말라. 일을 삶의 유일한 것으로도 여기지 말라. 당신의 머리가 아침부터 저녁까지 일만 생각하면 업무와 관련한 스트레스가 안 생길 수 없다. 반드시 삶의 평형을 유지해야 한다. 가정, 친구, 취미 등에 시간을 할애하라. 가장 중요한 것은 여가생활이다. 여가생활은 스트레스에 대처하는 효과적인 방법이다.

절대 스트레스로 발전하도록 놓아두어서는 안 된다. 하루 일과가 끝났을 때 스트레스로 쓰러지도록 자신을 방치해서는 안 된다. 때때로 심호흡을 하여 스트레스를 완화하라.

자신이 통제할 수 있거나 통제할 수 없는 일이 무엇인지를 두 종류로 나누어 리스트를 작성하라. 하루의 일이 시작되었을 때 먼저 자신에게 약속하라. 업무 중의 일이든 생활 속의 일이든 자신이 통제할 수 없는 것을 놓아주고 너무 많이 생각하지 말라. 그렇지 않으면 쓸데없는 스트레스만 가중될 뿐이다.

3. 스트레스에 대해 감격하라

인생에 스트레스가 없을 수 있는가?

스트레스가 없으면 우리의 삶은 아마도 또 다른 모양이 될 것이다. 우리가 실컷 삶의 재미를 누릴 때 당초에 골치를 앓았던 스트레스는 마음에 감격으로 남을 것이다.

삶은 원래 풍부한 것이다. 어떤 사람의 삶이라도 고정불변일 수는 없다. 우리는 순풍에 돛 단 듯한 즐거움이 필요하지만 도전과 스트레스가 우리에게 주는 시련도 받아들여야 한다. 그것이 없으면 우리의 삶은 무척 단조로울 것이다. 스트레스 속에서 자신을 구하는 방법을 배워야 한다.

인생의 스트레스는 파도와 같다. 파도는 높을 때도 있고, 낮을 때도 있다. 누구나 이 결정적인 순간을 넘길 수 있으므로 자신감을 가져야 한다. 주위 환경을 바꿀 수 없을 때는 자신을 바꾸는 법을 익혀야 한다. 현재의 환경에서 최대한 긴장을 풀고 자신의 몸을 어떻게 사랑할 수 있는지와 자신의 영혼을 지킬 수 있는지를 배워야 한다.

여성은 35세 이전에 스트레스를 내려놓는 법을 배워야 하며, 삶의 예술을 홀가분하게 만끽하는 법도 배워야 한다. 그래야 인생의 여정에서 더 높이, 더 멀리 튕겨나갈 수 있다.

"나는 마음이 온유하고 겸손하니 나의 멍에를 메고 내게 배우라 그러면 너희 마음이 쉼을 얻으리니"(마태복음 11:29)
누구에게나 자신만의 멍에와 짐이 있습니다. 그러나 스트레스를 적절히 관리하면 온유한 마음과 겸손한 영혼의 소유자가 될 것입니다. 당신의 근본적인 짐은 예수님이 이미 짊어지셨음을 잊지 않고 있나요?

마음을 단련하고
영혼과 대화하라

35세 이전의 여성이 아름다운 것은 젊거나 예쁜 얼굴 때문만은 아니다. 정신이 또렷하고 건강한 활력으로 충만하기 때문이다. 기질과 독특한 개성에 따라 아름다움이 판가름 난다. 그런 여성들은 자신의 품위를 갖고 있고, 삶이 열정으로 가득하며 마음은 매우 충실하다. 그녀의 몸에는 개성의 매력이 넘친다. 하지만 이런 것들을 갖고 싶다면 좋은 마음으로 그것들을 표현해야 한다.

외부 사물의 좋고 나쁨에 따라 기분이 변하게 해서는 안 된다. 또한 자신은 안 된다는 생각으로 자신감을 잃어서도 안 된다. 솔직히 당신은 훌륭하게 해낼 수 있다. 다만, 아직 아름다움을 발견하는 눈을 갖지 못했을 뿐이다.

마음은 마음이라는 터전에서 키운 작물이다. 심장이 뛰는 한 마음은 씨를 뿌리고 활동하며 자랄 것이다. 우리의 생존상태를 강력하게 통제할 것이다. 사랑, 자유, 건강, 돈은 없어도 되지만 마음은 반드시 있어야 한다.

건강과 아름다움을 갈망하고, 인생의 매 순간을 소중히 여기며, 이 세상에 명랑함과 즐거움이 더 많아지기를 원하고, 쓰러져도 태양을 마주보고 싶다면 마음을 단련하라. 마음이 평온하고 확고하면 화산이 폭발한 뒤 굳은 용암처럼 스펀지 모양의 빈 공간이 가득하지만 더할 나위 없이 단단할 것이다. 마음은 맑고 푸른 영토이다. 그곳에서 우리의 영원히 지칠 줄 모르는 영혼이 살고 있다.

모든 여성은 평온하고 투명한 영혼으로 인생의 아침과 밤을 덮어야 한다. 그때부터 외부세계의 바람소리에 벌벌 떨지 않을 것이며, 더 이상 몸의 불안정으로 모든 기대가 사라져버리는 일도 없을 것이고, 인생이 짧은 순간에 사라져버리는 것 때문에 처량해지지도 않을 것이다. 좋은 마음 때문에 아름다움이 감동을 줄 것이고, 삶도 그 때문에 건강하고 아름다울 것이다.

영혼은 친구이다. 영혼과 의사소통을 하면 마음을 알아주는 친구처럼 따스함을 느끼고 보호받을 수 있다. 뜻대로 되지 않는 일은 늘 있기 마련이다. 이때 우리는 '이 일은 정말 귀찮아. 누구에게 하소연한담? 하지만 이 일은 말하기 껄끄러운데. 말한다 해도 다른 사람이 날 이해할 수 있을까?'라고 생각할 수도 있다. 이런 기분에 휩싸이게 되는 이유는 평소에 자신의 영혼과 의사소통하는 것에 능숙하지 못하고 제때에 생각을 정리하거나 느낌을 조절하지 못했기 때문이다.

때로 '삶이 왜 이렇게 막막할까? 왜 이렇게 후회로 가득할까? 내가 바라는 건 왜 늘 실현될 수 없을까?'라는 의구심이 들 수도 있다. 때로는 정말 몸과 마음이 지칠 대로 지쳐버릴 수도 있다. 이런 알 수 없는 기분과 느낌이 머리에 온통 가득 차고 마음의 세계를 독차지하지만 당신은 오히려 거기에서 벗어나지 못한다.

사실 세심하게 관찰해보면 알 수 있다. 삶의 수많은 불쾌한 일들은 모두 마음이 초조하여 생기는 것이다. 어떤 일이 생겼을 때 냉정하게 생각하고 마음을 평온하게 만들어 자신의 영혼과 대화할 수 있다면 마음은 훨씬 좋아질 것이다.

영혼이 억울함을 당한 아이처럼 모서리에 숨어 버리게 해서는 안 된다. 영혼을 가장 사랑하는 사람과 동일하게 생각해야 한다. 부드러움으로 가득한 느낌으로 영혼에게 물어보자.

"즐겁니? 고통스럽니? 무슨 불쾌한 일이라도 있어? 네 삶에서 무엇이 아직 부족하지? 나는 널 위해 뭘 도와줄 수 있을까?"

이런 교류를 하면 영혼이 가장 좋은 친구 같다는 생각이 들 것이다. 다른 사람에게 할 수 없는 말도 영혼에게 할 수 있고, 영혼도 당신이 하는 말을 지루해하지 않고 들어줄 것이다.

속에서 나오는 것은 결국 밖에도 영향을 준다. 맑은 영혼은 아름다운 삶과 완벽한 인생의 기초이다. 혼란한 과거에서 벗어나 새로운 삶을 얻고 싶다면 애써 심리전문가를 찾아다닐 필요 없이 자기 영혼과 대화를 해보는 것이 좋다. 영혼을 지기(知己), 연인, 지도교사로 생각하고 항상 의견을 교환하라. 하고 싶은 말이 있으면 통쾌하게 털어놓는 것이 좋다.

사랑을 쏟았다면 영혼도 보답할 것이다. 번민의 불길이 활활 타올라 영혼에게 고충을 토로하면 영혼은 가는 빗줄기를 뿌려 번민의 불을 소멸시켜 주고 평온을 되찾아 줄 것이다. 당신은 점점 원래 가장 좋은 지기인 영혼이 바로 자신의 곁에 있었다는 것에 감격할 것이다.

동시에 당신은 한가한 마음과 편안한 정취로 영혼에게 상을 주어야 한다.

35세 이전의 현대 여성은 삶의 탁월함과 충실함을 추구하기 위해서든, 아니면 생존의 스트레스에서 체면치레를 하거나 안정성을 보장받는 일을 위해서든 바쁘고 고생스러운 삶을 피할 수 없다. 하지만 우리는 여유로움으로 영혼에게 상을 주어야 한다. 바쁜 것이 우리를 잡는다면, 삶은 결국 우리를 매장시켜버릴 것이다.

여유로움을 즐기면 바쁜 일상도 우리를 매장시키지 못한다. 여유로움으로 삶의 행복을 누리면 인생은 햇빛이 빛나듯 찬란할 것이며, 밝은 달처럼 아름다울 것이다.

“마음의 즐거움은 얼굴을 빛나게 하여도 마음의 근심은 심령을 상하게 하느니라”(잠언 15:13)
아름다운 미소, 부드러운 마음, 유쾌한 웃음을 선물하길 원하는 여성은 하나님의 음성에 귀를 기울여야 합니다. 분주함을 내려놓고 평온한 영적 상태를 유지해 몸도 마음도 강건한 여성이 되십시오. 그리고 당신의 영혼의 평정을 방해하는 요소는 무엇인지 생각해보세요.

어린 시절 살았던 곳을
다녀오라

어린 시절은 가장 귀중한 시간이다. 영원히 추억할 만한 가치가 있다. 어린 시절의 고향은 모든 아름다운 추억의 발상지이다.

무수한 꿈이나 잠 못 이루는 밤에 고향의 산천초목이 떠올라 꿈의 세계처럼 사람을 잡아끌지 않는가? 마을 밖에 있던 구불구불하고 졸졸 소리를 내던 시냇물이 어린 시절과 함께 하지 않았는가? 머리를 양쪽으로 땋은 여자아이가 당신을 그림자처럼 따라다니던 기억은 없는가? 그럼 아마 속으로 이런 생각이 들 것이다.

'아카시아는 여전히 향기로울까? 시냇물은 아직도 거울처럼 맑을까? 그 여자아이는 이미 다른 사람에게 시집을 갔을까? 시집을 갔으면 아이를 낳았을까?'

저우구워핑(周國平)은 "도시는 향수(鄕愁)의 생산지가 아니라 향수를 매장하는 무덤이다. 향수는 소박한 곳에서 싹트며 드넓은 벌판에서 나고 자란다"라고 말했다.

몸이 타향에 있고 도시의 요란한 소음이 꿈을 깨워 잠을 좀처럼 이룰 수 없게 만들 때 다음의 이야기가 생각날지도 모른다.

● 2 0 달러

그는 개인 수표장에 '20달러'라는 금액을 써넣었다. 시원스럽게 영문 이름을 서명한 다음 그는 친구에게 편지를 썼다.

"손으로 짠 밀짚모자를 하나 사게. 고향으로 돌아가는 차표를 산 다음 역에서 모퉁이를 돌게. 항상 색이 바랜 당나라 적삼을 입은 아보(阿伯)가 있는 곳에서 여지를 한 꾸러미 사게나. 지금이 여지가 익어가는 시기라는 걸 알고 있지? 그리고 다시 부탁이네만 차를 갈아타지 말고 밀짚모자를 쓴 채 시끌벅적하고 더러우며 오수가 넘치는 노천의 야채시장을 걸어가 보게. 소고기면을 파는 라오왕(老王)의 노점을 돌면 내 집에 도착할 거야. 문을 두드릴 필요는 없어. 소리쳐 부르게. '아랑(阿朗) 아저씨'라고 말이야. 그분은 우리 아버지이셔. 여지를 내려놓고 아버지를 모시고 차를 한 잔 하게. 이웃집에 가면 젊은 아낙을 볼 수 있을 거야. 볼품이 없고 옷도 소박하게 입은 여인이 바로 내 첫사랑인 아내지. 건강하고 예쁜 보조개가 여전한지 확인해보게. 남편에게 아이를 하나 더 낳아주었는지도 말이야. 부탁이네. 나를 위해 내가 말한 것들을 해주게. 비용으로 20 달러를 보내네. 고맙네."

그는 편지와 수표를 편지봉투에 넣었다. 눈물과 키스로 봉투의 입구를 봉하고 항공우표를 붙였다. 그다음 다시 펜을 들어 수표기록장부에 기입했다.
'6월 18일, 고향으로 가는 차표와 비용, 20달러 정.'

저우 구워핑은 자신의 글에서 향수를 이렇게 묘사했다.

"향수(鄕愁)는 판매용 상품처럼 여겨진다. 하지만 여행노선도에 향수의 방향이 명확하게 나와 있는가? 다리 끝에서 하루 또 하루 기다리는 샤오팡은 연가의 노래를 들을 것이다. 그녀는 영원히 멀리 떠나 돌아오지 않는 남편을 기다릴 것이다.

향수는 어렸을 적의 날리면 날릴수록 높이 뜨는 연과 같다. 별미와 같은 석별의 정은 자아의 깨달음 속에서 한걸음씩 올라간 인생의 책이다. 그것은 도시의 박물관으로 굴러 들어가 여러 사람이 관람하는 역사적인 보물이 되어서는 안 된다. 그것은 과거, 현재, 미래의 공명이다. 마치 인류의 기억 속의 강이 역사를 뚫고 흐르는, 그러한 기이함이며 비할 바 없음이다.

향수는 현실주의에 대한 일종의 반역이다. 향수는 세속에서의 낭만적 도피이다. 향수를 로맨티스트인 생각의 준마가 고향과 타향 사이를 경주하듯 달리는 것이라고 말할 수도 있다. 결국 향수의 존재는 행복의 연소이며 감미로운 촛불이 발밑의 길을 비추는 것과 같다.

수천의 지명 가운데에서 고향을 쉽게 짚어내는 것과 같다. 고향은 늙지 않으며 향수는 향기롭다. 그것은 인간세상에서 가장 썩지 않는 푸른 잎이다. 바람이 불고 구름이 흘러가는 중에 영원히 '나는 생각한다. 고로 존재한다'라는 매력을 영원히 간직할것이다."

고향은 가장 따뜻하고 가장 잊을 수 없는 곳이다. 도시의 시끄러움이 점

점 마음을 어지럽힌다고 느껴진다면, 배낭을 메거나 아이를 데리고 어린
시절 살았던 곳으로 돌아가 옛날 아름다웠던 시간을 다시 주워 담자.

"내 백성아 너는 모압 왕 발락의 꾀한 것과 브올의 아들 발람이 그에게 대답
한 것을 추억하며 싯딤에서부터 길갈까지의 일을 추억하라 그리하면 나 여
호와의 의롭게 행한 것을 알리라 하실 것이니라"(미가서 6:5)
자신의 어린 시절, 아름다웠던 때를 추억하는 것은 인생 여정에 간섭하신
하나님의 은혜에 감사하도록 만들며 이를 통해 얻게 된 마음의 여유는 미래
에 대한 또 다른 소망을 품도록 만듭니다.
추억과 함께 하나님께 감사할 제목은 무엇입니까?

과일나무에
소망을 실어라

세계 여러 지방에서 아이가 태어나면 아버지가 아이를 위해 나무를 심어주는 풍속이 전해 내려오고 있다. 남자아이가 태어나면 교목(喬木, 수목의 높이가 8m를 넘는 나무 - 역자 주)을 심어 아이가 교목처럼 높이 자라 출세하기를 기원한다. 여자아이가 태어나면 과일나무를 심어 아이가 과일처럼 꽃을 피우고 열매 맺기를 기원한다. 포르투갈의 속담 중에서는 "사람은 일생 동안 세 가지 일을 해야 완전해질 수 있다. 아이를 낳고, 책 한 권을 써야 하며, 나무 한 그루를 심어야 한다"라는 것도 있다.

과일나무는 비바람 속에서 자라고 꽃을 피우며 열매를 맺어야 한다. 이 것은 우리의 일생이 이미 직면했거나 앞으로 직면하게 될 것이다. 과일나무는 여성의 일생과 같다. 자라기 시작할 때는 미래에 대한 동경으로 가득 차고 아름다운 소원을 빈다. 매일 하늘을 바라보며 인생을 위해 기도한다. 매일 세상 만물의 정화를 흡수한다. 매일 조금씩 자라고 조금씩 발전한다. 추운 겨울에도 자신감을 잃지 않으며 봄의 발걸음을 기대하며 힘을 비축한다.

● 과일나무와 함께 한 꿈

산골 마을에 고등학교를 졸업하는 여학생이 있었다. 고향의 낙후된 모습과 가난을 보고 그녀는 한참 고민했다. 결국 도시로 가서 일자리를 찾기로 결심하자 엄마가 물었다.

"애야, 왜 외지로 가려고 그러니?"

딸이 말했다.

"이곳은 너무 낙후되어 있어요. 외지로 가서 부딪쳐보려고요. 제가 고향 사람들을 가난에서 벗어나게 할 거예요."

딸이 떠나기 전에 엄마는 딸에게 사과나무 한 그루를 심게 했다.

엄마가 말했다.

"애야, 이 사과나무와 함께 소원을 빌어보렴. 돌아오는 길을 잊지 않도록 해달라고 말이야."

딸은 그렇게 고향을 떠났다. 타향에서 그녀는 무척 고생을 많이 했고 실의에 빠질 때마다 그 사과나무와 함께 소원을 빌었던 일이 생각났다. 그것은 끝없이 샘솟는 힘을 주었고, 그녀를 다시 일어서게 했으며, 어려움과 맞서 싸우게 했다.

여러 해가 지나갔다. 소녀는 스스로 창업하여 성공을 거두었고 누구나 아는 여상부가 되었다. 하지만 그녀는 고향 사람들을 가난에서 벗어나게 하겠다는 생각을 잊지 않고 있었다. 그래서 그녀는 고향으로 돌아가기로 마음먹었다.

고향으로 가는 산길은 이미 낯설었다.

하지만 갑자기 산길이 구부러지는 곳에서 사과나무 한 그루가 나타났다. 그녀의 심장이 두근두근 요동치기 시작했다. 사과나무는 많이 자라있었다. 나뭇가지와 잎이 무성했고, 사과가 주렁주렁 달려있었으며, 향기도 풍겼다. 나무 아래에 늙은 할머니가 한 분 계셨다. 그녀의 어머니였다. 그렇게 오랜 세월이 지났는데도 그녀의 어머니는 매일 과일나무에 물을 주고 외부세계로 통하는 산길을 바라보기 위해 올라오신 것이었다.

"얘야, 네 소원은 이루었느냐?"

"엄마, 사과나무를 보세요. 이미 사과가 주렁주렁 달렸어요. 저도 이미 고향 사람들이 가난에서 벗어날 방법을 찾았고요."

과일나무에는 소녀의 꿈이 담겨있었다. 그녀와 함께 이상을 추구하였으며 그녀가 집으로 돌아오는 길을 찾을 수 있도록 도와주었다.

35세 이전의 여성은 자신의 일생 동안 꽃을 피우고 열매를 맺어야 한다. 인생의 공식을 선택할 수 없어도 인생의 형식은 선택할 수 있다. 여성의 일생은 과일나무와 같다. 매일 부지런히 물을 주고 소원을 위해 기도하라. 당신의 소원도 과일나무와 함께 자라고 인생의 비바람을 함께 맞을 것이다. 또한 인생의 단맛, 쓴맛을 함께 맛볼 것이며 성공의 희열도 함께 느끼게 될 것이다.

"정녕히 네 장래가 있겠고 네 소망이 끊어지지 아니하리라"(잠언 23:18)
과일 나무가 익어 결실을 맺는 기쁨을 맛보기 위해서는 나무를 가꾸고, 물을 주고, 마음에 소망을 담아야 합니다. 이처럼 삶의 과실을 얻길 원하는 여성은 하나님이 주신 인생을 가꾸고, 영혼에 양식을 주고, 보이지 않는 미래에 대한 소망을 날마다 마음에 품어야 할 것입니다.
영적 성숙을 위해 어떤 나무를 심기 원하십니까?

조용히 대자연의
소리를 경청하라

도시의 소음과 매일 다 끝내지 못하는 일 때문에, 영혼을 위해 시간과 공간을 찾을 수 있는 여가가 없다. 끝없는 집안일 때문에 바쁠 수도 있고 승진을 위해 쉼 없이 야근을 하거나 돈을 벌려는 욕심 때문에 일찍 나와 저녁 늦게 집으로 돌아올지도 모른다.

마음이 점점 마비될수록 청초한 새소리를 언제 마지막으로 들었는지도 기억나지 않을 것이다.

일이나 잡무에서 벗어나 홀로 시골에서 일정 시간을 보낸다고 상상해보라. 어떤 느낌이 드는가? 혼자 조용한 곳으로 가서 외로운 시간을 누려보자. 의무도 책임도 없다. 조용하고 홀가분하며 편안할 뿐이다.

지금은 도시에 빌딩이 점점 많아지고 있으며 녹지는 줄어들고 있다. 혼잡한 교통, 오염된 공기, 시끄러운 소음, 협소한 공간, 바쁜 생활은 항상 사람을 숨 막히게 만든다. 개인공간이 좁아지면 사고의 폭도 좁아진다. 이런 상황은 생각의 한계를 만들 것이다. 이런 한계를 타파하려면 반드시 가슴을 넓게 하는 훈련을 해야 한다. 넓은 가슴을 지니려면 책에서 그 방법을 찾는 것 외에도 좁은 집을 벗어나 대자연으로 가는 방법이 있다.

　가을의 오후에 혼자 시골의 드넓은 벌판으로 가면 모든 것이 우리가 상상한 것과 같다. 자연의 소리가 있을지라도 우리는 자신의 심장이 뛰는 소리를 들을 수 있다. 이때 모든 사람은 홀가분하게 된다. 정말 아무 생각을 하지 않아도 된다. 이것은 하늘과 사람이 하나가 되는 경지라고 할 수 있다.

　그래서 혼자 있을 때 교외로 나가 천천히 거닐어보는 것이 좋다. 모든 세속의 잡념을 내려놓고 성심을 다해 대자연의 소리를 들어보자. 완전한 홀가분함을 느끼게 될 것이고, 인생과 삶에 대한 새로운 깨달음을 얻게 될 것이다. 그렇다. 천고마비의 계절에 혼자 산과 들로 가면 가을바람 속에 떨어지는 낙엽을 감상할 수 있고 여유롭게 돌아갈 곳을 찾을 수도 있다.

　시골을 거닐다가 조용히 흐르는 시냇물, 하늘을 찌를 듯 서있는 나무, 바람 따라 움직이는 풀, 우뚝 솟은 산을 보면 마음이 더할 나위 없이 편해진다는 생각이 들지 않는가? 대자연은 아름답다. 헤아릴 수 없이 많은 아름다움을 간직한 자연경관은 틀림없이 마음을 탁 트이게 하고 기분을 좋게 해줄 것이다.

　아름다운 숲속 길에서 산들바람, 햇빛, 벌레의 울음소리, 새들의 속삭임, 흐르는 물을 마음껏 누릴 수 있을 것이다. 신선한 공기로 오염된 영혼을 정화시킬 수 있다. 고르고 평온한 호흡이 여러 해 동안 서있던 나무와 함께 숨쉬게 할 수 있다. 평온한 발걸음과 발밑의 대지가 함께 리듬에 맞춰 움직일 수 있게 할 수 있다.

"마음을 안정시키고 정신에 여유가 있도록 살면 눈앞이 평온함이 펼쳐진다"라는 말처럼 여유롭고 편안함을 깨달을 수 있다. 가끔 풀밭에 누워 하늘을 보거나 맨발로 잔디를 밟으면 평소에 보지 못했던 하늘과 땅을 느낄 것이다.

꽃잎이 흩날리는 계절에 도시를 멀리 떠나 야외로 가 자연을 즐길 때, 빽빽하게 내리는 비의 거침없음을 보자. 때로 그것은 가슴으로 들어와 '풀빛은 멀리서는 보이지만, 가까이 가면 아무 것도 없다'라는 신비감을 불러일으킨다. 끊임없이 내리는 비가 먼지를 말끔히 씻어내는 것을 보자. 하늘과 땅 사이가 완전히 다른 모습을 하고 있다.

하늘 전체는 진한 푸른색이다. 하늘에는 구름만이 움직이거나 흩어진다. 바람이 없고 날이 따뜻하면 공기 속에는 신선한 우유와 같은 것이 채워져 있는 듯하다.

밤이라면 시끄러운 사람들 틈에서 빠져나와 조용한 길이나 정원에서 벌레의 우는 소리를 들어보자. 풀과 꽃의 은은한 향기를 느껴보자. 혼자 하늘을 보면 달이 없고 별만 있을 때도 있다. 희미해졌다가 떨어지기도 한다. 그때 그 장소에서 잡념, 번뇌, 슬픔은 없다. 모든 것이 자연이다.

"공중의 새들이 그 가에서 깃들이며 나뭇가지 사이에서 소리를 발하는도다"(시편 104:12)
마음에 잡다한 생각이 가득할 때, 슬픔으로 가득 차 있을 때, 이유 없이 화가 날 때, 헛된 욕심에 사로잡힐 때 조용히 하나님이 만드신 자연의 섭리에 귀를 기울이십시오. 하나님께서 우리의 마음의 소리에 관심을 가지고 계심을 깨닫게 될 것입니다.
자연의 아름다움을 통해 하나님의 섭리를 깨달은 적이 있나요?

쓸쓸함을 받아들이고
고독함을 누려라

인생은 사실 고독한 여정이다. 인간 세계에도 혼자 왔듯이 이 세상을 떠날 때도 홀로 외롭게 가야 한다. 고독을 누릴 수 있으면 적막하고 무료한 시간에 자기가 하고 싶은 일을 할 자유를 맛볼 수 있다.

혼자 있을 때 자신의 내면 세계를 더 분명하게 볼 수 있다.

어떤 사람은 여성은 고독을 무서워한다고 말한다. 적막함을 달가워하지 않는 여성이 시끌벅적한 생활을 떠나 주위가 조용하고 사람이 없는 상황을 접하게 되면 견디지 못하는 경우가 많다. 즉 혼자 있는 것을 참을 수 없는 것이다. 많은 사람들이 혼자 있을 수 없음을 인정한다. 그들은 최대한 고독을 피하려고 하거나 혼자 있을 때의 공포심을 미연에 방지하려고 한다. 어떤 사람은 혼자 있다고 느껴지면 그야말로 아무런 조치를 취하지 못한다.

친구와 전화로 수다를 떠는 것을 좋아할 수도 있다. 가끔 다른 사람의 사적인 일을 캐물어 볼 수도 있다. 다른 사람이 바쁠 때 굳이 찾아가 만나려고 할 수도 있다. 단체에서 너무 스스로에게 주의를 기울여 마치 다른 사람이 당신을 깔보거나 당신의 존재를 완전히 잊어버린 것과 같다고 생각할 수도 있다. 다른 사람이 정말 자신을 좋아하는지 알기 위해 그에게 사소한 일을 도와달라고 부탁할 수도 있다. 많은 사람들이 그렇게 하지만 결국 점점 그런 사람을 싫어할 뿐만 아니라 다른 사람도 그를 유치하다고 생각한다.

혼자 있을 수 없는 여성은 충분히 성숙해보이지 않는다.

혼자 있을 수 있으면 친구를 찾는 의도가 완전히 진심에서 나오게 된다. 그 의도는 적막함을 달래기 위해 핑계를 찾는 것이 아니다. 친구와 식사하기로 약속하는 것은 친구를 보고 싶기 때문이지 혼자서 식사하는 것을 참을 수 없기 때문이 아니다. 그러한 마음으로 친구와 약속을 하고 만나게 되면, 친구는 당신이 진심으로 친구를 좋아하고 마음에 들어 한다고 생각할 것이다. 친구에게 의존하고 싶은 것이 아니기 때문이다. 그런 이유로 당신은 더 귀여워질 것이고 진정으로 친구의 마음을 얻을 수도 있게 될 것이다.

혼자 있는 것에 익숙해지지 않으면, 정말 혼자 있을 때 불편하고 부자연스러워진다. 이런 느낌이 있으면 자신의 느낌을 한번 살펴보아야 한다. 자신이 혼자 있을 수 없는 이유를 분명히 알아야한다.

혼자라고 느껴질 때 건설적인 일을 해야지, 괴상한 행동을 해서는 안 된다. 혼자 있을 기회나 시간을 원한다면, 그것은 영혼의 성숙을 증명하기에 부족함이 없다.

주의해야 할 점도 있다. 집에서 고독을 찾으려고 하지는 말라. 집에는 고독이 전혀 없다. 설사 집에 가족이 아무도 없다 하더라도 눈으로 보고 귀로 듣는 것이 모두 익숙한 것들이기 때문에 과거에 있었던 잡다한 일들을 회상하게 만들 것이다. 진정한 고독을 찾는다면 낯설고 궁벽한 곳으로 갈 필요가 있다. 사람의 이목을 사로잡는 아름다운 절경이 있는 곳에는 가지 않는 것이 좋다. 푸른 하늘과 드넓은 들판이 있으면 가장 좋다.

도피하거나 적막함에 대항하는 것은 문제해결에 전혀 도움이 되지 않는다. 진정 장기적으로 적막함과 싸워 이기고 싶다면, 적막함을 자신의 친구로 생각해야 한다. 무뚝뚝한 그 친구는 당신을 이끌어주지 않을 것이다. 하지만 고요 속에서 삶의 의미를 느끼게 해줄 것이다.

모든 사람에게는 내재된 영혼의 공간과 조용히 자아를 성찰할 시간이 필요하다. 모든 창조적인 일은 예술, 문학, 과학이든 상관없이 구상이 모양새를 갖추어 가는 단계에서 고독할 시간이 있어야 한다. 고대의 은사와 현자도 깊은 산이나 수도원, 사찰에 몸을 맡겨 마음을 집중하였고 수련하기 위해 오랜 세월 동안 세상과 인연을 끊었다.

자신을 사랑하고 관심을 가지려면 인생의 고독을 받아들여야 한다. 자신의 영혼을 사랑으로 충만하게 하려면, 그것을 잘 이용하고 누릴 줄 알아야 한다. 사랑 속의 고독을 익히면 마음의 풍요로움과 원숙함을 더 많이 가질 수 있다.

"하나님은 고독한 자로 가속 중에 처하게 하시며 수금된 자를 이끌어 내사 형통케 하시느니라 오직 거역하는 자의 거처는 메마른 땅이로다"(시편 68:6) 고독이 꼭 나쁜 것만은 아닙니다. 고독은 내면을 깊이 있고 풍성하게 하며 무엇보다 하나님을 더욱 의지하는 마음을 갖도록 합니다. 고독을 받아들이고 즐길 줄 아는 여성이 되어 하나님과 자신에 대한 풍부한 깨달음을 얻기를 소망하시나요?

매일 15분 동안 독서하라

훈훈한 책의 향기를 여성에게 쐬어 향기가 나게 한다면 가장 아름다운 영혼의 빛인 지혜가 날로 늘어날 것이다. 책으로 마음을 윤택하게 하면 완벽한 여성이 될 수 있다. 하지만 오늘날처럼 생활리듬이 빠른 시대에는 똑똑한 여성이라도 반드시 여러 분야의 책을 읽고 박학다식해질 필요는 없다. 그 가운데 일부분을 읽고 공부하여 자기의 지식 체계에서 있는 공백이나 부족함을 적절히 보완해주면 다른 사람보다 훨씬 우아한 멋을 지닐 수 있다.

어떤 책은 파릇파릇한 올리브처럼 처음에는 상큼한 맛이 없고 심지어 떫기까지 하지만 자꾸 씹다보면 맑은 향이 나고 음미하게 된다. 어떤 책은 달콤한 복숭아처럼 한입 베어 물면 단맛을 느낄 수 있다. 어떤 책은 이리저리 떠도는 떠돌이나 여행가처럼 희한하고 괴상한 이야기나 인심과 아득히 멀리 떨어진 나라의 풍경을 담고 있기도 하다. 그것은 자석처럼 우리를 끌어당긴다. 책은 눈앞에 펼쳐진 천태만상의 세계를 아주 작게 축소한 듯한 착각을 불러일으킨다.

시나 수필이든 소설이든, 자세히 음미하고 곱씹어보면 얇은 책장에서 인생의 진한 술을 빚어낼 수 있다. 작품의 배후에는 작가가 있다. 도연명(陶淵明)은 열정적이며 굴곡이 심했던 인생을 가장 평화로운 시구로 씻었다.

타고르(Tagore)는 평범한 삶의 성쇠를 신비한 영원함으로 바꾸었다.

어떤 사람은 "책은 생명의 원천이며 인생의 진정한 의미를 깨닫게 해준다"라고 말한다. 미혹되거나 방황할 때 책은 밝게 빛나는 횃불처럼 우리가 나아갈 방향을 제시하고 어려움을 해결하도록 도와준다. 게다가 우리의 용기와 자신감을 증강시켜주기까지 한다. 슬프고 고통스러울 때 책은, 우리에게 슬픔은 잠시이며 결코 인생 전체를 대표하지도 않는다는 사실을 알려줄 것이다. 용기 있게 개척해 나가면 즐거움을 발견할 수 있다. 우리가 다른 사람들에게 오해를 받았을 때, 책은 우리에게 용감하게 자신의 길을 가면 그들이 진실한 당신의 모습을 보게 될 거라고 알려줄 것이다.

미국의 전 대통령 프랭클린 루즈벨트(Franklin Delano Roosevelt)의 부인은 이렇게 말했다.

"우리는 청소년에게 독서습관을 키워주어야 합니다. 이런 습관은 일종의 보물이며, 두 손으로 떠받들 가치가 있습니다. 책을 읽으십시오. 책을 팽개쳐서는 안 됩니다."

매일 15분 독서한다는 것은 1주에 반 권, 1달에 2권, 1년에 약 20권을 읽고 평생에 걸쳐 1000권이나 그 이상을 읽는다는 것을 의미한다. 이것이 여러 가지 책을 두루 많이 읽는 가장 간단하고 쉽게 실천할 수 있는 방법이다. 독서는 심리성장의 법칙, 여가시간의 안배 및 보편적인 필요에 의한 것이다. 전공 이외의 책을 최소한 1000권 읽을 필요가 있다. 거기에는 문학, 과학, 의학, 철학, 역사, 예술 및 다른 분야의 작품이 포함된다.

하루 중 15분을 내라. 고정된 시간이면 더 좋다. 이렇게 하면 다른 여가 시간을 보너스로 얻게 된다. 유일하게 필요한 것은 독서를 하겠다는 결심이다. 결심을 했다면 얼마나 바쁘든 15분을 낼 수 있다. 동시에 손에 책이 있어야 한다. 일단 읽기 시작했다면 15분 동안은 1초도 낭비해서는 안 된다. 사전에 읽을 책을 준비해야 한다. 옷을 입을 때 책을 주머니에 넣어라. 침대 옆에도 한 권, 화장실에도 한 권, 식탁 옆에도 한 권 놓아두자. 책꽂이든 책상이든 책이 자리를 비우게 하면 안 된다. 고민하거나 걱정하거나 외롭다고 생각하거나 억울함, 실망감, 원한을 품게 되었을 때 마음과 관련한 책을 꺼내 읽기 바란다.

책은 우리의 진정한 친구이다. 책은 우리의 좋은 스승이다. 책은 우리가 영혼을 맡겨둔 천국이다. 책은 여성을 지혜롭게 하며 성숙하게 만든다. 책은 때때로 마음의 먼지를 털어내며, 스트레스와 중압감을 없앤다. 삶과 감정을 조절하고 완벽한 여성이 아름다운 인생을 성취하도록 해준다.

"내가 이를 때까지 읽는 것과 권하는 것과 가르치는 것에 착념하라"(디모데 전서 4:13)
성경은 진정한 보물창고요 가장 설득력 있는 가르침이요 영혼의 완전식품입니다. 매일 성경을 읽고 다른 유익한 책을 읽는 습관을 지닌 여성은 가장 값진 보석을 소유한 것과 같습니다.
당신은 매일 성경을 읽는 지혜로운 여성인가요?

글을 쓰고 영혼의 이야기를 기록하라

많은 여성들이 타고난 작가이다. 그녀들의 문자는 산골짜기를 구불구불 흐르는 시냇물처럼 투명하여 바닥이 보인다. 때로는 뜨겁게 타오르는 여름의 태양 아래에 있는 우물처럼 맑고 순수하다. 때로는 산 사이에 핀 백합처럼 맑은 향기가 호감을 갖게 한다.

세상의 여성에게 매우 아름다운 자태와 여러 가지 풍류가 있다고 한다면 여성의 문자에는 갖가지 자태와 다채로움이 있다.

중국 고대의 역사에는 뛰어난 여성들이 있었다. 그녀들의 이름은 수천수백 년 동안 사람들의 입에 오르내렸다. 그녀들의 재능과 문자는 중국 문학사에서 사라지지 않는 별이다.

리칭자오(李淸照)는 송나라 때에 태어났다. 송나라 때는 흔히 송사(宋詞)라 하는 사(詞)가 유행했다. 그녀는 어릴 때부터 재능이 출중했으며 사의 품격은 완곡함이 주를 이루었다. 문학 창작에서 자신만의 독특한 품격을 만들어 그 업적이 대시인인 유영(柳永), 소식(蘇軾), 진관(秦觀) 등과 견줄 만하다.

소녀 시절의 그녀는 감성이 솔직하고 활달하고 귀여웠다. 그때 〈여몽령〉(如夢令)이라는 시를 썼다.

그녀의 마음씀씀이는 섬세하고 완곡하다. 비, 꽃, 나뭇잎이라도 그녀의 섬세한 감성을 자극했다. 그래서 다음의 글을 썼다.

사랑은 여성의 펜 아래에서 영원히 소재이다. 「시경」(詩經)의 아름답고 부드러운 정감으로부터 여성들이 스스로를 속박하는 「여계」(女誡)가 나타났다. 리칭자오의 「하나의 그리움, 두 곳의 근심」(一種相思, 兩處閑

愁) 부터 샤롯 브론테(Charlotte Bronte)의『제인 에어』(Jane Eyre) 까지 사랑은 여성들의 눈에 얼마나 아름답고 감동적이며 감탄을 자아내게 했는지 모른다. 여성의 절묘한 필력이 아니었다면 사람들은 깊이 있게 사랑의 아름다움과 감동을 알 수 없었을 것이다.

근대 중국에서는 더 많은 여성이 세상 사람들에게 재능을 보여주었다.

난세의 여성 띵링(丁玲, 1904-1986)은 「사페이 여사의 일기」(莎菲女士的日記)로 세상 사람들에게 반항적인 영혼을 보여주었다. 몸에 펜 하나만을 지닌 채 붉은 희망을 향해 달려갔으며, 근대 역사에 겹겹이 붉은색을 새겨 넣었다.

그녀는 기나긴 인생에서 시종 얼음이나 눈과 같은 투명한 마음을 잃지 않았다. 그녀의 마음은 얼음이었고 순진하고 커다란 사랑이었다. 그녀는 뛰어난 글재주로 20세기 문단에 기적을 일으킨 여성이었다.

자신의 인생을 소재로 삼아 소설을 쓰는 사람도 있다. 그것에는 클라이맥스가 있고 색다른 맛이 있다. 장아이링(張愛玲)은 수수께끼 같은 여성이었다. 그녀의 일생이 한 편의 드라마와 같았다. 그녀는 글을 써서 유명해졌고 한 시대를 풍미했다. 그녀가 쓴 작품에는 「경성지련」(傾城之戀), 「금쇄기」(金鎖記), 「반생연」(半生緣) 등이 있다.

큰 기쁨으로 웃었거나 엄청난 슬픔으로 눈물 흘렸던 여성은 사랑을 위해, 자유와 낭만에 대한 강렬한 갈망을 위해 연인을 따라 사하라 사막으로 들어갈 것이다. 그들의 집은 사막에서 독특한 풍경을 자아낼 것이며, 그녀의 글은 무수한 소녀의 마음에 동경으로 자리할 것이다. 그녀가 바로 싼마오(三

毛) 이다. 자신의 방식으로 살아간 여성은 글을 쓰는 것도 삶의 방식이 된다.

물론 모든 여성이 그녀들처럼 글을 잘 써서 유명해질 수는 없다. 하지만 천부적인 섬세함과 예민함이 있기 때문에 여성은 삶에 대해 더 깊이 있게 이해하고 있다.

그래서 당신의 삶이 곧 당신의 글이다. 인생과 삶을 사랑하는 여성은 삶에 대한 가장 진실한 깨달음을 쓸 것이다. 잉크를 아끼지 말고 아직 사랑하고 있다면 당신의 감상을 써라.

삶에서 우리를 감동시키는 많은 사물과 일이 있다. 봄의 꽃, 여름의 비, 가을의 달, 겨울의 태양, 새로운 생명의 탄생, 고독한 사람의 사라짐, 이별의 눈물, 재회의 포옹…….

섬세하고 예민한 여성의 마음은 항상 이런 것들로부터 더 쉽게 영향을 받는다. 더욱이 재능이 있는 여성은 순간순간의 깨달음을 다채로운 글로 표현해내고 싶을 것이다.

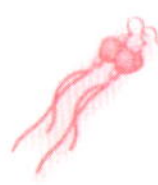

"무엇이든지 전에 기록한 바는 우리의 교훈을 위하여 기록된 것이니 우리로 하여금 인내로 또는 성경의 안위로 소망을 가지게 함이니라"(로마서 15:4)
하나님이 주신 인생의 여정을 하루하루 글로 표현해 보세요. 다채로운 삶의 즐거움을 발견하게 될 테니까요.
오늘은 어떤 즐거움과 어려움이 당신의 삶 가운데 있었나요?

마음과 함께
여행을 떠나라

삶에서 뜻대로 되지 않았던 일을 잊기 위해 시간을 내어보자. 홀가분한 마음과 가벼운 발걸음으로 밖으로 나가자. 마음대로 여행하며 대자연의 품으로 들어가자. 지친 몸과 마음이 자연의 품에 안기면 신선하고 아름다운 느낌과 자신을 사랑하는 따스함이 몸 안으로 부드럽게 흘러 들어오는 것을 느낄 수 있다.

여행은 수많은 산과 강을 거닐며 아름다운 경치를 구경하게 해줄 뿐 아니라 영혼을 충실하고 건강하게 해준다. 나아가 현명한 사람으로 성장하도록 도와준다.

여행은 몸과 마음 두 가지 영역으로 나뉜다. 여행은 또 다른 꿈의 실현이다. 마음이 여행하게 하자. 마음도 날개가 필요하다.

아우구스티누스(Augustinus, Aurelius)는 이렇게 말했다.

"세계는 한 권의 책이다. 여행을 가지 않은 사람은 그 가운데 한 페이지만 읽었을 뿐이다."

여행은 영혼의 모험이고 문화의 탐색이며 역사의 추적이다. 우리의 몸이 머무는 세계는 수많은 곳이 있다. 그곳에서는 당신이 오기를 기다리고 있다. 현대문명의 발원지 런던, 문화의 도시 파리, 고전과 종교의 도시 로마, 얼음과 불이 모인 서사시와 같은 예루살렘, '사랑의 금자탑'의 태희릉(泰姬陵), 중국의 만리장성……. 예를 들자면 한도 끝도 없다. 이런 장소는 평생 최소한 한번쯤은 가봐야 할 인간세상의 명승지이다. 거기에서 우리는 영혼의 전율을 느낄 수 있다. 현대의 생활리듬 때문에 억압받는 영혼도 위로 받고 안정과 만족감을 얻을 수 있다.

익숙한 장소는 더 이상 눈을 번쩍 뜨게 만드는 경치를 제공하지 못한다. 변함없는 일상은 더 이상 감동을 주지 못한다. 잡다한 일로 바쁜 삶에서 마음의 정열은 이미 활활 타오를 발화점을 찾지 못하고 있다. 하지만 여정(旅程)은 정신을 진작시킬 수 있다. 여정 중에는 매일 당신을 기다리는 새로운 세계가 있다. 신비한 예술, 위대한 건축물, 정감어린 음악과 춤, 변화무쌍한 풍경을 찾아 떠나야 한다. 멀리 타향에서 새로운 친구를 사귀어야 한다. 이것이 정말 자극적인 생활방식이 아니고 무엇이겠는가!

세속의 굴레를 원망할지 모르지만, 당신은 세계의 구석구석을 모두 가볼 수는 없다. 하지만 실망할 필요는 없다. 개성을 살리고 매력이 풍부한 선택을 하면 된다.

무수한 여정 속에서 우리는 여행이 어떻게 인생을 충실하게 하며, 어떻게 삶에 활력을 불어넣어주는지 절실하게 느낄 수 있다. 우리는 스스로 여행의 적극적인 힘과 영혼을 치료하는 무궁무진한 능력을 직접 본 목격자가 될 수 있다. 영혼을 씻기고 다시 힘을 얻는 특징 외에 여행은 비교할 수 없는 힘을 지니고 있다. 바로 자아와 개인의 성장을 촉진하는 힘이다. 그 힘은 우리를 자신의 길로 가도록 이끌어준다.

삶이 지속적인 것이라면, 여행은 일상생활이 결정한 공간과 시간을 끊는 것이자 '잠깐 멈춤'을 선택했음을 의미한다. 바쁘게 출근기록카드를 찍는 일을 잠시 멈출 수 있다. 정신없이 욕실로 달려가 세수를 하고 양치질을 하지 않아도 된다. 더욱이 급하게 입을 크게 벌려 벌컥벌컥 우유를 들이킬 필요도 없고, 주차장으로 뛰어가지 않아도 된다.

모든 것이 잠깐 멈춘 상태에서 당신에게 남겨진 것은 자신을 되찾아오는 것이다.

여행 중에 얻을 수 있는 가장 중요한 수확은, 자신이나 또 다른 나를 점점 더 많이 이해할 수 있게 되는 것이다.

여행을 갈 때 지도를 가져가는 것 외에도 우리는 '마음'을 데리고 함께 여행을 떠나야 한다.

여행은 때로 무언가를 얻거나 증가시키는 것이 아니라 삶의 공간에 남겨진 어떤 것을 버리는 것이다. 그래서 상상력이 풍부한 사람은 사물을 다르게 볼 수 있다. 또한 마음으로 경치를 다르게 볼 수 있다.

'전환', '변화', '요양' 등의 여러 가지 여행풍경은 여행하기 전과 돌아온 뒤에 영혼이 돌아온 자리를 말해주는 것 같다.

여행은 모험과 재미로 가득하다. 또한 우리에게 직접 주는 교훈을 빌려주기도 하며 놀랄만한 통찰력, 시야와 깊이를 얻게 해주기도 한다. 여행은 장소를 제공해줄 뿐이다. 우리가 겉으로 관찰하고 안으로 반성할 수 있게 해준다.

여행은 지금이나 나중이나 귀한 선물이다. 지구의 가장 먼 귀퉁이에 가든 근처의 마을에 가든, 며칠 동안 가든 오랫동안 하든, 여행의 힘은 영원히 우리를 기다린다.

시간을 여행에 옮기고 공간을 여행에 할당하여 여행의 힘을 개방해주면 그것은 35세가 되지 않은 우리 영혼을 깨우치고 변화시켜 줄 것이다.

"낮에는 여호와의 구름이 성막 위에 있고 밤에는 불이 그 구름 가운데 있음을 이스라엘의 온 족속이 그 모든 행하는 길에서 친히 보았더라"(출애굽기 40:38)
여행은 하나님의 보호하심을 경험하게 하고 자신을 돌아보게 만들며 영혼의 풍성함을 일깨웁니다.
이런 여행계획을 세워보지 않으실래요?

일출을 한번 보라,
하늘의 크기만큼 마음도 커진다

도시 사람들에게 일출과 일몰은 이미 보기 어려운 경치가 되었다. 물질과 관련이 없는 한가하고 쓸데없는 것이 되어버렸다. 서류가 수북이 쌓인 사무실이든, 시끄럽고 좁은 작업실이든, 유리로 가려진 현대의 빌딩숲이든, 연인의 어찌할 바 모르는 포옹에서든 우리는 은은하게 태양이 하늘에서 뜨거나 질 때의 아득함을 느낄 수 있다.

35세 이전의 당신은 일출의 장관을 깊이 체험해본 적이 있는가? 미묘한 경치로 가슴을 씻어내 본 적이 있는가?

아침 해가 발산하는 첫 번째 서광이 여명 전의 어둠을 가름에 따라 동쪽에서부터 하늘의 장막이 칠흑 같은 검정에서 점점 물고기의 배처럼 하얗거나 붉게 바뀐다. 결국에는 태양의 눈부신 황금 색이 드러나는 것이다. 이때 태양은 수천수만 가닥의 빛을 뿌리고 끝으로 불타오르는 공처럼 수면 위로 얼굴을 내밀며 하늘로 올라간다. 모든 과정은 마술사의 묘기처럼 순식간에 수많은 변화와 다채로운 화면을 보여주어 감탄을 자아내게 한다.

쉬즈모(徐志摩)는 일출을 이렇게 묘사했다.

● 일출

"우리는 태산(泰山)의 정산에서 일출을 보았다. 항해를 해본 사람에게 지평선 아래에서 올라오는 태양을 보는 것은 사실 이상한 일도 아니다. 하지만 높은 산의 정상에서 보는 일출, 특히 태산의 정상에서 보는 일출은 더할 나위 없이 신기했다. 물론 평원이나 바다에서 보는 것과 경치가 달랐다.

처음 올라갔을 때, 하늘은 아직 어두침침했다. 서양은 검푸르고 동양은 약간 흰색을 띠고 있다. 옛날 말로 표현하자면 우주는 그저 하나의 망망대해이다. 하지만 이것은 강렬한 오한이었다. 잠이 덜 깬 눈으로 보는 희미한 인상이었다. 유심히 감상할 때 나는 크게 소리쳤다. 눈앞에 지금까지 보지 못한 장관이 펼쳐졌기 때문이다. 알고 보니 어젯밤 내내 폭풍이 몰아쳤는데도 널리 퍼진 구름의 바다가 만들어져 있었던 것이다. 일관봉(日觀峰)과 우리가 있던 옥황정(玉皇頂) 외에도 동서남북은 구름이 평평하게 깔려있었다. 아침 해가 뜨기 전에 수많은 양떼들이 빽빽이 들어서있는 듯했다. 말린 귀와 구부러진 뿔도 구분해낼 수 있는 듯했다. 그때 망망한 구름의 바다에서 나는 홀로 작은 안개의 섬에 서있었다. 기이한 환상이 펼쳐진 것도 그 순간이었다.

내 몸은 무한히 커졌다. 말밑의 산도 내 몸에 비하면 손안에 들어오는 작은 돌멩이에 지나지 않았다. 거인은 머리를 풀어헤쳤다. 긴 머리는 검은색 깃발처럼 쏴쏴 소리를 내며 바람에 펄럭였다. 거인은 대지의 정상에 우뚝 서서 서쪽을 쳐다보고 있었다. 긴 팔을 뻗은 채 기대했고 맞이했으며 묵묵히 소리치고 있었다. 숭배했고 기도했으며, 눈물을 흘렸다. 그것은 오랫동안 보지 못했고 곧 보게 된다는 기쁨과 슬픔이 교차하는 눈물이었다.

그 눈물은 헛되이 흘리는 눈물이 아니었다.

거인의 손은 동쪽을 가리키고 있었다.

동쪽에 모습을 드러낸 것이 무엇이지?

동쪽에 아름답고 화려한 색채가 있었다. 동쪽에는 위대하고 널리 비추는 빛이 나타났다. 왔다. 여기에 왔다…….

장미의 즙, 포도잼, 박태기나무의 진액, 마노의 정제, 서리 맞은 단풍잎 등의 수많은 염색 기술자가 층층이 겹쳐진 구름에서 일을 하고 있다. 무수히 굼틀거리는 용이 흰 구름더미 위로 기어온다.

한쪽에 있던 기이한 색채는 하늘에 가득한 잠기를 쫓고 사방의 밝은 놀을 깨운다.

광명의 신마(神馬)는 힘차게 질주한다.

구름의 바다도 살아 있다. 깊이 잠든 짐승 모양의 물결, 또 위대함을 회복한 우렁찬 외침이 있다. 머리를 들고 꼬리를 흔들며 우리의 작은 섬으로 와 씻겨주며 사방으로 물을 튀겨 물거품의 꽃을 만들어준다. 삶의 산호초를 흔들고 있으며 광명과 기쁨이 오는 것을 보고하는 듯하다.

다시 동쪽을 보니 파도가 이미 장애물을 쓸어버렸다. 병풍처럼 펼쳐진 황금빛 놀은 어깨 위에서 생겨 대지의 끝까지 뻗어간다. 일어나라, 일어나라, 힘을 내라, 힘을 내라! 순수한 불길의 둥근 머리는 탐색하듯 지평선 위로 올라와 구름의 등을 타고 넘어 하늘을 비춘다.

노래 부르자! 찬미하자! 동방의 부활을, 광명의 승리를…….

들어라, 퍼져나가는 환호성을.

보라, 널리 비추는 빛을!"

어렸을 때 일몰에 푹 빠진 적이 있다. 석양이 지는 모습을 사랑했다. 다 자란 뒤에야 일출의 정취가 일몰에 비해 전혀 손색이 없음을 알았다. 쥐 죽은 듯 고요하고 어두운 밤에 무한한 인내와 기대를 품고 우주의 첫 번째 빛줄기를 기다리면 마침내 해가 떠오른다.

한가한 주말에 신변의 모든 잡무를 떨쳐버리고 배낭을 메고 떠나자. 일출의 장관에 흠뻑 취하고 대자연의 위대함을 만끽하자.

"하늘이 하나님의 영광을 선포하고 궁창이 그 손으로 하신 일을 나타내는도다"(시편 19:1)
일출의 웅장함과 하나님의 광대함을 마음에 담으세요. 삶에 더욱 큰 열정과 평안이 임할 것입니다.
일출을 보며 이런 느낌을 가져본 경험이 있나요?

드넓은 바다와 텅 빈 하늘로
가슴을 씻어내라

"**세**상에서 가장 큰 것은 바다이다. 세상에서 가장 인내심이 강한 것도 바다이다. 바다는 온순한 코끼리와 같다. 지구상의 미미한 존재인 사람이 드넓은 바다를 깔고 앉아 있으면 끝이 없이 넓고 깊으며 짙푸른 바닷물은 대지를 삼키는 재난과 같다. 바다의 마음은 크다. 그것은 고난이 넘치는 세상에서 유일하게 건강한 마음이다. 바다의 마음은 아무런 사치가 없다. 아무런 미련도 없다. 바다는 평정한 마음을 지닌 채 자유롭게 넘실거린다."

이것은 안데르센이 인어 공주에서 바다를 묘사한 부분이다.

바다는 그렇게 광활하고 끝이 없다. 한번 바라보아도 바다의 저편은 여전히 바다이다. 바닷물은 푸르고 맑다. 가장 아름다울 때의 수레국화의 꽃잎처럼 푸르고 투명한 유리처럼 맑다. 하지만 바다는 또 얼마나 깊은가. 아무리 긴 배의 닻이라도 바다 밑바닥까지 다다를 수 없다. 해저에서 수면까지 이르려면 수많은 교회의 뾰족탑을 이어야 가능하다. 하지만 이렇게 깊은 해저에 많은 사람이 살고 있다.

그곳은 사람들이 상상하는 것처럼 흰 모래가 깔린 해저가 결코 아니다. 사실 거기에는 부드러운 나뭇가지와 나뭇잎이 달린, 여러 가지 기이한 나무가 자라고 있다. 바닷물이 흐를 때 그 나무들은 살아 있는 동물처럼 가볍게 움직인다. 하지만 크고 작은 물고기들은 하늘을 자유롭게 날아다니는 새처럼 그 사이를 이리저리 헤엄쳐 다닌다.

세상에서 가장 삶을 잘 아는 사람은 선원이다. 그들이 바다에 나가있는 동안은 배가 바로 세상이고 바다는 우주이다. 그들의 세계는 자신들의 손으로 조종한다. 배가 어디로 갈지는 완전히 그들 스스로 결정한다. 그들은 유한한 인력자원으로 가장 효율적인 협동을 한다. 모든 사람이 없어서는 안 되지만 매 사람이 모든 것을 주관할 수는 없다.

세상에서 가장 낭만적인 사람은 해적이다. 그들은 바다에 사는 늑대의 무리이다. 지금도 해적에 관한 숱한 이야기가 전해오고 있다. 이야기에는 대부분 몇몇 마왕(魔王)과 같은 사내가 등장한다. 또 아름다운 여인이 있고 헤아릴 수조차 없는 보물이 있다. 전설의 해적은 사람의 가슴에 있는 가장 이상적인 사나이다. 사나이는 용맹하고 솔직하며 부유하고 구속을 받지 않는다. 바다에 한번 나갔다가 돌아온다고 해서 해적이 된다거나 해적을 만날 수 있는 것은 아니다. 바다에서 우리는 해적선이 태양으로부터 나타나는 것을 상상하며 시나 노래와 같은 느낌을 마음껏 느낄 수 있다.

사람들이 파도 위를 항해할 때 바다는 오래된 노래를 부른다. 하지만 이런 노랫소리는 듣는 사람마다 느낌이 다르다. 바다가 맞이하는 모든 사람에게 여러 가지 특수한 언어를 사용하기 때문이다.

하이쯔(海子)의 '바다로부터 봄이 오네'는 우리에게 바다의 가장 따뜻한 마음을 보여주었다.

꽃가지와 나뭇가지가 이리저리 흔들리고 있다. 땅위에는 가는 모래가 반짝이며 미약한 푸른빛을 발산하고 있다. 모든 것이 신기한 빛의 고리에 둘러싸여 있다. 고개를 들거나 숙이면서 볼 수 있는 것은 온통 파란색뿐이다.

결코 바다 밑에 있는 것이 아니라고 느끼게 한다. 푸른 하늘처럼 말이다. 바다가 평온할 때 태양을 보라. 태양은 마치 보라색 꽃과 같을 것이다.

멀리 가지 않아도 도시의 시끄러움에서 벗어나 잠깐의 고요함을 누릴 수 있다. 커다란 대가를 치르지 않아도 몸과 마음의 자유를 누릴 수 있다. 물속은 자신의 심장 뛰는 소리를 들을 수 있을 정도로 조용하다. 물속에서는 팔다리를 제멋대로 움직여 하늘을 날아다니는 자유로운 느낌을 누릴 수 있다. 일생 동안 바닷가에서 살 수 있다면 행복한 일이다. 그럴 수 없다면 최소한 바다에 가보는 것이 좋다. 파도를 밟고 바람을 맞아 서보자. 직접 조개껍데기를 주워보자. 조개껍데기를 창가에 놓아 아름다운 추억으로 간직하자.

이 세상에서 바다보다 웅장하고 심오하며 넓은 것은 없다. 사랑하는 사람을 데리고 꼭 한번 바다에 가보길 바란다.

"오직 주는 여호와시라 하늘과 하늘들의 하늘과 일월 성신과 땅과 땅 위의 만물과 바다와 그 가운데 모든 것을 지으시고 다 보존하시오니 모든 천군이 주께 경배하나이다"(느헤미야 9:6)
헤아릴 수 없이 넓고 깊은 바다에 우리의 가슴에 쌓인 모든 찌꺼기를 씻어내며 만물을 지으신 하나님의 은혜를 찬양하세요
지금 소리내어 부르고 싶은 찬양은 무엇인가요?

한번쯤 틀에서 벗어나
당신 개성의 다른 면을 보여주어라

어린 시절은 천진난만한 시기이다. 스트레스가 없고 선과 악의 구분도 없으며 하고 싶은 일은 무엇이든 할 수 있다. 우리는 천진난만한 어린 아이가 재롱을 피울 때마다 아이들의 정서에 쉽게 감염되는 것을 느낀다. 또한 우리는 아이들과 함께 행복해진다. 사실 우리도 어린 시절의 천진함을 되찾을 수 있다. 긴박하거나 중요한 때가 아니라면 우리는 스스로를 자유롭게 할 수 있으며 우울한 감정을 풀어버릴 수 있다. 우리는 적합한 시간과 장소에서 아주 창의적이고 짓궂은 장난을 꾸며 한번쯤 나빠질 필요가 있다. 모든 사람이 그것 때문에 웃지도 울지도 못하는 모습을 남몰래 지켜보고 있으면 색다른 성취감을 느낄 것이다.

천진하고 장난기 많은 어린이로 돌아가 진정 하고 싶은 일을 해보자. 아무 거리낌 없이 정말 자신을 행복하게 해주자.

● "난 노래를 부를래요."

어느 토요일 아침, 목사가 설교의 원고를 준비하고 있었다. 목사의 부인은 푸딩을 사러 나갔기 때문에 집에 없었다. 그때 비가 내렸고 어린 아이가 끊임없이 소란을 피워 짜증나게 만들었다. 목사는 잡지 한 권을 주워 들어 페이지를 넘기다가 색이 선명한 세계지도를 보았다. 그는 잡지에서 그 페이지를 찢어냈다. 찢어낸 페이지를 다시 여러 조각으로 찢어낸 다음 바닥에 떨어뜨렸다. 그는 "존, 이 찢어진 종이조각을 맞추면 5센트 줄게." 말했다.

목사는 존이 오전의 대부분 시간을 그 일을 하는 데 쓸 것이며, 집은 조용해질 거라고 생각했다. 하지만 채 5분도 지나지 않아서 문을 두드리는 소리가 들렸다. 그의 아들 존이 다가왔다.

목사는 화가 나서 "존, 왜 이 조각들을 맞추지 않았니?" 물었다.

존이 "왜 제가 이 조각들을 맞춰야 해요?" 말했다.

목사가 "내가 그렇게 하라고 시켰잖니? 난 네 아빠야"라고 말했다.

존이 말했다.

"이 조각 맞추기는 시간낭비에요. 나도 나만의 세계가 있다고요. 난 노래를 부를래요. 내가 원하는 일을 하고 싶어요."

목사는 아이의 말을 듣고 눈이 밝아졌다. 그가 말했다.

"네가 내 대신 내일의 설교문을 준비해주었구나. 그래, 너는 자신의 세계를 가져야 해. 나는 내 생각을 네게 강요해선 안 되고 말이야. 가서 노래를 부르렴, 아들아."

존은 결국 자기가 원하던 대로 오전 내내 노래를 불렀다.

우리도 존처럼 자신이 정말 좋아하는 일을 해야 한다. 억지로 자신을 틀에 가두어서는 안 된다. 보수적이며 가식적인 사회규범을 따르기 위해 진정한 자아를 억압하는 것은 인성 속에 있는 열정과 반발심을 없애는 것이다.

많은 여성이 어릴 때부터 일정한 삶의 틀을 강요당한다. 착한 여자아이가 되려면 옷을 더럽히면 안 되고 크게 소리를 질러서도 안 되며 혼자 여행을 가서도 안 된다. 크면 대학에 반드시 가야 하고 졸업하면 직장도 잡아야 한다. 아내나 엄마가 된 뒤에는 더욱 다르게 살 수 없다. 해를 거듭할수록 세월은 그렇게 평범하게 흘러간다. 이런 삶은 답답하다. 오랜 속박은 정신적인 억압을 만들 것이며, 우리의 건강을 심각하게 손상시킬 것이다. 사람들은 '여가'의 중요성을 인식하게 되었다. 주말이나 공휴일을 충분히 활용하기 시작한 것이다. 이런 신사적인 여가는 긴장한 두뇌를 잠깐 동안만 편안하게 해줄 뿐 마음 깊은 곳에 감추어진 근심의 뿌리를 뽑아낼 수 없다. 우리에게는 더욱 효율적인 방탕의 방식이 필요하다. 줄곧 규율을 엄수하는 숙녀였다면 주말을 이용해 최신 유행의 멋진 청바지를 입고 놀이공원으로 가서 롤러코스터를 타보는 것도 좋다. 크게 소리 지르다보면 줄곧 억압받아온 감정을 분출시킬 수 있다. 이 사회는 여성에게 여전히 많은 공간을 제공하고 있다. 당신은 다른 시간과 장소에서 다른 배역을 맡아 연기할 수 있다. 삶은 다채로운 것이다. 또 다른 진정한 자아를 해방시켜주는 것도 좋은 일다.

"우리 각 사람에게 그리스도의 선물의 분량대로 은혜를 주셨나니"(에베소서 4:7)
우리는 주님으로 인해 이미 진정한 자유와 여러 가지 은혜를 받았습니다. 하나님께서 허락하신 삶의 영역을 즐거워하며 감사하며 마음껏 누려 즐거운 인생을 사는 여성이 되세요.
당신은 하나님으로부터 어떤 개성을 부여받았다고 생각하나요?

생활 속의 건강관리로 건강미인이 되라

미인의 조건은 생각하기에 따라 여러 가지 측면에서 다양하게 평가될 수 있지만, 35세 이전의 여성의 아름다움 중 건강미를 빼놓을 수 없다.

고전적인 시대에는 가냘프고 남성 의존적인 여성에게 매력있다는 평을 하였지만, 현대의 여성은 활발한 사회 활동으로 자신있고 건강한 여성에게 많은 점수를 주고 있다.

건강한 모습의 여성은 어떤 매력을 줄 수 있을까?

첫째, 모든 사람을 편안하게 해준다.

둘째, 어느 모임에 있건 활력을 불어넣어 준다.

셋째, 건강하기 때문에 언제나 밝고 화사한 표정을 지을 수 있어 여성의 아름다움을 두 배로 드러나게 한다.

넷째, 왕성한 사회 활동의 기회를 많이 가질 수 있다.

그 외에도 건강한 여성이 주는 장점은 셀 수 없이 많다.

그렇다면, 35세 이전에 건강한 여성이 되기 위하여 간단한 방법으로 음료를 만들어 건강관리를 할 수 있는 비법을 소개하고자 한다.

1. 피부 관리를 위한 음료 만들기

깨끗하고 윤기있는 피부는 건강미인의 기본이다. 집에서 간단하게 효과적으로 관리할 수 있는 방법을 살펴보자.

- 미나리, 사과, 당근, 시금치에 야쿠르트와 얼음 한 조각을 섞어 믹서에 갈아 마신다. 피부에 직접 발라주는 것도 큰 효과를 발휘한다. 당신의 거친 피부를 부드럽게 바꿔줄 뿐 아니라 위장을 보호하고 빈혈이 생기지 않도록 보호해준다.
- 사과와 우유를 섞은 다음 얼음 한 조각과 생수를 약간 부은 후 믹서에 갈아 얼굴에 바르면 여드름과 주근깨를 없애주는 기능을 하며, 고혈압과 빈혈을 방지하는데 도움이 된다.

2. 피로회복을 위한 음료 만들기

피로가 누적되면 피부가 거칠어질 뿐 아니라 건강에도 나쁜 영향을 미친다. 그때그때 쌓인 피로를 풀어주기 위한 음료로 피부와 건강 모두를 챙겨보도록 하자.

- 귤과 사과 야쿠르트를 얼음과 함께 섞어 마신다. 피로회복뿐만 아니라 고혈압, 동맥경화를 예방해주는 효과가 있다.
- 식초물에 우려 낸 연근과 사과, 당근, 레몬을 생수와 함께 섞어 마신다.

피로 회복과 스테미너 향상에 큰 도움을 준다.

● 당근과 샐러리, 사과, 레몬즙을 생수에 섞어 갈아 마시면 몸의 각 조직의 균형을 유지시켜주고, 저항력을 향상 시켜서 피로가 쌓이는 것을 막아주는 효과가 있다.

● 오이와 배, 양상추에 레몬즙을 뿌려 생수와 함께 갈아 마시면 신진대사에 도움을 주고 무기질과 비타민을 공급해주므로 피로회복을 돕는다.

그 외에도 아침에는 당근과 야쿠르트를 갈아 마시면 하루를 상쾌하게 보낼 수 있으며, 솔잎과 야쿠르트는 혈액순환을 돕고, 알로에와 케일, 파슬리 등은 자연건강식으로 각광받고 있는 채소들이다. 그리고 주변 사람들이 효과를 보고 있는 간단한 방법을 알아 적용해 보라.

35세 이전인 당신이 건강미인, 피부미인이 된다면, 가장 빛나고 아름다운 시절을 맞이하여 인생의 성공과 행복을 향해서도 진취적으로 나아갈 수 있는 멋진 삶을 살게 될 것이다.

"사람마다 먹고 마시는 것과 수고함으로 낙을 누리는 것이 하나님의 선물인 줄을 또한 알았도다"(전도서 3:13)
먹고 마시는 것도 우리의 건강과 젊음을 잘 관리하도록 하나님이 주신 선물입니다. 건강 지식을 쌓아 지혜를 발휘할 줄 아는 여성은 몸도 마음도 아름다운 건강 미인이 될 것입니다.
당신은 하나님이 주신 몸을 얼마나 소중하게 관리하고 있습니까?

화려한 인생의
전환점을 예측하라

당신은 여러 가지 삶이 부여한 것을 체험한 뒤에 35세 전후의 나이에 와 있다. 다시 감정, 결혼, 사업, 가정 및 우리 자신을 돌아보면, 당신은 갑자기 놀라게 될 것이다.

아직 충분히 놀지도 않았을 것이고, 충분히 아름답지도 않을 것이다. 또 충분히 배우지도 못했을 것이다. 그런데 갑자기 이렇게 인생의 전환점에 떠밀려 오게 되었다. 막막함은 자연스러운 것이다. 앞에 탄탄대로가 있는지 천 길 낭떠러지가 있는지 알 수 없다. 30세의 문턱을 넘어갈 때는 위기감이 그림자처럼 따라다니며 동시에 많은 기회와 도전에 직면하게 된다.

삶에 변화를 줄 필요가 있다고 느껴지면, 과감하게 자신에게 인생의 새로운 기회를 주는 것도 좋다. 그것은 활력 넘치고 질이 높은 삶을 모색하기 위함이기 때문이다. 그것은 사랑, 가정, 직장 및 삶의 정취 가운데에 작은 실천과 변화일 뿐이지만 커다란 이익과 즐거움을 가져다 줄 것이다.

전환점은 인생에게 여러 가지 가능성을 제공한다. 시도해보지 않는다면 인생의 다음 역 경치가 아름답고 매혹적인지 알 수 없다. 여기에 전환점의 의미와 가치가 있는 것이다.

35세 이전의 여성은 일에서 성취감을 맛보아야 한다. 이것은 많은 직업 여성들이 한 목소리로 하는 말이다. 여성이 35세가 되면 일에도 기회가 생겨야 한다.

35세 이전은 여성이 일에 전력을 쏟기에 가장 좋은 시기이다. 우선 당신은 아직 너무 늦지 않았다. 또 이미 많은 경험을 축적했다. 기회가 왔을 때 생각을 많이 하지 말고 잡으면 된다. 35세 이전의 여성은 아주 적당하게 성숙한 때이다. 사고력도 더할 나위 없이 성숙되어 있고 모든 것을 감당할 수 있다. 그녀들은 삶의 태도도 매우 관용적이고 개인의 소양도 점점 완벽해지는 시기에 와있다. 그녀들에게 모든 것은 기회의 자본이 된다.

사람의 인생은 항상 운명의 전환점이라는 희극적 줄거리가 있다. 하지만 진정한 전환점은 현명한 것이어야 한다. 그것은 당신을 성공으로 이끌어주어야 한다. 모든 사람은 자아실현의 충동을 억제하기 어렵다. 전환점은 잠재의식 속에 있는 가장 본질적인 영혼의 취향을 보여준다. 우리는 자신이 어떤 사람이 되려고 하는지 알고 있다. 영감이 암시를 주어 몸과 생각이 전환점을 위해 힘을 비축하도록 할 것이기 때문이다. 하지만 전환점의 기회 요소는 감성을 대신할 수 없다. 직접 이성의 길을 지향해야 한다.

그럼 도대체 어떠한 기회들이 인생의 근본적인 부분에 닿을 수 있는가? 그것으로부터 인생이 어떻게 자신감을 갖고 적극적이며, 행복해질 수 있는가? 나아가 어떻게 인생에서 중요한 의미가 있는 전환점을 만들어낼 수 있는가?

1. 생활환경

개인의 환경은 기본적으로 사업, 친구, 사랑, 가정의 상대적으로 작은 범위에서 그 폭이 정해진다. 좋은 상태로 바꿀 수 있는지 없는지는 개인의 장악력에 달렸다. 어려움의 크기는 당신의 지능을 시험하고 어려움의 지속시간은 참을성을 시험할 것이다. 통상적으로 지능은 평범하지만 강한 사람이 마지막에 웃을 수 있다.

2. 인간관계의 범위

옛날부터 좋은 스승과 도움이 되는 친구를 구하기는 어렵다고 했다. 자기를 이해하고 좋아해주는 친구가 있으면 얼마나 좋을까. 게다가 그 친구가 성의껏 도와주려 하고 또 도와줄 능력도 있으면 또 얼마나 좋을까. 그런 친구가 비록 한두 명에 지나지 않는다고 해도 우리는 그런 사람의 인생은 행복한 것이었다고 말할 수 있다. 물론 그것에도 전제조건은 있다. 당신도 좋아하고 도와줄만한 가치가 있는 대상이어야 한다. 그런 친구는 일적으로 당신이 등용되게끔 도와 줄 뿐만 아니라 물질적으로 정신적으로 변모시켜 줄 수 있다. 그들은 당신을 감정적으로 뿐만 아니라 영적(靈的)으로 깨달음을 줄 수 있다. 당신이 해야 할 일은 자신을 끌어올리고 자신의 인간관계를 개선하는 것이다.

3. 감정

사람에게 감정이 필요한 가장 근본적이고 기본적인 이유는, 상호 이해와 지지 때문이다. 이것은 물질적 측면의 만족이다. 일단 감정은 화학적 변화를 일으킨다. 그럼 그것은 전환점의 조건을 갖추게 된다. 깨달음을 주는 말을 항상 해주는 좋은 친구, 반쯤 시인으로 만들어주는 사랑, 의식주를 보살펴줄 뿐 아니라 교감을 느끼게 해주는 부모 가운데 어느 하나만 있어도 당신은 삶이 아름답고 풍성하다는 것을 느낄 수 있다. 이런 마음가짐이 들었다면, 당신은 이미 인생 전환점의 큰 관문에 가까워진 것이다.

4. 흥미의 발굴

개인의 흥미와 신념은 적극적으로 찾고 키우며 추구해야 한다. 몇몇 특이한 사람을 제외하고 이 세상의 대다수는 태어나면서 자신이 진정으로 무엇을 해야 하고 무엇을 할 수 있는지 알지 못한다. 수없이 많은 성공한 사람의 사례를 통해 우리는 분명한 사실을 알 수 있다. 그녀들의 비결은 자신을 이해한 뒤 자신의 흥미와 소질을 발견했고 더 나아가 인생에서 가장 의미 있는 전환점을 완성했다는 것을 말해주고 있다.

5. 양호한 생활태도

선천적인 우월함은 유전이나 조기에 형성된 것이다. 사람은 15세가 되면 이미 기본적인 형태를 갖추게 되어 바꾸기가 어렵다. 노력의 방향은 환경에 적응하려고 자신을 갈고 닦는 것이어서는 안 되며, 사회의 수용과 인정을 쟁취하는 것이어야 한다. 우리는 먼저 자신의 천부적인 소질과 성격을 이해하고 받아들이는 방법을 배워야 한다. 그 다음 노력을 통해 필요한 지식과 기술을 익혀야 한다. 이때 당신은 자신에 대한 태도가 삶에 대한 태도의 변화가 생겼음을 알게 될 것이다. 태도가 변하면 순식간에 다다를 수 있다.

6. 생활방식의 전환

현재의 삶에 변화의 기미가 전혀 보이지 않는다고 느낄 때는, 여행이나 독서를 하거나 아예 지리적인 공간을 바꿔보는 것도 괜찮다. 지리적 위치의 변화, 자아 역할의 전환, 생활방식의 차이는 더 많은 기회를 주거나 새로운 기회를 만들어낼 수 있다. 우리가 20세이든 30세이든, 아니면 그보다 더 많든, 나이는 삶의 변화를 가로막는 문턱이나 장애물이 아니다. 중요한 것은 자신이 어떤 상태에 처해있는지, 어떤 생활방식을 원하는지를 알아야 한다는 것이다. 모든 운명과 기회는 예측 불가능한 성격을 지니고 있지만 적극적인 태도로 그것을 대한다면 이상적인 결과를 얻게 될 것이다. 나아가 성공적으로 기회를 파악하면 자신의 인생이 선순환(善循環)의 궤도에 진입할 수 있다. 삶에서 우리는 사람을 만나고 일을 접하게 된다. 그것은 우리에게 깨달음을 주며 변화를 일으킨다. 그것은 다시 우리 미래의 생활에 영향을 미친다. 인생의 모든 변화를 좋게 대하고 소중히 여겨야 한다. 그것이 바로 우리 인생에서 재산이기 때문이다.

"너희는 이 세대를 본받지 말고 오직 마음을 새롭게 함으로 변화를 받아 하나님의 선하시고 기뻐하시고 온전하신 뜻이 무엇인지 분별하도록 하라"
(로마서 12:2)
하나님의 때를 잘 분별하는 여성이 되어야 합니다. 변화의 시점을 분별하는 여성은 인생의 전환점이 될 수 있는 새로운 도전의 기회를 얻게 되어 더 큰 인생의 행복을 맛볼 것이기 때문입니다.
당신에게 주어진 가장 큰 기회는 언제였나요?

지혜가 자라나는 기쁨을 즐겨라

인생에서 가장 위대한 성취는 끊임없는 성장의 세월 속에서 여러 가지 성공과 좌절이 가져온 지혜가 가져다 준 수확과 기쁨이다.

우리는 청춘의 거점으로 더 나아가야 한다. 가정, 사업의 완벽함을 위해 지치도록 뛰어다니고 동시에 여러 가지 역할을 맡아 수행해야 한다. 딸, 엄마, 아내, 언니, 여동생, 동업자, 여장부, 친구가 되어야 한다. 자녀의 양육과 교육 및 사회 생활은 우리에게 많은 시간과 힘을 요구한다.

우리의 속마음은 완전함으로 향하는 과정에 있다. 마음에는 요동치는 힘이 있으며 그 힘은 우리를 성장의 길로 떠밀고 있다. 이 성장의 과정은 우리를 끊임없이 시험하며 날로 풍성하고 성숙하게 만들 것이다. 어렸을 때 삶의 가혹한 요구는 우리가 기꺼이 많은 시간과 노력을 기울여 삶의 모든 목표를 다루게 했다. 행동은 사고보다 실제적인 의미를 갖고 있다. 우리는 자신을 평가할 시간이 없을 뿐 아니라 자기 행위의 형식과 방향이 모두 축적되어 만들어지고 있음을 이해할 수도 없다.

경험의 축적과 풍부함에 따라 영혼과 삶의 지혜는 새로운 높이에 다다른다. 우리는 더 탄탄한 기초로 우리의 과거, 개성 및 현재의 생활방식, 처세의 태도, 자기주장에 대한 능력 등을 찬찬히 살펴보아야 한다. 이때 더 정확한 방법을 채택하여 현실 생활의 전진하는 발걸음에 적응하거나 촉진하는 것도 괜찮다.

세월은 우리에게 보다 완전한 지혜를 줄 것이고, 마음을 더 쾌활하고 명랑하게 해줄 수 있다. 지금 이 감동적인 인생의 시점에서 우리는 자유롭게 과거의 세월동안 쌓아온 지혜와 기술을 활용할 수 있다. 또한 보다 넓은 시야와 심오한 이해로 인생을 대할 수 있으며, 더 시원스럽고 참되게 선택하며 살 수 있다.

지혜의 성장은 우리의 인생에 더 많은 아름다운 것을 준다. 그러면 우리는 점점 우아하고 강인하게 변한다. 점점 자신감이 생기고 활력이 넘치게 된다. 젊은 시절 우리는 지금과 같은 심후한 기초로 운명을 결정하고 적극적으로 삶을 바꿀 수 없었다.

지혜의 성장은 영혼에서 우리 자신을 해방시켜주며, 어떻게 영혼을 보호해야하는지를 더 잘 알게 해준다. 옛날의 습관적인 사고방식과 생활방식을 타파하고 자신이 원하는 삶을 선택하게 해준다. 동시에 '청춘문화'를 숭배하는 함정에서 빠져나오게 하고, 더 완전한 열정으로 인생의 모든 기회를 끌어안을 수 있게 해준다.

그것은 인생의 여러 가지 단계에 독특한 매력을 발산한다. 유치함에서 벗어나 지혜를 갖는다면 인생은 향기가 끊임없이 날 것이고 매력의 독특함도 알게 될 것이다. 사람을 속박하는 틀에서 벗어난다면, 우리는 자유롭게 햇빛이 찬란한 앞쪽으로 걸어갈 수 있다. 성숙과 아름다움도 우리와 평생을 함께할 것이다. 진정한 아름다움이 지혜이고 지혜가 인생과 함께 존재한다.

　삶의 도전과 단련은 지혜의 원천을 갖게 한다. 이 지혜와 삶의 밑바닥에 대한 깨달음과 이해는 우리에게 인생의 가장 아름다운 선물이며 소중히 여길 가치가 있다.

　모든 여성의 영혼은 귀엽고 위대한 면을 갖고 있다. 우리는 그 위대함을 잡아야 한다. 위대함을 삶에 바쳐 삶을 더 아름답게 해야 한다. 우리는 자신의 빛을 발산해야 한다. 평범한 날을 멋지게 살아야 하며 모든 세상사보다 풍부한 의미를 부여해야 한다.

　인생은 희비가 교차하는 여정이다. 삶도 사람의 뜻대로 되지는 않는다. 실패와 좌절은 삶에서 빠질 수 없는 삽입곡이다. 누구도 실망과 좌절을 피해갈 수 없다. 세상이 아름답게 변하더라도 길은 고난으로 가득하다. 자신이 갖고 있는 시간과 지혜에서 힘을 얻어 겹겹이 펼쳐진 고난을 뛰어넘고 아름다운 인생의 풍경을 받아들여야 한다.

　지혜의 성장은 시시각각 생활을 지탱하는 힘을 준다. 감동을 불러일으키는 인생의 시점에서 우리는 결국 성숙하고 경험과 능력을 가지며 진정한 자아를 실현할 수 있다. 인생의 심층부를 이해한 뒤에야 우리는 새롭게 20대, 30대, 40대 등의 각기 다른 연령대가 갖는 의미를 정의하고 이해할 수 있다. 우리는 적극적인 삶의 소유자이다. 우리는 지혜를 활용해 미래 인생의 청사진을 그릴 수 있다.

더 이상 나이를 뒤로 물러서는 핑계로 삼아서는 안 된다. 나이가 들수록 지혜도 완전해지기 때문에 우리는 좀더 조용하고 침착해지며 우아해질 수 있다. 지금 우리는 이전보다 더 자신감과 용기를 많이 갖게 되었고 인내심과 정열도 풍부해졌다.

세월이 준 지혜를 우리는 고맙게 여겨야 한다. 지혜는 이해, 정열, 행복, 자신감을 충만하게 해주었고, 더 좋은 자아실현방식을 선택하도록 해주었다. 또한 선택과 나아갈 방향을 지정해주었다. 지혜는 더 진실하고 원만하며 품위 있는 삶으로 가도록 길잡이 역할을 해주고 있다.

“지혜는 진주보다 귀하니 너의 사모하는 모든 것으로 이에 비교할 수 없도다”(잠언 3:15)
후히 주시고 꾸짖지 아니하시는 하나님께 지혜를 구하는 여성이 되십시오.
세월이 선물로 준 지혜를 발휘하는 여성은 날마다 진보하고 더욱 가치 있는 삶을 선택하며 살아갑니다.
당신은 지혜를 발휘해 가정과 직장과 속해있는 단체에 기쁨과 즐거움을 주는 사람입니까?

가장 큰 영적 특권을 누린 여인 마리아

1. 숭고한 여인 마리아

고통까지도 감사로 받아들이는 마리아의 숭고한 신앙은 모든 이에게 감동을
안겨 주기에 충분합니다.

나사렛에서 평범하게 자라던 마리아에게 하나님께서는 성령으로 예수님을
잉태케 하시는 은혜를 내리셨습니다. 그러나 처녀의 몸으로 임신이라는 현실
을 받아들이기에는 너무나 큰 고통이었을 것입니다. 그러나 그녀는 하나님의
명령에 순종하는 확고한 믿음의 여인입니다(눅 1:26~38).

2. 사려 깊은 마리아

깊은 생각을 소유한 영적인 민감함을 지닌 여성입니다.

목자들의 증거와 성전에서 찾은 예수님의 말을 마음에 두고 생각한 것으로
보아 매우 사려 깊고 영적인 민감함을 지닌 여성이라는 사실을 알 수 있습니
다(눅 2:19, 51).

3. 신실한 마리아-하나님을 위해 자신을 포기할 줄 아는 순종적인 여성입니다.

마리아는 예수님의 육신의 어머니였음에도 불구하고 혈연적 관계에 매이지
않고 어머니로서의 모든 고통을 감수하며 예수님을 구주로 영접할 정도로 순
종적이고 신실한 여성입니다(요 2:5, 행 1:14).

4. 사랑 넘치는 마리아

지혜롭고 사랑이 많은 배려할 줄 아는 여성입니다.

혼인 잔칫집에 포도주가 떨어져서 곤경에 처해 있을 때 잔칫집의 주인을 위해 예
수님께 기적을 요청할 정도로 남을 배려할 줄 알며 예수님의 때를 알아차릴 줄
아는 사랑이 많고 온유한 여성입니다(요 2:5).

5. 공경하는 마리아

예수님에 대한 공경심과 모성애가 뛰어난 여성입니다.

예수님을 잘 양육하고 공생애 기간 동안과 임종 때까지 예수님께 세심한 관심
과 노력을 아끼지 않을 정도로 공경심과 모성애가 뛰어난 여성입니다(눅
2:52, 요 19:25~27).

마리아 따라잡기

1. 지금까지 상상하고 있던 마리아의 모습을 간단하게 적어보세요.

(예 - 머리가 길다, 피부가 곱다, 용감하다, 믿음의 여인 등등)

- ____

2. 마리아가 21세기에 태어났다면?

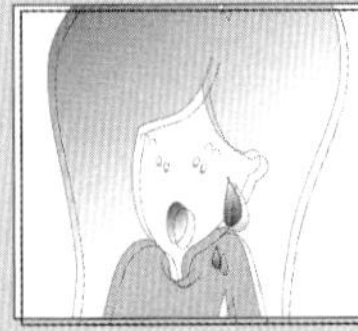

- **21세기의 당신에게 마리아와 같은 일이 생긴다면 어떻게 할 건가요?**
  1. 병원에 가서 상담한다.   2. 식음 전폐하고 드러눕는다.
  3. 조용한 시골로 숨는다.   4. 교회 목사님과 상의한다.
  5. 하나님을 원망한다.

- **당신에게 사람들이 손가락질을 하고 돌을 던진다면?**
  1. 사람들에게 거짓말을 한다.   2. 사람들이 두려워 나타나지 못한다.
  3. 병원으로 간다.

3. 당신의 영적 성장을 위해 보완해야 하는 부분은 무엇인가요?

(예 - 기도, 매일 말씀묵상, QT등)

- ____
- ____

35세 전, 여자가 꼭 해야 할 66가지

초판 1쇄 인쇄 2008년 7월 1일

편저자 왕싱판
옮긴이 신기봉
발행인 김용호
발행처 나침반출판사
등 록 1980년 3월 18일 / 제2-32호
주 소 110-616 서울 광화문 사서함 1641호
전 화 본사 (02)2279-6321~3 영업부 (031)932-3205
팩 스 본사 (02)2275-6003 영업부 (031)932-3207

www.nabook.net
nabook@korea.com
nabook@nabook.net

ISBN 978-89-318-1367-8 03230
책번호 하-1003

· 값은 뒷표지에 있습니다.
· 잘못 만들어진 책은 구입처나 본사에서 바꿔드립니다.